독일 통일과 동독 권력 엘리트

남북통일에의 함의

한독사회학회 엮음

이승협·이종희
전태국·얀 빌고스
올리버 클로스
마르쿠스 폴만
미하엘 호프만 지음

한울
아카데미

* 이 도서의 국립중앙도서관 출판시도서목록(CIP)은 e-CIP홈페이지(http://www.nl.go.kr/ecip)에
  서 이용하실 수 있습니다. (CIP제어번호: CIP2011001343)

Ostdeutsche Machteliten vor und nach der Wiedervereinigung Deutschlands: Lehren für Korea

Koreanisch-Deutsche Gesellschaft für Soziologie

Seung Hyeob Lee
Jong Hee Lee
Tae Guk Jeon
Jan Wielgohs
Oliver Kloss
Markus Pohlmann
Michael Hofmann

서문

전태국(강원대학교)

　이 책은 베를린 장벽 붕괴 20주년을 맞아 한독사회학회가 통일부와 프리드리히에베르트재단, 통일연구원의 지원을 받아 "통일 전후 동독 권력 엘리트의 사회적 지위 변화"를 주제로 2009년 9월에 서울에서 개최한 국제학술대회의 결과물이다. "흡수통일된 국가의 권력 엘리트들이 통일 후 어떤 지위변화를 겪었는가?", "사회 격변의 요동 속에서 그들의 변신과 적응은 어떠했는가?" 등이 학술대회의 중심적인 문제였다. 여기에는 독일의 경험으로부터 한반도 통일의 교훈을 얻으려는 목적이 있었다. 북한의 권력 엘리트들은 한반도 통일에 대해 상당한 두려움을 가진 것으로 보인다. 바로 통일 후 박해와 사회적 배제를 겪는 것은 아닌가, 자신의 자녀도 곤경에 처하는 것은 아닌가 하는 두려움이다. 이 책에는 이러한 두려움과 관련해서 독일의 경험이 주는 소중한 교훈들을 담았다.

　시대의 변화는 새로운 엘리트의 등장으로 상징된다. 과거 체제가 몰락하면, 종전의 권력 엘리트는 사회 전면에서 사라지고 새로운 얼굴이 무대를 장식한다. 더욱이 혁명이나 통일을 통해 체제의 변혁을 겪은 사회에서 과거의 권력 엘리트는 격렬한 지위변화를 경험할 수밖에 없다. 이러한 지위변화는 세 가지 유형으로 구분할 수 있다. 하나는 '배제모델', 다른 하나는 '억제모델', 마지막으로 '합병모델'이 있다. 먼저 배제모델은 승리자가 붕괴된 정권의 권력자에게 '정의의 이름'으로 책임을 물어 처벌하는 것을 뜻한다. 이는 변혁기에 흔히 볼 수 있는 현상이다. 1789년의 프랑스 혁명이나 1917년의 러시아 혁명에서 종전의 권력 엘리트는 처형되거나 숙청되었다. 우리 역사를 보면, 백제나 고려가 몰락했을 때도 마찬가지였고, 가까이로는 4·19 혁명 때나 5·16 쿠데타 이후 형성된 신질서하에서도 그랬다. 가까운 외국의 사례로는 베트남 통일을 들 수 있다. 이에 비해 억제모델은 신권력자가 '승리자 법정', 혹은 '혁명재판' 형태로 종전 권력 엘리트를 박해하는 것이 아니라 그들을 새로운 질서에 통합시키는 것이다. 공산정권이 몰락한 후의 동유럽 국가들이 좋은 예다. 억제모델은 구엘리트에게 새로운 질서에 통합할 기회를 주어, 신질서의 건설에 필요한 기능 엘리트의 부족이 야기되지 않게 하는 장점이 있지만, 과거 청산의 미흡이라는 불만을 낳는다. 해방 후 대한민국의 건설도 이러한 억제모델의 좋은 예라 할 것이다. 친일파 청산이 제대로 이루어지지 못했다는 불만이 대중의 가슴속에 응어리로 남았다. 구지배체제하에서 저항적 행위로 처벌이나 차별을 받은 시민들은 구정권의 엘리트에 대한 '미온적 처벌'을 받아들이기 어렵다. 더욱이 구체제에서 피해를 받은 시민들이 제대로 보상을 받지 못하는 상황에서 과거 정권 엘리트들이 새로운 질서하에서 '잘 나갈' 경우에 불만은 더욱 커진다. 마지막으로 합병모델은 종전의 권력 엘리트가 새로운 지배체제에 합병되어 지위를 유지하는 것이다. 한·일 병합 과정에서 조선의 권력 엘리트들이 일본 체제에 합병된 경우를 예로 들 수 있다.

독일 통일 후 동독 권력 엘리트가 겪은 지위변화는 이 세 가지 모델 중 어떤 것에 가까운가? 이 책은 이 문제를 동독인의 시각에서 분석한 세 편의 소중한 글을 담고 있다.

구동독에서 공산정권에 저항하는 시민운동에 참여했던 올리버 클로스의 글에서 우리는 과거청산의 미흡에 대한 강한 불만을 들을 수 있다. 어디에서든 존재하는 국가안전장치의 감시로 시민의 불만이 공개적으로 거의 표명될 수 없었던 시대에 그는 '혁명과 통일의 시민운동'이 가장 먼저 시작된 라이프치히의 시민운동 단체 '평화와 인권 이니셔티브'의 창립회원이었다. 클로스의 글은 몰락한 국가사회주의 체제의 기능 엘리트들이 통일 후 쇠락하기는커녕 오히려 번영함을 확인해주었다. 즉, 공산주의 권력 엘리트들은 그들 밑에서 고통받았던 시민에 비해 매우 좋은 대우를 받았고 또 좋은 일자리도 얻었다. 재산몰수도 없었고 연금권리가 보여주듯이 모든 신분적 이득이 박탈되지 않고 유지되었다. 국가사회주의 체제가 무너지고 자유선거를 통해 구성된 동독 의회가 이들 당 관료의 특권을 박탈했지만, 통일 후 연방의회는 오히려 이러한 박탈을 취소하여 수많은 당 관료들이 여섯 자릿수의 금액을 추가로 지급받았다. 그리고 공산독재하에서 세계 최대의 비밀경찰이었던 국가안전부의 직원 중 2009년 현재 적어도 1만 7,000명이 연방공화국의 국가기관에서 일하고 있으며, 또한 상당수가 보험회사에서 일자리를 찾았다.

얀 빌고스는 이 문제에 대해 더욱 체계적인 분석을 제시하고 있다. 그는 통일 전에 동독 과학아카데미 사회학연구소 연구원이었고, 모스크바에 있는 소련 과학아카데미 사회학연구소 객원연구원이기도 했다. 그는 통일 과정의 각 단계에서 등장한 동독 권력 엘리트를 세 가지 유형으로 구별했다. 하나는 1989년 10월 18일~12월 3일 사이에 실각한 구권력 엘리트이다(52명). 또 하나는 1989년 11월 18일에서 1990년 3월 18일 사이에 등장한 과도기의 권력 엘리트로서, 새 정부의 구성원과 중앙원탁회의에 참여한 정당과 시민단체의 대표자들이다(58명). 마지막 집단은 1990년 4

월 12일~10월 2일 사이에 등장한 신권력 엘리트로서, 다시 새롭게 구성된 정부의 구성원 24명과 2개 여당의 당수와 원내대표이다(28명). 빌고스에 의하면, 통일 후 사회통합과 지위변화에 결정적인 영향을 끼친 요소는 어떤 역사적 엘리트 범주에 속했는가였다.

그의 글에서 우리는 세 가지 사실을 확인할 수 있다. 첫째, 1989~1990년의 '혁명가'는 다른 동유럽 국가들과 마찬가지로, 구정권의 대표자들을 혁명재판의 형태로 박해하지 않았다. 이러한 자기억제는 구정권 기능 엘리트의 상당수가 새로운 질서에 생산적으로 통합되게 하는 기회를 제공했다. 반면에 공산지배 체제하에서 정권비판적 표현으로 처벌을 받았거나 사회적 출신, 종교 때문에 차별을 받았던 시민들은 이러한 '미온적 처벌'을 강하게 비판했다. 구지배체제로부터 피해를 받은 희생자들은 제대로 된 보상을 받지 못한 반면, 과거 정권의 정치 엘리트는 새로운 질서하에서 – 이를테면 국가기업의 민영화 과정에서 – 특권적인 경제적 지위를 차지했기 때문이다. 둘째로, 정치적 사회적 배제는 거의 전적으로 구권력 엘리트에게만 적용되었다. 그들의 정치적 배제는 이미 1989~1990년 전환기에 이루어졌다. 그들은 독일연방사회에 통합되려는 의지가 약했다. 그들 중 극소수만이 통일 후 정당에 가입하거나 정치활동을 했고, 몇 명은 적극적으로 독일 통일 또는 독일연방의 법질서를 반대하는 활동을 했다. 이에 반해 압도적 다수는 1990년 이후 활동하기에는 나이가 많거나 형사처벌을 받은 관계로 공적인 활동에서 완전히 물러났다. 구권력 엘리트의 배제는 주로 동독의 내생적인 혁명 동학에 의해, 그리고 동독의 활동가에 의해 이루어졌다. 통일 이후 주로 서독 활동가에 의해 추진된 배제정책은 본질적으로 이미 전환기 동독에서 시행된 정책을 단순히 계승한 것이었으므로 대다수 동독 주민의 호응을 얻었다. 셋째로, 과도기 엘리트는 통일된 독일 사회에 잘 통합했다. 상당수가 독일 통일 후 주의회, 연방의회, 유럽 의회 등에 선출되었거나 주 정부 관리로 일했다. 대다수는 고급 직업 – 학술분야, 경제, 공공 서비스 영역 등 – 에 종사 중이다.

그리고 이미 통일 전에 교수자격을 취득하고, 전환 후 학자의 길을 성공적으로 걸어온 몇 안 되는 학자에 속하는 미하엘 호프만도 구동독의 기능 엘리트들이 체제전환 과정에서 자신을 지키는 데 성공했음을 지적했다. 그들은 목을 자유자재로 돌리는 '개미잡이(Wendehälse, 딱다구리목 딱다구리과의 조류)'로 낙인찍힐 정도로 성공적인 변신을 했다. 근대적 서비스 부문은 그들에게 새로운 재생산 기초를 보장해주었다. 그들은 포스트 사회주의 사회에서 새로운 행정, 은행, 보험 체제를 구축하는 데 요구되는 자격을 갖추고 있었다. 따라서 새로 구축된 서비스 분야의 '좋은 직업' 상당수가 이전의 동독 지배층에게 돌아갔다. 이러한 변화는 사회관계의 변혁을 의미하지 않는다. 상층부는 상층부에, 하층부는 하층부에 여전히 머물러 있기 때문이다. 다만 그들 간의 간격이 더 벌어졌을 뿐이고, 근대적 중간층의 형성은 매우 미약하다. 따라서 구조적으로 봤을 때 동독 지역은 근대적 중간층 사회에 도달하지 못했다고 호프만은 진단한다.

이러한 흥미진진한 분석을 내놓은 동독 학자들의 연구에 깊은 경의를 표한다. 이 밖에 동독 지역에서 사회주의 엘리트의 자녀가 통일 후 권력 엘리트 계층을 형성하는 현상을 관찰하여 수직적인 엘리트 재생산을 지적한 마르쿠스 폴만과 이종희의 글도 매우 흥미롭다. 그리고 체제전환 과정에서 독일노총이 수행한 역할에 주목한 이승협의 글은 통일논의 지평의 확장에 이바지할 것이라 기대한다. 이 책의 마지막 부분인 전태국의 글은 한국을 전적으로 분석한 것이다. 민주화와 경제발전의 성공이 의식의 계몽과 병행함으로써, 국민들이 오랫동안 권위주의 체제가 강요했던 정신적 미성숙 – 칸트의 말을 빌리면, "타인의 지도 없이는 자신의 오성을 이용하지 못하는 무능" – 에서 벗어나 통일문제를 냉정하게 자신의 오성으로 인식하기 시작했음을 이 글은 보여주고 있다.

이 책이 빛을 보게 된 데에는 많은 분의 헌신적인 도움이 있었다. 우선 동독 학자 3인의 글을 유려한 한국말로 번역하고 학술대회에서 생산적 토론을 해주신 차명제 박사, 김영호 교수, 김미경 교수에게 감사를 드린다. 또한 학술대회에서 좋은 토론을 해주신 고려대학교 한운석 박사, 통일연구원 손기웅 박사, 통일부 이봉기 사무관에게도 감사를 드린다.

그리고 무엇보다도 본 연구에 지원과 격려를 아끼지 않은 프리드리히에베르트재단 한국사무소장 베르너 캄페터 박사, 통일연구원장 서재진 박사, 대통령 사회특별보좌관 박형준 박사, 그리고 통일부 김정노 과장에게 깊은 감사의 말씀을 드린다. 끝으로 특별히 이승협 박사에게도 감사의 말씀을 전하고 싶다. 그는 이종희 박사와 함께 학술대회를 기획하고 동독 학자와 연락하며 각 지원기관의 협조를 이끌어왔는데, 원고의 최종편집까지 도맡아주었다.

2008년 5월에 창립된 한독사회학회의 연구활동의 첫 결실이 이렇게 책으로 나오게 된 기쁨을 모든 회원과 함께 나누고 싶다.

2011년 3월
전태국

차례

서문 5

제1장 | 독일 통일과정에서 동독 권력 엘리트의 처신
올리버 클로스/차명제 ——————————— 15
1. 공산주의에서의 권력 엘리트: 반동적인 '혁명가'로서 공산주의 국가계급 16
2. 동독의 권력 엘리트 29
3. 한국의 통일을 위한 제언 42

제2장 | 독일 통일 이후 구동독 지역 권력 엘리트의 변화
마르쿠스 폴만·이종희 ——————————— 57
1. 들어가는 말 57
2. 통일 이후 사회구조 변동 속의 구동독 지역 엘리트의 변화 60
3. 통일 이후 구동독 지역 권력 엘리트의 구조 75
4. 나오는 말 80

제3장 | 사법적 처벌-배제-사회적 통합
얀 빌고스/김영호 ——————————— 87
1. 들어가는 말 87
2. 개념, 역사적 사건, 권력 엘리트의 범주 92
3. 생애 이력 모델 101
4. 나오는 말 107
    부록 112

제4장 | 독일 통일 전후 노조통합과 한국에의 시사점

이승협 ──────────────────────────── 135

1. 들어가는 말 135
2. 기존 연구 137
3. 독일 통일과 노동시장 통합 139
4. 독일 통일 후 노조통합: 조직통합과 인적 통합을 중심으로 145
5. 한국에의 함의 161
6. 나오는 말 165

제5장 | 사회주의 지배층

미하엘 호프만/김미경 ──────────────── 171

1. 들어가는 말 171
2. 독일민주공화국의 사회주의 혁명 172
3. 독일민주공화국의 사회문화적 분화 174
4. 분화와 신생: 1990~2004년간 동독에서의 환경변화 176
5. 나오는 말 181

제6장 | 통일의식의 변화와 권력 엘리트의 영향

전태국 ──────────────────────────── 185

1. 들어가는 말 185
2. 민주화, 부패, 저신뢰의 덫 188
3. 권력 엘리트의 불신과 수모 194
4. 수비대 민족주의와 반공주의 197
5. 통일의식의 특징 204
6. 통일의식의 유형 207
7. 한국인의 변화하는 통일의식의 일곱 가지 명제 210
8. 나오는 말 237

부록: 통일 관련 자료

1. 독일연방공화국 편입에 대한 인민회의 결의 선언문　245
2. 독일 통일 달성을 위한 독일연방공화국과 독일민주공화국 사이의 조약
　　　　　　　　　　　　　　　　　　　　　　　　　　　　　246
　전문의 형식 246/ 제I장 247/ 제II장 247/ 제III장 252/ 제IV장 253/ 제V장 255/
　제VI장 258/ 제VII장 267/ 제VIII장 271/ 제IX장 277

제1장

독일 통일과정에서 동독 권력 엘리트의 처신[*]

올리버 클로스(라이프치히 대학교)

차명제(동국대학교) 옮김

어떤 국가는 그 국가의 국민이 우연히 태어난 그곳을 벗어나지 못하도록 막는다. 그 의미는 명확하다. '이 나라는 나쁘고, 너무도 나쁘게 통치되어, 우리는 모든 사람에게 이 나라를 떠나는 것을 금한다. 그렇지 않으면 전 국민이 떠날 것이기 때문이다.'[1)]

- 볼테르(Voltaire, 1694~1778)

예술가가 시계를 수리해야 한다면 톱니바퀴가 돌아가게 놔둘 수 있다. 그러나 국가의 현재 시계는 시계가 작동할 때 수리되어야 한다. 즉, 시계가 작동하는 동안 톱니바퀴가 교체되어야 한다는 것이다.[2)]

- 프리드리히 실러(Friedrich Schiller, 1759~1805)

---

[*] 2009년 9월 18일 서울에서 발표된 원고의 수정작업에 도움을 준 Corinna Schubert 석사(Leipzig)와 사학자 Rainer Müller(Leipzig) 및 세미나 참석자들에게 감사의 인사를 전한다.

1) Voltaire, "Gleichheit", *Abbé Beichtkind Cartesianer, Philosophisches Wörterbuch*(Reclam, 1988), S. 173.

2) Friedrich Schiller, "Über die ästhetische Erziehung des Menschen in einer Reihe von Briefen. Dritter Brief", *Über Kunst und Wirklichkeit. Schriften und Briefe zur Ästhetik*(Reclam, 1985), S. 23.

1. 공산주의에서의 권력 엘리트: 반동적인 '혁명가'로서 공산주의 국가계급

2010년은 독일에서 일어난 세 번의 평화적 혁명을 기억하는 해이다.3) 1848~1849년 유럽의 자유주의 혁명, 1918~1919년의 사회민주주의-공화주의 혁명, 마지막으로 1989년의 혁명은 전 세계적으로 공산주의를 해체하는 데 이바지했다.4)

공산주의를 이념으로 삼는 국가들의 선전에는 '사회주의 국가'가 공산주의로 이행하는 첫 번째 단계로 규정된다. 이에 따라 '독일민주주의공화국(DDR)'5)은 공산주의 국가로 분류된다. 이로써 당대와의 연관성을 보존하고 다의적 사회주의 개념을 피할 수 있다(Gauck and Neubert, 1996; Gauck, 1998).

여기서 '권력 엘리트'나 '정치 엘리트'라는 개념은 특별한 의미로 사용하고자 한다.6) 즉, 이는 동독 정권에서 정당 및 국가기구에 정치적 영향력

---

3) 1933년 나치에 의한 반공화주의적인 체제변화를 '합법적 혁명(괴벨)'이라고 주장하는 이가 있으나, 이는 인류 성과와 자유권의 파괴를 규정할 뿐이며, '반자유적·자유적대적 혁명'으로 이해될 수 있을 뿐이다.
4) 쿠바, 라오스, 베트남, 중국, 북한의 5개 국가만이 그들의 통치를 공산주의 이념으로 정당화시키고 있다. 하지만 이는 예전 공산주의 국가들의 독재적 통치체제나 권위주의적 정부가 극복되었다는 것을 의미하지는 않는다. 러시아가 그 좋은 예이다.
5) '독일민주주의공화국'은 '민주적'이지 않았으며 '공화국'도 아니었고 1989년까지 서독으로부터 주권적 국가로도 인정받지 못했다. 국가들이 스스로 붙이는 이름은 항상 주의 깊게 살펴봐야 한다. 북한도 스스로 '조선민주주의인민공화국'이라 칭하고 있다.
6) 작센 주의 국무차관 마이어(Meyer)가 1997년에 구동독 정치적 엘리트의 존재를 부정한 예처럼, 여기서 사용된 '엘리트'라는 단어가 일정 이상의 지적 소양을 지닌 계층을 뜻하는 것은 아니다.

을 행사할 수 있었던 52명의 고위관료를 지칭한다.7)

권력 엘리트는 기능적 측면에서 광의의 개념으로 이해해야 하며, 이는 공산주의 전반의 국가계급을 의미한다. 일반적으로 '국가계급'이라는 개념은 시장경제 체제가 우세하지 않은 국가의 지도층을 의미한다(Elsenhans, 1981; Elsenhans, 1997). '정치'는 다수에 의해 생산된 자원에 대한 소수의 접근을 말한다(Elsenhans, 2005). 연금과 이윤은 잉여생산의 상이한 유형이다. 국가계급은 연금을 획득한다.

자본주의자들의 분파적 계급과 대조적으로 국가계급은 높은 중앙집중도를 보인다. 잉여생산의 사용에서 이들은 재투자를 종용하는 시장의 경쟁에서 벗어나 있다. 그보다 국가계급은 정치구조의 견고함이 위협받지 않는 한 사회적 잉여생산을 자신의 소비를 위해 사용할 수 있다(Elsenhans, 2001: 212). 국가계급은 특권을 위한 자신의 이해와 권력의 정당화 사이에서 행위한다.

이러한 국가계급의 기능적 설명은 해당 국가계급의 성격, 그 정치적 목적이나 잉여생산물의 분배 혹은 다수의 복지에 대해 설명해주지는 않는다. 국가계급은 착취적일 수도 있고 시혜적일 수도 있다. 예를 들어 노르웨이는 유럽에서 가장 많은 부를 자랑하는 국가이다. 노르웨이 정부는 민주적 정당성을 가지고 있으나 그 부는 연금에 기초한다. 국가의 수입은 대부분 석유의 수출로 얻어지고 있다.

공산주의의 국가계급은 그들의 권력을 자본주의와 민주주의의 적대성에서 얻어낸다. 그들은 생산을 담당하는 다수와 권력기구 관료들 간의

---

7) 얀 빌고스(Jan Wielgohs)는 통치 엘리트와 기능 엘리트를 구분했다. 통치 엘리트에 대해서는 다음을 참조하라. Jan Wielgohs, *Biographische Betrachtungen der politischen Eliten in Ostdeutschland um die Zeit der Wiedervereinigung*(이 책의 3장 참조).

이해를 동질화하려고 한다.8) 지속적이며 막대한 영향력과 통제 없이는 이러한 동질성은 얻어질 수 없다.

일단 여기서는 해당 주제를 소개하는 정도에 그칠 수밖에 없다. 더구나 통일의 과정에서 동독의 권력 엘리트들에 대한 처분이 동일하지 않은 문제도 있다. 저자는 동독에서 일어난 일들을 규범적 범주에서 다루려고 한다. 어떻게 해야 독일의 통일이 다수를 위해 더 잘 이루어질 수 있었을까? 그 과정에서 어떠한 실수들이 있었는가? 특정한 결정들이 어떤 정치적 의도에 따라 어떤 방식으로 왜곡되었는가? 이에 대한 고찰을 바탕으로 한국의 분단 현실을 타개하기 위한 토론을 시도하고자 한다.

1) 사회주의·공산주의 혁명에 대한 과거로부터의 경고

혁명적·공산주의적 노동운동은 반자본주의적인 성격을 띠며, 시장형태의 경제를 극복하고자 한다. 개혁적 노동운동은 친자본주의적이며 자본주의 안에서 노동자들의 부를 증대하고자 한다. 이 둘은 항상 명확히 구분되어야 한다. 여기서 이 둘의 차이와 그 위험성을 놀라울 정도로 일찍 간파한 사상가들을 기억해야 할 것이다.

프리드리히 니체(Friedrich Nietzsche, 1844~1900)는 당시 유럽에서 발생했던 두 노동운동을 그들의 목적에 따라 구분했다. 그는 '사회민주주의'를9) 지지했다. 반면 혁명적 '급진적 사회주의'10)는 그에게 '소인배들의

---

8) 루소의 "동질적 민주주의"는 공산주의의 국가법적인 근본토대를 제공한다.

9) 그 예로 Friedrich Nietzsche, *Kritische Studienausgabe*(KSA) Bd. 1(Walter de Gruyter, 1988), S. 199; KSA 2, S. 296(MA I, 457) 혹은 KSA Bd. 2, S. 312 이하(MA I, 478 f).

10) 같은 책, KSA 1, S. 117(GT 18); KSA 2, S. 295(MA I, 454) oder KSA 2, 299(MA

전제로서 '매우 반동적'으로 다가왔다.11) 니체의 유고에 표현된 희망은 오늘날의 우리를 매우 놀라게 하는 동시에 중요한 의미를 갖는다.

…… 나는 다음과 같이 희망한다. 몇 차례의 위대한 시도를 통해 증명되고 있는데, 사회주의사회에서 우리의 삶은 스스로 부정되고 있다. 뿌리를 스스로 자르는 것과 같다. 세상은 넓고 인간은 아직 많은 발전 잠재력을 가지고 있다. 비록 수많은 사람의 지지를 얻거나 많은 희생을 치른다고 해도, 나에게 이러한 시도들은 어리석은 것으로 보인다.12)

노동자들이 노동의 윤리적 가치를 높이는 것에 대해 니체는 "'노동의 품위'는 …… 노예의 꿈"이라 규정했다.13) 이러한 그의 판단에 대해서 당대의 인물로는 폴 라파르그(Paul Lafargue, 1842~1911)만이 그와 어깨를 나란히 할 수 있다. 최초의 개혁적 사회주의자였으며, 한편으로 카를 마르크스(Karl Marx)의 사위이기도 했던 그는 혁명의 필요성에 대한 역사적 환상에서 벗어난 인물이었다. 그는 담담하게 길을 제시한다. "가능하다면 평화롭게, 그렇지 않으면 무력으로."(Lafargue, 1991).

라파르그는 자본주의를 노동의 가치(임금)를 상승시킬 기회로 보았다. "자본가들에게 나무와 쇠로 구성되는 기계를 완벽하게 만들도록 강제하려면 살과 다리(뼈)가 있는 기계들의 임금을 인상해야만 하며 노동시간도 단축해야만 한다"(Lafargue, 1991: 40). 그는 실업이 정치적 분배의 문제라

I, 463).
11) 같은 책, KSA 2, S. 307(MA I, 473).
12) 같은 책, KSA 11, S. 587(NF Juni-Juli 1885, 37, 11).
13) 같은 책, KSA 7, S. 140, NF Ende 1870~pril 1871, 7(16).

는 것을 이미 파악하고 있었다. 따라서 "모든 사람이 노동하기 위해서는 난파된 배에서 물을 공급하듯이 노동을 분배해야 합리적이다"라고 주장했다(Lafargue, 1991: 20).

반자본주의 혁명가들은 마르크스가 예견했던 노동자들의 궁핍화를 열망하고 있었다. 그에 반해 친자본주의적 노동운동은 자본주의 안에서 완전고용을 보장하는 성장을 바랐다. 따라서 그들은 생활형편을 개선하는 동시에 자본주의를 유지할 수 있도록 대중의 소득증대를 위해 투쟁했다(Elsenhans, 1983: 1~8).

초반에 혁명적·공산주의적 성격을 띠던 노동운동도 노동자들을 위한 장점을 인식하면 친자본주의적 행보를 걸을 수 있다.

한국의 수출지향적인 산업화와 성공적인 민주화가 좋은 예가 될 수 있다(S. H. Kim, 2000: 55~57; Lee, 1997: 55~57). 초기의 노동계급은 혁명을 이상적인 방법으로 보았다. 하지만 완전고용이 이뤄지고 난 이후에 노동계급은 대기업의 영향력하에 있지 않은 시민적·정치적 세력과 폭넓은 협력을 해왔다(H. J. Kim, 2002). 이러한 방법으로 그들은 영향력을 확대시켰다.

완전고용이라는 조건 아래 노동자들은 성공적으로 친자본주의적인 전략에 적응한다.

2) 복지국가적 자본주의하에서의 반동적 혁명가들의 실패

동독이 존재했던 지난 40년 동안 약 450만 명이 동독에서 서독으로, DDR(Deutsche Demokratische Republik)에서 BDR(Bundes Republik Deutschland)로 이주했다. 이러한 이주는 동·서독 사이에 장벽이 생기면서 높은 위험을 수반했다. 동독에서 서독으로 탈출을 선택할 때는 목숨을 걸어야 했고,

탈출 시도도 징역형으로 처벌했다. 여행을 위한 지원서를 제출하는 사람은 취업금지, 재정상의 어려움 혹은 범죄자로 취급받을 것을 각오해야 했다. 동독을 떠나는 것이 허가되는 시점은 예견할 수 없었다. 1980년대 말의 이주 희망자들은 라이프치히 소재 반체제 집단들의 중요한 잠재 요인으로 떠올랐다.

노예들이 조직화되고 그들의 저항이 증가할 때, 그들을 관리하는 사람들의 수 역시 증원되어야 하기 때문에 억압적인 노예제는 더 이상 유지되기 어렵다. 이와 마찬가지로 동독의 반체제 집단들은 공개적인 활동들이 늘어날수록 정부의 억압기제가 확대될 것을 의도했다. 이는 정부의 체제 유지 비용은 더욱 증가하게 되고 통제를 당하는 국민들의 불만이 높아지는 결과를 낳게 된다.

하르트무트 엘젠한스(Hartmut Elsenhans)는 자본주의의 경제성장과 계획경제 체제의 내부 모순 심화의 상관관계에 대해 다음과 같이 주장했다.

> 현실 사회주의, 혹은 계획경제 체제가 경제수치상으로 발전한 것처럼 보이던 시기도 있었지만 이러한 착시현상은 자본주의가 이윤을 극대화하는 과정에서 나타난 일시적인 것이었다. 그러나 자본주의하에서 노동의 권리가 지속적으로 확대되고 임금이 그들의 노동생산성에 비례해서 지속적으로 증가하게 되면, 경제성장이 실질임금의 상승과 노동시간의 단축을 통해서도 실현되고, 이는 바로 현존 사회주의의 내부 모순을 점차 심화시키는 결과를 초래할 것이다(Elsenhans, 1998: 122~132).

이 상황이 바로 1980년대 초에 나타났다.

자본생산성 저하를 극복하기 위해 기술혁신이 도입되었다. 이 과정에서 자본주의에 대해 간과한 부분을 지적하지 않을 수 없다. 자본주의의 발전은 기본적으로 기술도입의 성과라기보다는 시장경쟁 체제에서 자본가들이 그들의 한정된 금융자원(자본)을 가격경쟁력 향상을 위해 투자했기 때문이다. 그리고 강력한 노동운동은 실질임금의 증가로 나타났다. 그러나 계획경제 체제에서는 저성장, 혹은 성장정체 현상이 나타났는데, 이는 세계시장에서 자본주의와 경쟁하기 위해 기술도입은 불가피하게 되었고, 그 과정에서 외자도입에 의한 부채 비율이 지속적으로 증가한 반면 소비수요는 정체되어 자본을 축적할 수 없었다(Elsenhans, 1998: 130).

사회주의의 장점으로 제시되었던 높은 자본효율성과 투자비율은 자본주의적 복지국가의 관점에서 보면 '비효율에 의한 착취'(Elsenhans, 1981: 90; Elsenhans, 1996: 144)로 규정될 수 있다. 이러한 '비효율에 의한 착취'에 대해 폴란드 자유노조가 1980년에 공산주의 정부에 최초로 문제 제기를 했다. '솔리다르노시치(Solidarnosc)'라는 이름을 가진, 유럽의 공산주의 국가의 첫 자유노조는 자본주의 체제하의 노동자 여건을 칭찬했다. 그곳 노동자들은 더 나은 생활여건을 갖추었을 뿐 아니라, 근로시간도 짧고 휴가일수도 더 많았기 때문이다.14)

폴란드의 공산주의 정권은 1981년 12월에 공권력으로 응답했고, 비상사태 및 노동자들에 대해 전쟁법을 선포했다.15) 이는 공산주의 국가계급

---

14) 사회국가적 자본주의의 대표격으로 스웨덴이 거론되었다. 예를 들어, 1989년 가을에, 여류작가 로제마리 슈더(Rosemarie Schuder)는 드레스덴에서 기민련(CDU) 신문인 《유니언(Union)》에 스웨덴이 장래 동독이 추구해야 할 자본주의의 모범이라 썼다. 또한 칭기스 아이트마토프(Tschingis Aitmatow)는 1990년 여름 모스크바에서 소련과 선전적 체제 비교가 있을 때, 지식인들이 스웨덴을 거론하면 공산주의 간부들이 조용해졌다고도 언급했다.

이, 자신의 특권을 정당화시키기 위해서만 '민족'과 '노동자들'을 필요로 한다는 것을 극명하게 보여준 사례이다.

3) 복수심에 대한 정치심리학의 관점에서 본 공산주의

니체는 집단적 복수의 원인은 "착취자들의 우둔함",[16] 굴욕적 힘의 불균형이라고 인식했다.

억압받은 집단은 권력에 대해 저항을 하게 되고, 상대방이 서로 비슷한 정도의 세력을 갖추게 되면 호혜적 협약을 맺을 수도 있다. 예를 들어 국가의 저변에서는 공화제의 성립을 의미한다(게임이론에서 보면 경우 상호 상생적 상황이 된다).[17]

복수를 하려는 집단이 과거 그들을 착취했던 권력집단에 저항하여 승리하게 되면, 이후 양쪽 모두의 상황이 악화되는 위험이 있다. 이는 복수하는 집단이 상대방에게 하향평준화가 될 때, 복수하는 집단이 승리와 더불어 자유 혹은 생활수준의 향상을 위해 노력하는 것과 같은 긍정적인 길을 스스로 가로막을 때 일어난다(게임이론에서는 위와 반대되는 결과가 초래된다).

'복수의 느낌'[18]은 ① 상대방의 우위의 가치에 대한 인정과, ② 이러한

---

15) 폴란드의 마르크스주의자인 아담 샤프(Adam Schaff, 1913~2006)는 마르크스-레닌의 이론에서 이 상황의 모순성에 이목을 집중시켰다. 그는 폴란드 공산당의 해체를 권고했는데, 이는 노동자들에게 조직화를 금지시키는 노동당은 더 이상 '노동당'이 아니라는 것이었다. 그는 1982년 "부르주아적이고 수정적인 사고방식"으로 인해 정당에서 탈퇴당했다.

16) Friedrich Nietzsche, KSA 11, S. 587(NF Juni-Juli 1885, 37, 11).

17) 같은 책, KSA Bd. 2, S. 289 f(MA I, 446). 니체는 이 글에서 1918~1919년에 벌어진 사회민주주의적인 동시에 공화주의적인 혁명이 낳을 권력문제를 예측하고 있다.

가치를 실질적으로 나누지 못하는 능력, 우위의 상대방과 동격을 이루지 못하는 것의 두 가지가 있다.

복수의 행동은 "단순히 혐오·질투를 통해 정해지는 것이 아니라, 다른 것 혹은 다른 사람이 동시에 더 우월하다고 자인하지만, 이를 또 무조건 모방할 수 없어 '자신의 길'을 가야 함"(Bochmann and Stekeler-Weithofer, 1998: 11~23)을 의미한다. 이러한 의미에서 복수는 능동적이며 반동적이다. 시인 카를 슈테른하임(Carl Sternheim)은 이를 적절히 표현했다. "원한은 마치 여우가 포도를 먹을 수 없기 때문에 시다고 하는 것과 같다"(Steinheim, 1965).

공산주의도 이런 집단적인 복수심의 발현으로 이해될 수 있다. 복수는 복수의 상대방에게만 대응하는 것이 아니라, 복수의 행위자들을 일차적으로 약화시킨다. 반자유적 복수는 자유로운 갈등해결을 방해한다. 공산주의의 권력 엘리트들은 아무리 권력을 많이 행사해도 현실적인 열등의식에 대한 모순적 감정을 결코 떨쳐버릴 수 없었다. 그들은 삶에 대해 확고한 자신감을 갖지 못했다. 권력 엘리트들은 나라 안에서 자신의 부를 자랑할 수 없었다. 그들은 권력의 정당성을 노동계급과의 동질성에서 찾기 때문이다.[19]

공산주의 엘리트가 개방성을 누리지 못할수록, 유일하게 신뢰할 수 있

---

18) 테오도르 레싱(Theodor Lessing)은 니체가 프랑스어에서 가지고 온 개념인 'Ressentiment'을 'Rückschlagsgefühl'로 독일어 번역했다. Theodor Lessing, *Nietzsche*(Berlin, Ullstein, 1925), S. 44.

19) 서독의 언론인들에게는 동독 엘리트의 숨겨진 '사치', 예를 들어 사냥을 위한 전원주택 등이 오히려 작고 소박하게 다가왔으며, 고위관료들이 반드리츠(Wandlitz)라는 숲 인근의 숨겨진 지역에 몰래 사치스럽게 사는 것이 동독인들을 왜 분노케 했는지 이해하지 못했다. 국가이념의 맥락에서만 이를 이해할 수 있다.

는 통로인 정보국에 의존하게 되었다. 그들은 강한 권력을 지녔다는 외관을 연출하기 위해 필사적으로 노력했다(Wulf, 2009: 3).[20] 그들은 이미 공산주의 국가를 지킬 필요가 없다는 국민의 생각을 잘 알고 있었다. 따라서 공산주의 엘리트들은 국민의 피난이나 조직화된 저항을 효율적으로 막을 때에만 그들의 세력을 유지할 수 있다.

4) 공산주의의 극복: 도피 혹은 상쇄

공산주의 권력기구는 피난 움직임과 조직화된 저항이 함께 일어날 때 효과적으로 분열된다(Kloss, 2005: 363~379).[21]

공산주의 국가들에서 행해지는 조직화된 저항운동이 복수로 확산될 위험은 없다. 복수의 양면적인 구조는 "다른 것 또는 다른 사람을 더 우월하다고 인정"하는 것을 전제로 한다. 이것이 공산주의 국가 내의 조직화된 저항운동에 어떻게 가능할 수 있겠는가? 복수에 의해 동기를 부여받은 권력 엘리트들에 대한 혐오감은 자유적대적인 복수운동에 대한 지양의 계기가 된다.[22]

---

20) 예를 들어 북한이 2006년 10월에 실시했던 초기 핵실험들을 생각해보자. 북한은 2005년 1월 10일 핵확산금지조약에서 탈퇴했다.
21) 독일 사회학자 칼 디터 옵(Karl-Dieter Opp)과 데틀레프 폴락(Detlev Pollack)의 잘못된 진단이다. 이에 대한 대안으로 1989년 혁명의 원인을 저항된 조직과 이주 희망자들 간의 전환이론에서 찾기도 한다. 'Voice(참여)'와 'Exit(탈퇴)'[히르쉬만(A. O. Hirschmann)의 '탈퇴' 개념]의 체제전복적인 협력은 라이프치히에서 큰 성공을 거두었으며 대규모 시위로 번졌다.
22) 권력 엘리트들은 그들의 굴욕감을 스스로 알고 있었으며 복수 행위에 공포심을 갖고 있었다. 그 예로 동독 말기 관료들의 자살을 들 수 있다. 저항운동의 편에서는 오히려 의외로 무력의 사용이 드물었다. 폭력 행사를 하는 경찰에 대한 투석행위들

권력 엘리트의 편에서 공산주의 이념은 시스템의 견고함이 위험해질 때 그들의 유일한 정당성을 잃어버린다는 위협이 있을 뿐이다. 권력 엘리트들에게는 두 개의 도피수단이 가능하다. 권력 엘리트들은 권력을 유지하기 위해 민주주의의 이전 단계에 해당하는 구조의 다른 이념[23]으로 전환을 시도하거나, 자신에게 돌아올 이익을 고려하여 자본주의적 체제로의 변화를 지지할 수 있다.

권력 엘리트들은 그들이 갖고 있는 자원에 힘입어 시장경제로의 전환 시 '상위'에 있을 수 있도록 노력할 수 있다.[24] 자원에서의 우위는 시장 접근성을 용이하게 해주며, 동시에 사회적 위계질서에서 상위를 점할 수 있는 것을 가능케 해준다. 국가계급 대부분이 국가기관에서 그들의 지위를 민주주의 내에서도 지속할 수 있도록 시도하려 한다. 이러한 맥락에서 1989년의 공산주의 권력 엘리트들이 체제 붕괴에 대해 소극적인 저항을 했던 이유를 쉽게 파악할 수 있다.

경험적 연구에서 비롯된 전환이론에 따르면 국가계급은 조직화된 저항의 압력에 따라 '강경파'와 '온건파'로 구분된다. 개혁에 호의적인 온건파

이 알려진 정도에 그친다.

[23] 김일성은 북한의 헌법에서 마르크스-레닌주의를 삭제하고 이를 그가 주창한 주체 이념으로 대체했다. '주체'는 인간이 본인의 의지로 주위 환경보다 우위에 있을 수 있다는 사상을 담고 있다. 개인의 이러한 힘은 그러나 집단에 속했을 때, 지도자에 의해서만 가능하다고 한다. 넓은 의미로서의 주체사상은 정치적 독립과 국가의 경제적 자립을 의미한다. 이러한 이념 전환은 단순화를 통한 견고화 시도로 볼 수 있다.

[24] 다음의 토론 내용을 참조하라. Michael Hofmann, "Lebensweltliche Veränderungen der ostdeuschen Machteliten vor und nach der Vereinigung"(이 책의 5장 참조)과 Markus Pohlmann and Jong Hee Lee, "Ostdeutsche Machteliten im Wandel der Sozialstruktur nach der Wiedervereinigung"(이 책의 2장 참조).

들이 전통적인 강경파가 가지는 거부권을 중화시킬 수 있고, 조직적 저항세력 내에서 협상에 호의적인 세력이 주장을 관철시킬 수 있다면 합헌적인 정치적 협의가 가능하다.

이러한 일반적인 양식은 북한이나 동독 같은 분단국가일 경우에 다른 양상을 띠게 된다. 체제 반대편은 권력의 이양을 혼자서 결정할 필요가 없기 때문이다. 조직화된 저항세력은 권력 엘리트의 정당성과 세력을 약화시켜야 한다. 그러면 그들은 승리를 거두게 된다. 달성하고자 했던 것이 이미 최적화된 상태로 존재하기 때문이다. 다수의 요구는 예전의 체제로 돌아가지 않는다는 보장에 있으므로 더 나은 상태를 위한 노력도 할 필요가 없다. 이는 오래된 공산주의 권력 엘리트 내의 '온건파'도 인지하고 있다. 따라서 이들은 재통합 상대방에 더욱 초점을 맞추게 된다.

조직화된 저항세력이 대규모시위에 성공하면 목표는 거의 달성된 것이다. 동독의 민중이 "우리들이 민중이다"라는 구호로 권력 엘리트들의 정당성을 박탈했을 때, 권력기구는 더 이상의 방어를 할 수 없었다. 공산주의 시스템은 극복되었다. 이로써 통일을 위한 길이 열렸다.[25]

이제 민주주의적 재시작을 위해 결산이 이뤄져야 한다. 한편으로는 관료들의 특권이 부정되어야 했고,[26] 다른 한편으로는 그들 밑에서 고통을 받은 사람들에게 물질적 보상이 따라야 했다. 피해, 사용하지 못한 시간,

---

[25] 필자는 민주주의적인 발언으로 자신들을 정당화하고자 했던 몇몇 고위관료들을 알고 있다. 이들은 거리의 시위대가 다수가 아닌 용기 있는 소수라 했다. 나는 이에 대해 이렇게 응답한다. "무장을 하지 않은 용기 있는 소수가 이 국가를 한낱 시위로 무너뜨린다는 것은 적어도 동독의 예에는 해당하지 않는다."

[26] 어떤 특권들은 그것이 일반적인 인권 혹은 기본권의 형태로 모든 사람에게 보장되는 것으로써 없어지기도 한다. 예를 들어 거주·이전의 자유, 표현의 자유 혹은 정보의 자유 등이 있다.

이념적인 굴욕감, 박탈된 기회 등을 금전적으로 보상하는 것은 거의 불가능하다. 다만 적어도 공산주의 체제하에 특권을 누리지 못했던 사람들의 생활수준을 과거의 국가계급에 맞추는 것이 필요했다. 법치국가적 기준에 의하지 않은 관료들은 – 예를 들어 동독이 UN 결의 비준 이후에도 대외적으로 그렇게 행동하지 못한 것처럼 – 재판을 받아야 했다.27)

체제전복적인 동독의 시민운동은 그들이 거둔 승리의 신속성에 대해 놀라워했다. 이들은 독재체제의 기득권자들이 적어도 10년 동안 의회 및 민주적인 기구의 공직에 진출해서는 안 되며, 공적 업무를 수행해서도 안 된다고 주장했다. 이는 기득권자들이 국가의 비호를 받지 못한다는 것을 의미했다.

통일은 시민운동 세력 대다수가 지지했다. 늦어도 1988년에 체제전복적인 집단 내부에서 옌스 라이히(Jens Reich)의 질문이 논의되었다. "동독이 민주적인 국가로 전환된다면, 동독이 개별 국가로 남아 있어야 할 이유가 있는가?"(Asperger, 1988).28)

서독은 동독을 1989년까지 국가권력으로 인정하지 않았다. 당시 서독

---

27) 제2차 세계대전 이후, 나치의 고위간부에 대해 진행되었던 뉘른베르크 재판은 인류의 커다란 진보를 보여준다. 뉘른베르크 재판은 히틀러 당시에 제정되었던 실정법을 인정하지 않았는데, 이는 히틀러의 제3제국이 법치국가가 아니었으며, 법치국가원리를 준수하지 않았기 때문이다.
28) 더 나은 사회주의에 대한 그리움을 반영한 베르벨 볼리(Bärbel Bohley)의 인용구들이 모든 동독 반대자들의 전체 의견이라는 '전설'은 아쉽게도 언론인들 사이에만 국한된 것이 아니다. 옌스 라이히 같은 인물도 "NEUE FORUM"의 창시자 중 한 명이었다. 그가 *Lettre International*에 1988년부터 연재하기 시작한 기사들은 체제전복적인 집단들에서 논의되곤 했었다. 라이히는 동독이 성공적으로 민주주의 체제로 전환한다는 전제하에 국가로서 동독의 잔존 이유가 없음(!)을 명확히 했다. 그는 여기서 '아스퍼거(자폐증)'라는 유머러스한 가명을 사용했다.

의 총리였던 헬무트 콜(Helmut Kohl)은 독일 통일을 위해 다음과 같이 말했다. "그 누구의 상황도 악화되지 않을 것이다, 대신 더 많이 나아질 것이다."(Kohl, 2009).

2. 동독의 권력 엘리트

1) 어느 핵심간부의 역사적 증언

'독일사회주의통일당(Sozialistische Einheitspartei Deutschlands, SED)'과 국가기구의 내부인(핵심간부)이었던 디트마르 켈러(Dietmar Keller)는 1984년부터 문화부 차관, 1989년 11월부터 동독의 문화부 장관을 역임했다. 그는 1993년(앞으로 인용할 발표문이 공개된 해)에 민주사회당(PDS, 당시 동독 지역 SED 정당의 다른 이름) 당원으로 통일 이후 독일연방의회의 의원이 되었다. 그는 독일의회의 한 위원회에서 1946년에 창당된 SED는 단 한 순간도 민주적이거나 시민적 속성을 갖지 못했다고 지적했다. 창당할 당시부터 군사적인 엄격한 규율과 수직적 명령체계에 의해 운영되었다는 것이다.

켈러는 당이 전위당과 대중당의 이중적 성격을 가졌었다고 진술했다. 대중 정당으로 규정할 수 있는 부분은, 당적을 가질 수 없는 18세 이하까지 포함한 1,600만 명의 동독 인구 중 평균 200만에서 230만 명이 당원이었다는 것이다. 동독 인구 중 약 80만 명은 당에서 배제된 사람들이었다.

전위당으로서의 특징적 요소는 당원 중 소수가 당과 국가기구를 장악했다는 데 있다. 이 집단들은(토마스 암머에 의하면 그 구성원은 약 30~40만 명 정도로 추정된다, Ammer, 1995: 464) 100개가 절대 넘지 않으며 시간이 흐를수록 이 특정 소수가 점점 축소되고 이 소수에 더 많은 권력이 집중되는 형국으로 변화되었다. 원칙적으로 10년의 임기가 종료되면 그들은 조직에서 물러나야 했고, 이렇게 권력에서 물러난 사람들은 1970년대 중반부터 당 밖에서 정치활동을 해야 했는데, 이는 바로 재야 활동의 잠재력이 되었다(Keller, 1993: 3013~3022).

켈러는 단 한 번도 국가정당에 저항하지 않았다. 그러므로 당 간부의 지적 수준을 그의 긴 증언을 인용함으로써 어느 정도 객관적으로 평가할 수 있을 것이다.

> 당은 역사적으로 예수교단 같은 규율을 요구했지만, SED는 예수교단의 신앙심은 존재하나 지적 수준은 그에 못 미쳤기에 한 종파로 전락하고 말았다. 나는 내가 무엇을 진술하는지 잘 알고 있다. …… 역사가 발전할수록 SED의 상층부뿐만 아니라, 다른 정당의 집행부에서도 지적 잠재력이 빠르게 고갈되고 있었다. 나의 경험에 의하면 1945년 이후 당을 건설한 1세대들은 상당한 수준의 교육을 받은 이들이었다. 그러나 통일 직전의 당 지도 기초교육도 제대로 받지 못한 인물이 수두룩했다. 그들은 직업교육도 제대로 받지 못했고, 단지 당 학교의 속성과정을 이수했을 뿐이다(Kelle, 1993: 3016, 3018~3019).

켈러에 의하면 SED의 정치국에서 모든 결정이 내려졌고, SED의 중앙위원회는 마치 정부 위에 군림하는 작은 정부 같았다고 한다. 정부와 국가기구들은 단지 이런 당의 결정을 수행하는 일선행정기관의 역할만 담당했는데, 그 사이에 국가안전부가 자리 잡고 있었다. 이 기구는 상시적으로 당의 지시가 원활히 수행되고 있는지를 감시했다(Keller, 1993: 3021).

2) 통일된 국가에서 권리 분할의 수단으로 작용하고 있는 통일 협정

현재 독일 재무부 장관이며 1990년 2월 독일연방정부의 내무부 장관을 역임했던 볼프강 쇼이블레(Wolfgang Schaeuble)는 콜 정권 당시 수감된 동독의 고위 간부 중 죄질이 경미한 사람들에 대한 사면을 제안했다. 이를 통해 그는 공산당의 핵심간부들로부터 신뢰를 얻을 수 있었다. 한때 동독의 국가정당과 관계된 군소 정당들은 개별 정당으로 분리되었다. 서독의 정당들은 가능한 한 제대로 작동하는 동독의 정당들을 미래의 파트너로 찾았다. 1989년 혁명의 결과로 당과 시민단체가 1990년 3월에 자유선거를 치르기로 합의했다. 선거는 예정대로 치러졌고 이는 동독 역사상 최초의 민주적이고 합법적인 정부의 수립으로 이어졌다. 동독에서는 보수적인 기민련(Christlich Demokratische Union Deutschlands, CDU)이 다수당으로 정부 여당이 되었다. 서독에서는 CDU와 자유민주당(Freie Demokratische Partei, FDP)이 연정을 구성하게 되었다. 두 정부 사이에는 소위 '통일협상'이 진행되고 있었는데, 이 협상은 논란의 여지가 있는 것이었다. 왜냐하면 협상당사자의 다른 편은 자신(동독 정부)의 해체와 소멸에 대해 협의해야 했기 때문이다.

서독 헌법에는 동독이 통합되는 경우를 상정하고 이를 승인하는 조문이 있었다. 그러나 연방의회에서는 이에 대한 과반수 동의를 얻지 못했다. 통일협약에서는 선거 후 동독을 처음이자 마지막으로 국가로서, 그리고 협상의 당사자로서 인정했다. 그러나 이는 매우 부정적인 결과를 초래했다. 이렇게 동독을 인정함으로 인해 동독의 법도 독일연방정부에 의해 합법적이고 정당한 것으로 인정되게 된 것이다(Lüderssen, 1992: 148).

이 협약으로 결국 독일은 하나의 국가로 통일되었지만, 동시에 한 국가에서 서로 다른 권리와 권한을 인정하는 두 지역으로 분리되는 것을 인정했다(이는 현실적으로 전환기의 분위기를 반영한 것이 아니었다). 통일 독일에서는 아직까지도 지역별로 동등한 권리가 인정되지 않고 있다. 독일을 포함한 모든 민주국가에서 인정되고 있는 "동등한 삶의 조건"이라는 법적 기본권은 훼손되었다.[29] 사회와 노동의 기본권과 임금협상권에서 현재까지 동·서독에 차등적으로 적용되고 있다.[30]

두 독일에서 평등한 권리가 보장되어야 하지만, 그것은 과반수가 찬성하지 않으므로 지금까지 실현되지 못하고 있다. 이로 인해 독일의 정당성은 심각하게 훼손되고 있다.

3) 통일 독일에서의 구동독의 국가계급과 그들의 정당인 SED의 변신

독일사회주의통일당(Sozialistische Einheitspartei in Deutschlands, SED)[31]은 동독의 국가계급 정당이었다. 1989년 통일로 정치적인 지도역할은 끝났고, 정치적으로 무장해제되었으나 완전히 해체되거나 사라지지는 않았다. 이는 2차 대전 이후 NSDAP(Nationalsozialistischen deutschen Arbeiterpartei, 나치당)가 연합군에 의해 완전히 해체되었던 것과는 다른 상황이었다.

---

[29] 1994년 10월 24일에 단행된 기본법 개정으로 제72조의 제2항 "동등한 삶의 조건"이라는 문구가 "같은 가치의 삶의 조건"으로 개정되었다. 이에 대해 당시 독일 대통령이었던 호르스트 쾰러도 "불평등한 삶의 조건"이 동·서독에 존재한다고 공개적으로 비판했다.

[30] 게르하르트 슈뢰더 총리는 SPD와 녹색당 연정하에서 무기한 지급되던 실업수당을 2005년에 폐지했고, 사회복지수당도 기본생계비 수준으로 인하했다. 그리고 일년 뒤에 동독의 실업수당을 서독 수준으로 인상했다. 2009년에 노동부 장관은 최저임금을 다단계로 조정했으나, 동독 지역에는 서독 수준보다 낮게 책정했다.

[31] 통일정당이라는 표현은 모든 정당이 이 정당으로 통합되어야 했기 때문에 사용된 것이다. 특히 SPD는 강제적으로 공산당에 흡수되어야 했다.

SED에 종속된 동독의 정당들은32) 정치적 독립성과 영향력을 갖지 못했으나 대신 기업이나 상점을 운영함으로써 그로 인해 창출되는 부를 당의 재산으로 소유할 수 있었다. 이 점은 통일 당시 서독의 정당들에 유리하게 작용했는데, 서독 정당들이 그들의 자매정당과 합당하는 과정에서 당원과 재산을 인계받을 수 있었고, 이로 인해 재정적 안정과 함께 당원 수가 증가하는 소득도 있었다. 그러나 독재시대의 '부유한 유산'이 없는 사민당(Sozialdemokratisch Partei Deutschlands, SPD)과 녹색당, 그리고 시민운동 세력은 보수정당과 달리 당원 수도 적고 사회적 지지기반도 매우 취약했다.

반면 SED는 독일 통일 이후 가장 부유한 정당으로 부상했다.33) 당명을 '민주사회주의당(Partei der Demokratischen Sozialismus, PDS)'으로 변경한 SED는 서독 지역의 유권자로부터 지지를 얻기 위해 겉으로는 유로커뮤니즘(Eurocommunism)과 사회민주주의의 전통을 이어받는 것처럼 선전하고 있다. 최근 PDS는 다시 '좌파정당(Die Linke)'으로 당명을 변경했다. 일단 당명의 변경과 상관없이 이 정당의 지지기반이 서독 지역에서는 매우 취약하지만, 과거 동독의 기득권층이 집단적으로 거주했던 동독의 수도 베를린 동부와 그 주변 지역에서는 거의 독점적 영향력을 확보하고 있다.

---

32) 이에 대해서는 다음을 참조하라. Martin Rissmann, *Kaderschulung in der Ost-CDU. Zur geistigen Formierung einer Blockpartei*(Droste, 1995).

33) SED의 수백만 동독마르크 재산 중 2/3가 통화 통합과정인 1990년 초에 이미 사라졌다. 1억 600만 동독마르크가 모스크바의 푸트닉 사로 이체되었는데 그 후 아무도 그 행방을 모르고 있다. 이에 대해서는 Hubertus Knabe, *Die Täter sind unter uns. Über das Schönreden der SED-Diktatur*(List, 2008); Hubertus Knabe, *Honeckers Erben. Die Wahrheit über DIE LINKE*(Propyläen, 2009) 참조.

4) 2005년까지 구동독 엘리트들의 조직적인 전략: 구동독의 정체성 회복과 희생양의 연출

PDS는 독일 통일 이후부터 전술적 딜레마를 갖고 있었다. 우선 PDS는 안정적 운영과 생존을 위해서는 장기적으로 독일 전역, 특히 구서독 지역에서의 지지기반을 확보해야 하지만 그들의 영향력과 정치적 지지기반을 상실하고 있었다. 그러나 다른 한편으로는 다수 당원의 이해를 대변해야만 했다.

그렇다면 PDS는 어떤 이해를 대변하고 있는가? 해체된 국가계급의 이해관계를 관철하는 것은 '동독인'이라는 것을 강조하는 언론을 이용한 여론 형성을 통해 가능해질 수 있다. 선전·선동가들은 대중의 정체성을 이해관계인 것처럼 전환시켜 영향을 미치는 것에 대해 충분한 경험과 훈련을 받은 사람들이다.

프랑스의 종교 사회학자인 마르셀 모스(Marcel Maus)는 마술사가 권력을 상실한, 혹은 파문당한 사제라는 하나의 이론을 제시했다(Mürmel, 1985). 그는 마술사가 미신으로 전락한 사라진 신앙을 통해 은밀하게 제도권 신앙에 대항한다고 말한다. 그들이 주술적 의식에 따라 그리는 원(circle)은 소멸된 사원을 나타낸다. 주술적 의식은 상실한 힘이 아직 기적을 가져올 수 있으리라는 기대에 따른 행위이다. 기존 신앙이나 사상에 실망한 사람들은 역시 기존 권력에서 배제되거나 퇴출당한 사교집단을 통해 희망을 찾으려 한다. 소외집단들은 이러한 주술적 신앙이 그들의 불만족스러운 처지를 극복하게 할 수 있으리라고 믿지 않을지라도, 기존 권력의 지배에서 벗어난 이면의 세계를 경험하고자 하는 열망에 따라 사교 집단을 따른다고 분석했다. 이러한 사회학적인 기능을 현재 좌파정당(Die Linke)으로 당명을 변경한 PDS가 담당하고 있다. 과거 SPD에 실망한 사람들도 'Die

Linke'에 가입해서 그들의 정치적 욕구를 충족시키고자 하는 것이다.34)

필자는 지금까지 단기간 내에 혁명이 발생하리라고 진지하게 생각하는 SED·PDS·좌파정당의 당원을 만난 적이 없다. 과거 동독의 엘리트들이 이 좌파정당을 통해 사회적·정치적 영향력을 행사하고 있다는 사실을 잊어서는 안 된다. 연방과 지방 의회는 공식적으로 과거 동독의 공산당 정권 하에서 불법으로 비밀 감시활동을 한 이들을 모두 퇴직시켰다.35)

당직자들의 수는 지속적으로 감소했다. 1989년에 SED의 당직자 수는 4만 4,000여 명이었다. 현재 좌파정당의 당직자 수를 알고자 문의했으나 답변을 받지 못하고 있다. 다만, 2004년 PDS 당직자의 평균연령은 68세였다.

SED는 1983년부터 재정적인 어려움을 겪지 않는 사회단체들과 정치 개혁을 지지하는 동독인들이 정치적으로 차별을 받고 있음을 알리는 캠페인을 전개했다. 선전문구로 "서독에서 태어난 이들에게 자비를", "군림하는 사법부의 문제점(Sieger Justiz)", "연금 수령자에 대한 형사처벌 권리 (Rentenstraftrecht)" 등을 내세웠는데, 이 캠페인은 성공을 거두었다. 자유선

---

34) 사민당(SPD)과 녹색당은 슈뢰더 총리 밑에서 1998~2005년 사이 정당 역사에 유례가 없는 후한 분배정책을 시행했다. 세금은 역대 최저였다. SPD는 연금과 사회보조금의 기준을 대폭 완화했다. 이에 대해 3분의 1 이상의 당원이 SPD를 떠났다. 이 중에서 일부는 WASG(Wahlalternative Arbeit und Soziale Gerechtigkeit)를 설립했다. 2005년 선거를 앞두고 시간상 압력으로 사민당 당수였던 라퐁텐(O. Lafontaine)을 포함하여 WASG는 PDS에 합류하게 되었다. WASG의 영향력 확대는 SPD의 정책에 의한 것이다. SPD의 오른쪽 날개가 SPD의 정책노선에 반대하여 반사적으로 PDS의 서독 주에 대한 영향력이 확대되는 결과를 낳았던 것이다.
35) 그러나 이러한 시도는 성공적이지 못했다. 라이프치히에 거주하는 폴커 퀼로브 (Volker Kuelow) 박사는 동독 비밀경찰에서 보수를 받고 감시활동을 했었음에도 시의회의 의원으로, 그리고 현재는 작센 주의 의원으로 활동하고 있다.

거를 통해 최초로 구성된 동독 의회에서는 권력 엘리트들에 대한 기득권을 박탈했는데, 통일된 독일연방의회에서는 구동독 권력 엘리트들에 대한 기득권을 다시 부활시켜 이들에게 100만 유로 이하의 보상금을 지급했다.[36)]

사회분화가 자연스럽게 발생하고 또 받아들여지고, 1990년 이후 정치적인 선택에 의해 분리된 지역을 합법적으로 인정하는 독일에서, PDS는 '구동독인들의 이해를 대변하는 정당'으로 받아들여진다는 점은 인정해야 할 것 같다.

PDS가 실업자와 비정규직의 요구들을 사회정치적 주제로 채택하고는 있지만 그 정당의 권력지향점은 항상 과거 동독의 권력 엘리트의 이해관계를 사회적으로 관철시키기 위함이라는 점을 상기해야만 한다. 그리고 만약 PDS가 다른 정당과 연정을 형성하게 되면 연정 파트너와 협력관계를 돈독하게 하기 위해 자기 당의 프로그램을 강하게 주장하지 못할 것이다. 그만큼 정체성이 취약하기 때문이다.

5) 당 간부(노멘클라투라와 전위대)

노멘클라투라(Nomenklatura) 제도는 구소련에서 도입되었다(Brinksmeier,

---

36) Steffen Winter, "Soli für Margot. Politiker, Professoren, Vopo-Offiziere – Die üppigen Sonderrenten der DDR-Eliten werden zur Milliardenlast für die neuen Länder – das Geld fehlt beim Aufbau Ost", *Der Spiegel*, Nr. 16(2003), S. 146 f., S. 147. "동독은 일반적인 60세 이상의 연금계급 외에 소위 추가 또는 특별부양체계로부터 엘리트를 충원함으로써 체제를 지탱해올 수 있었다. 이를 통해 피보험자들의 일부는 단 한 푼의 동독마르크도 납부하지 않았으면서도 높은 보험급여 혜택을 보장받을 수 있었다. 28가지 호사스러운 부양체계는 통일협약과 이후 연방 독일 법률에 그대로 반영되었다."

1999; Bauerkämpfer, 1999; Wagner, 1997; Zimmermann, 1994). 동독 당 간부 집단의 규모는 전체 동독 성인 인구 1,200만 명 중 약 3%인 35~40만 명 정도였던 것으로 추산되고 있다. 토마스 암머(Thomas Ammer)는 동독의 간부 수를 대략 180만 명으로 집계하고 있는데 여기에는 당, 군대와 경찰, 국가안전부, 동독 다른 정당의 간부 등이 모두 포함된다. 국가안전부의 간부 약 10만 명, 군과 경찰의 고급장교 약 3만 명, 비밀경찰의 간부 약 15만 명 등이 이 노멘클라투라 집단을 형성하고 있었다. 이 간부들은 정치·이념적으로 신뢰할 수 있고 서독과 관계가 없는 사람들로 구성되는데, 이들의 특징은 세습이나 연결망을 통해 인원을 자체적으로 충당한다는 것이다(Ammer, 1995: 463~471).

6) 국가안전부

실비아 카부스(Sylvia Kabus)는 라이프치히의 '둥근 구석'37)에 참석한 국가안전부의 한 직원이 흐느끼면서 하던 말을 기억했다. 그는 이 많은 사람이 어디로 가야 하는가를 묻고는 "누가 누구에 대해 두려움을 갖고 살았단 말인가?"라고 되물었다(Kabus, 1990: 79~83). 국가안전부는 인구 비례로는 세계에서 가장 큰 비밀경찰이다. 이들은 스스로 "보이지 않는 전선에서 싸우는 전사"라고 일컫는다. 그런데 이들 사이에서도 세 종류의 경향성을 살펴볼 수 있었다.

① 하위 관료들은 지속적으로 승진 병목, 혹은 적체 현상을 경험했다 (Gieseke, 1999: 201~240; Gieseke, 2000).

---

37) 라이프치히 시의 비밀경찰 지부 건물을 지칭하는 말이다.

② 고위 간부급들의 고령화가 가속화되었다.
③ 신규인원은 대개 세습이나 연결망을 통해 자체적으로 충당되었다.

1989년 전체직원 현황에 따르면 기밀요원 50% 이상은 친척 중 최소한 명이 국가안전부 소속인 것으로 파악되었다(Gieseke, 1999: 125~145). 당시 연방정부 내무부 장관이자 통일협약의 최고 책임자인 볼프강 쇼이블레는 동독 국가안전부의 인물보호국(Personenschutz)을 통째로 서독 정보부에 편입시켰는데, 이 부서는 통일 이후에도 매우 안정적으로 업무를 수행할 수 있었다. 통일 이후 택시 운전사의 대부분은 이 국가안전부 직원 출신이었다. 또한 보험회사에서도 이들을 선호했는데, 이들이 개인에 대한 다양한 정보를 갖고 있었기 때문이다.

통일독일 정부는 구동독 관료들을 일괄적으로 해고하지 않고 개별적으로 동독 시절의 비밀경찰의 서류를 보관하고 있는 국가기구를 통해 검증을 거쳐 해고 여부를 결정하는 방식을 선택했다. 해고의 범위와 유형은 그 기관의 장이 결정했다. 연방의회의 의원들에 대한 개별적인 검증은 불가능했다. 요약하자면 민주주의 기관의 정화는 성공하지 못했다. 오늘날 적어도 1만 7,000여 명의 구동독 비밀경찰 출신이 독일 정부의 관료로 일하고 있다[38].

---

38) *Leipziger Volkszeitung*(LVZ) vom 10. Juli 2009, S. 1, "1만 7,000명의 비밀경찰이 국가의 관료로 일하고 있다"; LVZ vom 4. Juni 2009, S. 2, "수백 명의 비밀경찰이 아직도 통일 독일의 경찰로 일하고 있다". Uwe Müller and Grit Hartmann, *Vorwärts und Vergessen! Kader, Spitzel und Komplizen: das gefährliche Erbe der SED Diktatur*(Rowohlt, 2009) 참조.

7) 교육기관에 대한 소견

동독의 교육기관 종사자들도 권력 엘리트에 속한다. 그들의 활동은 매우 효과적이어서, 학생들은 1989년에 아무런 역할도 하지 못했다. 이는 톈안먼(天安門)의 시위를 주도했던 중국의 학생들과 비교되는 부분이다.[39] 1989~1990년에 필자는 라이프치히 원탁회의에 인권과 교육 분야의 분과위원으로 활동했는데, 교육분야에서는 비록 과도기적인 성격이 강했다고는 하지만 알 수 없는 이유로 새로운 의견이나 제안들이 제시되지 않았다. 이 자리에 한 동독 학교의 교장도 참여했는데, 그는 마르크스-레닌의 이념을 가르치지 않으면 무엇을 가르쳐야 하느냐고 반문하기도 했다. 그는 수학담당 교사였다. 그 후 학교 운영위원회는 그를 교장직에서 해임했다. 몇 년 뒤 필자는 그를 라이프치히 대학교에서 만났는데, 윤리교사가 되기 위해 재교육을 받는 중이었다. 그는 짧은 강의로는 이해할 수 없었던 부분들에 대해 질문을 퍼부었다. 이 사람이 모든 선생의 전형이 될 수는 없겠지만, 그를 통해 동독의 엘리트들이 과연 통일 이후 독일에서 무엇을 할 수 있었는지 진지하게 검토해 볼 필요가 있다. 교사로서 그는 부적격자이나 퇴직을 시키기에는 너무 젊다. 실업에 대한 공포는 퇴출에 대한 거센 저항으로 이어질 것이다.

---

[39] 이 혁명에 학생들은 개별적으로 참여했고 집단으로 참석하지 않았다. 라이프치히의 카를 마르크스 대학교 학생들조차 참여하지 않았다. 이에 대해서는 Werner Vogler, Hans Seidel and Ulrich Kühn(Hrsg.), *Vier Jahrzehnte kirchlich-theologische Ausbildung in Leipzig. Das Theologische Seminar: die Kirchliche Hochschule Leipzig*(Evangelische Verlagsanstalt, 1993) 참조

8) 결론 및 요약

　결론적으로 동독의 권력 엘리트들은 통일 이후 그들에 의해 고통받았던 일반 동독인들과 달리 매우 양호한 대우를 받고 있다. 재산을 몰수당하지도 않았다. 게다가 그들의 모든 특권이 상실되지도 않았는데, 퇴직 연금을 수령하고 있는 것을 통해서도 잘 알 수 있다.

　'통일협약'에서 사법부는 동독을 긍정적으로 인정하고 있다. 동독에서의 불법 행위에 대해 거의 처벌을 하지 않고 있다. 759명의 동독인과 245명의 서독인이 재판을 받았으나 금고형 또는 형집행 정지로 대부분 석방되었다(Marxen·Werle·Schäfer, 2007). 징역형이 선고된 사람은 50명도 안 된다. 과거 동독 작센 주의 한 의원은 사법부를 통해서, 그리고 구동독의 「희생자 보상법」을 이용해 명예회복을 했는데, 이는 동독을 불법적인 국가로 규정할 수 없게 할 뿐만 아니라 가해자와 그에 따른 희생자도 인정하지 않는 이상한 상황이라고 할 수밖에 없다. 이런 상황 속에서 시민운동은 시민들이 자기에 대한 서류(감시자료)를 열람할 수 있는 정부 조직을 역사상 최초로 창설하는 업적을 이룩했다. 이러한 시민들의 요구는 구동독 정부의 저항과 서독 정부의 거부를 무릅쓰고 관철한 것이다.

　"그 누구도 과거보다 나빠지지 않는다. 대신 더 좋아지고 있다"라는 서독 콜 총리의 약속은 현실화된 것일까? 필자는 이에 어느 정도 동의할 수 있을 것 같다. 노동 총량이 축소된 대신 생산성은 훨씬 증가했다. 그러나 노동의 부담은 불평등하게 분배되고 있다. 이러한 문제는 결국 민주주의 체제에서의 정치의지 문제인 것이다. 민주적으로 조정되어 공정한 분배를 실현하는 자본주의에 대해서는 누구도 의혹을 제기하지 않는다. 서독에서는 실업자와 기초생활 지원자들조차 동독의 최저임금 집단에 비해 더 나은 삶의 수준을 영위하고 있다.

그런데 그 문제가 많은 「하르츠 법(Hartz Gesetz)」이 시행된 2005년부터 기초생활 보호자들도 일자리를 찾아 억지로 노동을 해야만 한다. 계약을 하지 않을 권리도 기본권에 의해 보장되고 있지만, 이 권리를 주장하면 이들은 국가로부터 지원을 받지 못하게 된다. 동독에서도 1985년까지 실업자들에게 노동이 강요되었다. 그러므로 이런 실업자 집단이 동독에 비해 나아졌다고 볼 수도 없을 것이다.

1994년 당시 헬무트 콜 총리의 CDU·기사련(Christlich-Soziale Union, CSU)·FDP로 구성된 정부 여당은 피고용자들의 다단계 보험 지불 방식을 철폐하려고 했으나 야당인 SPD에 의해 저지되었다. 그 후 SPD와 녹색당 연정의 슈뢰더 총리에 의해 「하르츠 법」이 야당의 동의를 얻어 시행되고 있다. 이 법은 임금 삭감을 통해 수출 경쟁력을 강화시켜 경제의 활성화를 실현시키기 위한 것이었나 지금까지도 많은 문제를 야기하고 있다.

이런 문제를 제외하고는 모든 독일 국민은 기본권을 누리고 있다. 당연히 정치에 대해서도 영향력을 행사할 수 있다. 이미 국제노동기구인 ILO가 부당하다고 지적한 「하르츠 법」도 언제든지 수정할 수 있는 것이다.

한편, 대부분의 주 정부가 13년의 고등학교 재학 기간을 12년으로 축소시켰는데, 이는 12년제를 채택했던 동독의 교육 제도를 받아들였기 때문일 것이다. CDU 정치인인 노르베르트 람메르트는 독일 제도교육의 부정적인 부분이 동독이 몰락한 원인이라고 경고한 바 있다. 독일 통일의 결과 서독의 정당들은 특정 분야에서 동독 수준으로의 하향 평준화를 성공적으로 추진한 것이다. 이러한 위험이 한국에서 재현되지 말아야 한다.

3. 한국의 통일을 위한 제언

한독사회학회 회장 전태국 교수와 통일연구소 소장 서재진 교수는 2009년 9월의 학술대회에서 그들의 기대를 다음과 같이 표현했다. "독일의 통일이라는 경험은 한국을 위해서도 귀중한 경험이다. 우리는 이번 세미나가 한국 통일을 위한 정치적·사회적 교류를 기대한다."

이러한 문제제기는 매우 흥미롭다. 따라서 필자는 통일을 위한 몇몇 조언 혹은 주의해야 할 점들을 제시하고자 한다. 어쩌면 한국에 대한 나의 상식이 부족할 수도 있겠지만, 이에 대해서 나중의 토론에서 논의할 수 있을 것이다.

1985년 이후 동독의 체제전복적인 세력들은 소련과 고르바초프가 더 이상 동독 정부에 대한 지원 의지가 없음을 알아차리기 시작했다. 이를 한반도 정세에 비춰보면 중국은 구소련에 비견된다. 현재 중국에는 공개적으로 논의할 수 없는 세 개의 금기사항이 있다. 자유노조, 공산당의 선두적 지위, 인권이 바로 그것이다. 그러나 중국 내부의 민주화 요구는 점차 비등하고 있으며,[40] 중국의 관심이 북한 독재체제의 보호보다 자국 내의 권력유지에 쏠리는 것은 시간문제이다.

---

[40] 「08 헌장」은 성공을 거두었던 「77 헌장」(1977년 1월 체코의 인권탄압에 대한 진정)의 후속을 자처하며 자유권, 권력분립, 언론·집회·종교의 자유 및 중국 내 일당독재의 종식을 요구했다. http://www.eu-china.net/web/cms/upload/pdf/materialien/hric_2008_charter_08.pdf(영문 버전); http://www.scribd.com/doc/30527126/2008-China-Charta-08-Deutsch(Jörg-M. Rudolph에 의한 독문 버전).

1) 분단의 비용과 통일의 비용

노무현 전 대통령이 생각했던 한국의 북한 흡수는 경제적 우려 차원에서 통일에 대한 정치적 의지를 약화시킬 수 있다. 북한 및 남한의 경제수준 차는 이전 동독과 서독의 차이보다 크며, 점점 격차가 벌어지고 있는 실정이다. 동독과 서독의 통일에만 엄청난 비용이 소요되었다. 따라서 남한 국민의 생활수준이 위협을 받을 수 있다는 우려는 자연스러운 것이다(Jeon, 2009).

이러한 우려에 대한 반대 입장은 어떠한가? 학술대회 중 김영희 대사가 강조했듯이 분단의 비용도 항상 고려의 대상이 되어야 한다. 현상유지를 위해서는 높은 국방비와 더불어 상당한 정도의 인도적 지원 비용이 소요된다. 그런데 이러한 비용은 사람들의 생활을 개선시키지도 않으며 북한의 정치적 구조도 바꾸지 못한다.

UN의 추정으로는 2,300만 명의 북한 주민 중 600만 명이 기아에 허덕이고 있다. 북한은 국제사회의 식량원조에 의존하고 있는데, 인도적 도움이 '전체주의적 국정운영'에 따라 분배된다면 '도움을 가장 필요로 하는 자들이 도움을 받지 못하는 결과'가 초래된다(Schloms, 2000).

미국 외무성은 북한이 국내총생산의 4분의 1가량을 국방비로 사용하고 있다고 추정했다.[41] 핵무기 보유국인 북한에 대해 남한 역시 상당한 정도의 전투력을 배치하고 있다. 이러한 자원은 통일 이후 양쪽의 민간 경제부문에서 사용될 수 있다.

---

[41] AP in Focus online vom 6. Oktober 2008, "Nordkorea: Ein Viertel des BIP für Militärausgaben", http://www.focus.de/panorama/welt/nordkorea-ein-viertel-des-bip-fuermilitaerausgaben_aid_338429.html

골드만삭스의 권구훈에 의해 발표된 24장 분량의 논문에는(Kwon, 2009) 짐 오닐(Jim O'Neil)이 참여했는데(Ramstad, 2009), 그는 이전에 브라질, 러시아, 인도 및 중국을 성장하는 경제 대국으로 지목한 바 있다. 이러한 국가들과 마찬가지로 북한 역시 숙달된 노동력, 우라늄·석탄·철광석 같은 풍부한 지하자원과 유리한 인구 조건을 갖추고 있다. 이 논문에 따르면 이러한 잠재력을 이용하기 위해서 독재체제의 종결과 남한과의 통일이 이루어져야 한다. 통합의 첫 단계에서 북한은 2013년부터 2027년까지 7%의 성장률을 기대할 수 있다. 21세기 중반에 다다르면 통일된 한국은 프랑스, 독일 및 일본보다 더 높은 국민총생산을 이룰 수 있다.

이러한 전망이 너무 낙관적이라고 할 수도 있겠지만, 다음을 상기해야 한다. 북한 주민이 독재체제에서 벗어나면 그들에게 통일이라는 길을 열어주어야 할 것이다. 그렇지 않으면 이전에 동독에서 그랬듯이 공포심에 의한 탈출행렬이 이어질 것이다. 남한은 북한의 공산주의 엘리트가 다시 정권을 잡지 못하도록 북한 주민을 보호해야 한다. 이것만이 남한으로의 대규모 탈출행렬을 막을 수 있다.

모든 독재체제 내에서(몇몇 특이한 경우를 제외하고) 원칙적으로 혹독한 부정적 선택(Negativ-Auslese)이 행해진다. 의지가 약하고 특징이 없으며 부족한 사람들이 선호되고, 용기 있고 지적이며 창의적인 사람들은 배제된다. 모든 고귀한 것이 무너진다. 통일은 이르면 이를수록 좋다. 이는 고통 받는 북한 주민들을 위해서만이 아니다. 독재가 길어질수록 재건을 위한 비용 역시 상승한다. 장래의 통일 한국 자본주의의 유일한 문제는 통일 과정에서의 실업률 증가일 것이다. 이 문제에 대처하려면 정치적 노련함이 요구된다.[42]

---

42) 통일 이후 독일 경제정책에 대한 비판으로 Albrecht Müller, "Der abgebrochene

2) 북한에는 조직화된 저항세력이 존재하는가?

이번 학술대회에서도 그랬지만 아직 북한의 조직화된 혁명적 저항세력의 존재는 확인하지 못했다.[43] 그러나 이러한 평가는 1980년대 후반 서독에서 동독을 평가할 때 흔히 들을 수 있는 것이었다. 동독에서는 교회를 제외하고는 공개적으로 합법적인 운동이 불가능했고, 저항이 있더라도 약간의 비판과 대안제시 정도일 뿐이지 체제전복이나 혁명운동은 존재할 수 없을 것이라 인식되었다. 국가권력이 저항 집단을 무조건 억압하고 구속한다면 저항 집단은 어떤 선택을 해야 할까?

2009년 중반에 미국 정부의 외교정책을 자문하는 브루킹스 연구소는 북한 붕괴에 대비한 보고서를 작성하여 전달했다. 붕괴를 믿는다는 것은 위험하지만 이에 대한 사전 준비가 어느 정도 되어 있다면 그에 따른 위기 상황에 적절히 대비할 수 있을 것이다. 단순히 경제적 불황이 혁명의 원인을 제공하지 않는다. 만약 그렇다면 동독에서보다 북한이나 쿠바에서 먼저 혁명이 발생했을 것이다. 필자는 예민한 감수성을 가진 저항운동가를 믿고 싶다. 여러분에게 그리 대수롭지 않게 보이는 저항운동단체가

Vereinigungsboom", *Vorwärts*(März, 2004), S. 11 참조.

43) 2009년 9월, 독일 개신교 연합회 회장인 볼프강 후버 주교(Bischop Wolfgang Huber)가 개신교 사절단과 함께 남과 북을 동시에 방문했다. 1989년 이후 20년 만에 남·북한을 방문했는데, 이번에는 특히 북한의 교회와 접촉하는 것에 대해 많은 기대를 했지만 국가 소속의 교회와만 접촉할 수 있었다. 필자는 서울에서 전 튀링겐의 주교인 크리스토프 켈러(Bischop Christoph Kaehler)를 만났는데, 그는 필자에게 북한의 한 저항운동가에 대해 남한의 여러 교회와 단체에 물어 보았지만 아무도 그에 대해 모르고 있었을 뿐만 아니라 북한에서 저항운동이 있는지에 대한 정보가 전혀 없다고 말했다. 게다가 그런 사람이 있다면 알려지기 전에 즉시 체포되어 강제수용소로 압송되거나 사형을 당했을 것이라고 했다는 것이다.

북한의 보안요원들에게는 훨씬 위험하게 보일 것이다. 그들은 권력의 취약점이 무엇인지 잘 파악하고 있기 때문이다.

북한에 그렇게 많은 강제수용소[44]가 있다는 것은 북한 그 어디엔가 북한 정권을 위협하는 용감하고 독립적인 사고를 가진 사람들이 많다는 증거이다. 독재자에 대해 저항했기 때문에 강제노역을 하고 있지 않은가?

3) 한국의 통일을 위한 몇 가지 제안들

일방적으로 제공되었던 햇볕 정책은 북한으로부터 그에 상응하는 대답을 얻지 못했다. 2008년 2월부터 한국의 대통령직을 수행하고 있는 이명박 대통령은 전임 대통령들과 다른 방식으로 북한을 대하기 시작했다. 이 대통령은 원조에 상응하는 대가를 요구하고 있다. 가난한 북한에 지원하는 원조와 핵무기 감축을 연계시키려 했다. 이러한 그의 태도에 대해 북한은 매우 불쾌해했다. 그러나 2008년 8월 전임 대통령의 장례식 때 사절단을 보내 대통령과 중단된 대화의 복원을 시도했다.

1989년 이전 서독의 정당들은 동독의 조직화된 체제저항 운동을 공개적으로 지원하기가 어려웠다.[45] 한동안 군사적인 긴장 완화 정책과 동유럽의 독재자들에 대한 저항운동 지원은 모순된 태도로 인식되기도 했다. 그러나 공산주의자들은 서방 지도자들과의 대화와 대중 지지가 매우 취약했던 공산당에 대한 재정 지원을 동시에 거리낌 없이 시도했는데, 이는 민주주의와 자본주의 말살이 그들의 궁극적 목표였기 때문에 그런 행동을

---

44) 현재 북한에는 약 30개의 강제 수용소가 있고, 100만여 명의 정치범이 수감되어 있는 것으로 추산된다. 북한 인구는 총 2,300만 명 정도이다.

45) 그러나 SPD, 녹색당, CDU에 속한 정치인들이 동독의 저항 운동을 지원했었다. 다만 이 지원은 정당 차원이 아닌 개인이나 집단 차원에서 이뤄진 것이다.

모순으로 여기지 않았던 것이다.

현명한 정치인들은 장기적인 관점으로 사고하여 한반도의 공산주의 극복에 대해 노력해야 할 것이다. 자국 국민의 탈출을 성공적으로 저지할 수 있고 조직적인 저항운동을 억제할 수 있다면 공산당의 권력 엘리트들은 안정적인 권력기반을 구축할 수 있을 것이라는 나의 주장이 정확하다면, 권력 엘리트의 기반을 약화시키기 위해 다음의 두 방향에서 모든 정치적 노력을 경주할 필요가 있을 것이다. 첫째, 북한인들의 탈출을 적극적으로 지원하고, 둘째, 조직적 저항운동을 적극적으로 지원하며 이들의 역량 강화를 위해 노력할 필요가 있다. 필자는 그런 의미에서 14개의 지원 방법을 제시하고 이를 토론 주제로 제시하려고 한다.

① 북한의 체제저항 세력들을 수단과 방법을 가리지 말고 지원하라. 그리고 그들에게 무엇이 필요한지 물어보라. 정치적 난민을 적극적으로 지원하고 이들에게 더 많은 탈출 기회를 제공하라.
② 북한에서의 인권 침해 상황을 여론을 통해 적극적으로 전달하라.
③ 정보에 대한 자유는 표현 자유의 전제조건이다. 북한 여행이 가능하다면 그곳을 방문하라. 그리고 억지로 북한에서 구할 수 없는 책들을 가져가진 말고, 개인적으로 필요한 책을 갖고 가서 그곳에 놓고 오라. 필자는 북한의 자유를 위한 활동을 벌이는 '전사의 본부'가 전단을 통해 북한에 정보를 전달한다는 기사를 읽은 적이 있다. 이 기구의 회원들은 거대한 풍선을 통해 전단을 북한에 뿌리고 있다. 풍선을 일정한 고도에서 터지게 하여 그 지역의 주민에게 북한에서 접하지 못하는 정보들을 하늘에서 떨어뜨리는 것이다. 이 풍선들은 주로 남북의 접경지대에서 띄우고 있다.
④ 라디오는 효과적이고 저렴한 정보전달 수단이다. 자유 북한 라디오

방송은 정부로부터 지원을 받아 방송을 하고 있다. 청취자 수는 점점 증가하고 있으며, 중국에서 밀반입되는 라디오가 매우 많다고 한다.

⑤ 한국 정부에 북한의 정치범들을 사오라고 요구하라. 그렇게 되면 북한의 반체제 세력들도 그들이 최악의 상황에서 남한 정부에 의해 석방될 수도 있다는 생각을 할 수 있게 될 것이며, 그렇게 되면 구속되는 것에 대한 두려움을 떨쳐버릴 수 있어 반체제운동의 참여를 그리 큰 두려움 없이 할 수 있게 될 것이기 때문이다.

⑥ 북한의 정치범들을 수용할 수 있는 기관을 남한에 건설할 수도 있을 것이다. 서독이 잘츠기터(Salzgitter)에 동독의 정치범을 수용할 수 있는 시설을 만들었는데 이를 참고할 수 있을 것이다.

⑦ 통일과정에서 보편적인 인권에 서명한 UN 회원국으로서 남한은 국가로서 북한과 북한의 형법을 인정해서는 안 된다.

⑧ 통일 이후 모든 권리가 모든 지역에서 공평하고 공정하게 인정될 수 있도록 노력해야 한다. 북한 주민들에 대한 집단적 불공정 행위는 그들을 불행하게 만드는 것뿐만 아니라, 통일된 국가에서 공산당 권력 엘리트의 영향력을 확대시켜주는 결과를 초래하는 것이다.

⑨ 개인정보에 대한 열람권을 확보해야 한다. 이는 국가안전부에만 국한된 것만이 아니고 경찰과 군대, 당을 포함한 모든 기관에 수집되어 있는 개인정보들이 공개되어야만 한다.

⑩ 공직에서 정치적인 오류가 있는 북한 사람들을 축출하는 작업을 적극적으로 지원하라. 지금부터 북한의 관료제를 담당할 수 있는 관료들을 훈련시켜서 북한의 권력 엘리트들이 다시 그 자리에서 일하는 것을 사전에 방지해야 한다. 통일 시기에 교사들을 북한에 보내 미래를 건설하라.

⑪ 통일 이후 북한의 국가정당인 노동당의 해체를 위해 노력해야 하며,

이것이 불가능하다면 당의 재산이라도 몰수해야 한다.
⑫ 북한의 연금생활자들에게 직업·근무연한에 관계없이 평등하게 연금을 지급해야 한다. 그렇지 않으면 북한 권력 엘리트들은 그들의 기득권을 더욱 오래 누리게 될 것이다.
⑬ 독재정권에 의해 핍박받은 사람들이 충분한 보상을 받을 수 있도록 노력해야 한다.
⑭ 한국의 정치인 중 북한에 대해 유화적이거나 호의적인 정치인들을 선택하지 마라. 강한 정치력만이 문제를 현명하게 해결하는 길이다.

4) 한순간 과거를 돌아보면서 미래를 보기

1989년 여름, 체코 프라하의 서독 대사관이 동독인들로 인산인해를 이뤘을 때, 전 세계 언론은 이를 대서특필했다. 그러나 동독 언론에는 단 한 줄도 보도되지 않았다. 그래서 동독 국민은 몇 달 뒤 공산당 서기인 에리히 호네커(Erich Honecker)가 외국 대사관으로 피신하는 마지막 정치망명자가 될지 전혀 예상할 수 없었던 것이다. 1991년에 이미 소련에서 망명생활을 하던 호네커가 소비에트 동료들을 더 이상 신뢰할 수 없어 모스크바의 칠레 대사관으로 피신했을 때 북한이 그에게 '인도적 차원'에서 망명처 제공 의사를 밝혔다. 이에 대해 동독에서는 다음과 같은 유머가 나돌았다. 북한은 그들의 제안을 곧 철회했는데, 이유는 호네커가 나타나는 곳에는 장벽이 무너지고 경계선이 열리기 때문이라는 것이다. 결국에 호네커는 칠레를 망명지로 선택했다.

이제 진지하게 몇 마디 덧붙이고 싶다. 동독과 북한은 공산주의가 자신의 삶을 스스로 부정한다는 공동의 현실적 교훈을 얻었다고 할 수 있다. 이는 다른 공산주의 국가들에서도 공통적으로 나타나는 현상이다. 거대한 정치적인 실험이 독일과 한국에서 행해졌고, 이로 인해 이 두 국가는 강력하게 대치되는 민족의 분단을 경험했다. 분단된 두 세력은 각각 민족주의, 인종주의, 혹은 문화주의와 같은 이념을 통해 상호 집단적 정체성을 형성하고 있다. 그러나 이념으로 형성된 집단적 정체성은 우리가 왜 분단되고 고통을 받아야 하는지에 대해 설득력 있는 설명을 전혀 해주지 못하고 있다. 양국 분단의 역사는 우리에게 의식적으로 자유의지에 의해 자기 삶을 설계할 수 있는 정치·경제적 구조가 생활수준과 삶의 질을 결정하는 핵심 요소라는 점을 일깨워 주고 있다.

필자는 한국의 정당과 정치인들이 당시 서독의 정당과 정치인들보다 더욱 현명하게 행동할 것이라고 확신하여 이에 대해 매우 기쁘게 생각한다. 멀리 내다보는 동시에 독일 통일 과정에서의 실패의 교훈을 배우기 바란다. 북한의 반체제 저항운동 단체나 통일운동 집단을 도와주기 바란다. 모든 한국인을 위해 남과 북이 독일보다 더 성공적으로 국가 통일을 이루기를 기원한다.

참고문헌

Ammer, Thomas. 1995. "Fragen zu Struktur und Methoden der Machtausübung in der SED-Diktatur." Enquête-Kommission. *Aufarbeitung von Geschichte und Folgen der SED-Diktatur in Deutschland: Materialien der Enquête-Kommission.* Nomos und Suhrkamp, Bd. II-1.

Asperger, Thomas. 1988. "Mitteleuropa als ruhendes Inertialsystem?" *Lettre international*, Heft 1.

Bauerkämpfer, Arnd. 1999. "Kaderdiktatur und Kadergesellschaft. Politische Herrschaft Milieubindung und Wertetraditionalismus im Elitenwechsel in der SBZ/DDR von 1945 bis zu den sechziger Jahren." Dankwart Brinksmeier(Hrsg.). *Eliten im Sozialismus. Beiträge zur Sozialgeschichte der DDR*. Böhlau.

Bochmann, Klaus and Pirmin Stekeler-Weithofer. 1998. "Ambivalenzen der Okzidentalisierung: ein Projekt." Dorothea Müller(Hrsg.). *Ambivalenzen der Okzidentalisierung: Zugänge und Zugriffe*. Leipziger Universitätsverlag, S. 11~23.

Brinksmeier, Dankwart. 1992. "Nomenklaturkader in der ehemaligen DDR." *Horch & Guck,* Heft 3, S. 32 ff.

Brinksmeier, Dankwart(Hrsg.). 1999. *Eliten im Sozialismus. Beiträge zur Sozialgeschichte der DDR*. Böhlau.

Commodities and Strategy Research. 2009. *Economics Paper* No. 188, September 21. https://360.gs.com; http://www.scribd.com/doc/20520995/North-Korea-Goldman-Sachs(Oktober 2009)

Elsenhans, Hartmut. 2005. "Staatsklasse und Entwicklung revisited." Ulf Engel et al(Hrsg.). *Navigieren in der Weltgesellschaft. Festschrift für Rainer Tetzlaff*. LIT, S. 155~167

_____. 2001. *Das Internationale System zwischen Zivilgesellschaft und Rente*. LIT.

_____. 1998. "Aufstieg und Niedergang des realen Sozialismus. Einige politökonomische." COMPARATIV. *Leipziger Beiträge zur Universalgeschichte und vergleichenden Gesellschaftsforschung, Heft 1*, S. 122~132.

_____. 1997. "staatsklassen." Manfred Schulz(Hrsg.). *Entwicklung: Die Perspektive der Entwicklungssoziologie.* Westdeutscher Verlag, S. 161~185.

_____. 1996. State, Class and Development. Radiant.

_____. 1983. "Rising Mass Incomes as a Condition of Capitalist Growth: Implications for the World Economy." *International Organization*, Vol. 37, No. 1, S. 1~8

_____. 1981. *Abhängiger Kapitalismus oder bürokratische Entwicklungsgesellschaft.* Campus.

Furet, Francois. 1996. *Das Ende der Illusion. Der Kommunismus im 20. Jahrhundert.* Piper.

Gauck, Joachim. 1998. "Vom schwierigen Umgang mit der Wahrnehmung." Stéphane Courtois et al., *Schwarzbuch des Kommunismus. Unterdrückung, Verbrechen und Terror.* Piper, S. 885~894.

Gauck, Joachim and Ehrhart Neubert. 1998. "Politische Verbrechen in der DDR." Stéphane Courtois et al. *Schwarzbuch des Kommunismus. Unterdrückung, Verbrechen und Terror.* Piper, S. 829~884.

Gieseke, Jens. 2000. *Die hauptamtlichen Mitarbeiter der Staatssicherheit. Personalstruktur und Lebenswelt 1950~1989/90.* hristoph Links Verlag.

_____. 1999. "Die hauptamtlichen Mitarbeiter des Ministeriums für Staatssicherheit als Elite." Peter Hübner(Hrsg.). *Eliten im Sozialismus. Beiträge zur Sozialgeschichte der DDR.* Böhlau, S. 201~240.

_____. 1999. "Die hauptamtlichen Mitarbeiter des Ministeriums für Staatssicherheit — eine sozialistische Elite?." Stefan Hornbostel(Hrsg.). *Sozialistische Eliten. Horizontale und vertikale Differenzierungsmuster in der DDR.* Leske und Budrich. S, 125~145.

Hofmann, Michael. 2009. "Lebensweltliche Veränderungen der ostdeuschen Machteliten vor und nach der Vereinigung." *Koreanische Deutsche Gesellschaft für Soziologie(Hrsg.). Veränderungen im sozialen Status der ostdeutschen Eliten vor und nach der Wiedervereinigung: Beiträge zur internationalen Konferenz.* Seoul, S. 133~145.

Jeon, Tae Kook. 2009. "Veränderungen in der Auffassung der Südkoreaner zur Wiedervereinigung und die Rolle der Machteliten." Koreanische Deutsche

Gesellchaft für Soziologie(Hrsg.). *Veränderungen im sozialen Status der ostdeutschen Eliten vor und nach der Wiedervereinigung: Beiträge zur internationalen Konferenz.* Seoul, S. 97~121.

Kabus, Sylvia. 1990. "Brief und Siegel. Die Besetzung des Stasi-Gebäudes." Thomas Blanke and Rainer Erd(Hrsg.). *DDR. Ein Staat vergeht.* Fischer, S. 79~83.

Keller, Dietmar. 1995. "Die Machthierarchie der SED-Diktatur(Vortrag vom 22. 1. 1993)." Enquête-Kommission. *Aufarbeitung von Geschichte und Folgen der SED-Diktatur in Deutschland: Materialien der Enquête-Kommission.* Nomos und Suhrkamp, Bd. II-4, S. 3013~3022.

Kim, Hong-Joo. 2002. *Demokratisierung der öffentlichen Verwaltung in der Republik Korea. Übergang zu Marktwirtschaft und marktfreundlicher Ordnungspolitik im Kampf um den demokratischen Rechtsstaat, Dissertation.* Leipzig Uni.

Kim, Sun-Hyuk. 2000. *The Politics of Democratization in Korea. The Role of Civil Society.* University of Pittsburgh Press.

Kloss, Oliver. 2005. "Revolutio ex nihilo? Zur methodologischen Kritik des soziologischen Modells spontaner Kooperation und zur Erklärung der Revolution von 1989 in der DDR." Heiner Timmermann(Hrsg.). *Agenda DDR-Forschung. Ergebnisse, Probleme, Kontroversen.* LIT, S. 363~379.

Knabe, Hubertus. 2009. *Honeckers Erben. Die Wahrheit über DIE LINKE.* Propyläen.

_____. 2008. *Die Täter sind unter uns. Über das Schönreden der SED-Diktatur.* List.

Kohl, Helmut. 2009. "Fernsehansprache von Bundeskanzler Kohl am 1. Juli 1990. Archiv für Christlichdemokratische Politik." http://www.kas.de/wf/de/71.45 16/(September).

Kwon, Goohoon. 2009. "A United Korea? Reassessing North Korea Risks(Part I)." Goldman Sachs Global Economics Paper No. 188(September 21, 2009). Commodities and Strategy Research at https://360.gs.com, http://www.scrib d.com/doc/20520995/North-Korea-Goldman-Sachs(Oktober 2009).

Lafargue, Paul. 1991. *Das Recht auf Faulheit und andere Satiren.* Stadtbuch.

Lee, Hahn Been. 1997. "Korean Developement Revisited: Half a Century of Interplay of Democratic Expectations and Economic Development." Sang-Yong Choi(Hrsg.). *Democracy in Korea. Its Ideals and It's Realities*. Seoul Press.

Lessing, Theodor. 1925. *Nietzsche*. Ullstein. pp. 93~110.

Lüderssen, Klaus Der. 1992. *Staat geht unter: das Unrecht bleibt? Regierungskriminalität in der ehemaligen DDR*. Suhrkamp.

Marxen, Klaus. Gerhard Werle and Petra Schäfter. 2007. *Die Strafverfolgung von DDR-Unrecht: Fakten und Zahlen*. Humboldt-Universität.

Müller, Albrecht. 2004. "Der abgebrochene Vereinigungsboom." *Vorwärts*(März), S. 11.

Müller, Dorothea(Hrsg.). 1998. *Ambivalenzen der Okzidentalisierung: Zugänge und Zugriffe. Leipziger Universitätsverlag*. http://www.focus.de/panorama/welt/nordkorea-ein-viertel-des-bip-fuermilitaerausgaben_aid_338429.html

Müller, Uwe and Grit Hartmann. 2009. *Vorwarts und Vergessen! Kader, Spitzel und Komplizen: das gefahrliche Erbe der SED Diktatur*. Rowohlt.

Mürmel, Heinz. 1985. Das Magieverständnis von Marcel Mauss. Diss. Universität Leipzig.

Nietzsche, Friedrich. 1988. *Kritische Studienausgabe*(KSA), Bd. 1, 2, 7, 11. Walter de Gruyter.

Pohlmann, Markus und Jong Hee Lee. 2010. "Strukturwandel der ostdeutschen Machteliten nach der Wiedervereinigung Deutschlands." *Zeitschrift der Koreanisch-Deutschen Gesellschaft für Soziologie*. Vol. 20, No.3(Herbst 2010). Seoul, S. 159~188.

Ramstad, Evan. 2009. "Study sees gains in Korean unification. A combined North and South would create an economic powerhouse by midcentury, Goldman Sachs report says." The Wall Street Journal(September 22), p. 12. http://online.wsj.com/article/SB125353016156627479.html

Rissmann, Martin. 1995. *Kaderschulung in der Ost-CDU. Zur geistigen Formierung einer Blockpartei*. Droste.

Schiller, Friedrich. 1985. "Über die ästhetische Erziehung des Menschen in einer Reihe von Briefen. Dritter Brief." *Über Kunst und Wirklichkeit. Schriften und Briefe zur Ästhetik*. Reclam, S. 235.

Schloms, Michael. 2000. *Devide et impera: Totalitärer Staat und humanitäre Hilfe in Nordkorea*. Wissenschaftszentrum Berlin für Sozialforschung.

Sternheim, Carl. 1965. "Das Arbeiter-ABC(1922)", Fritz Hofmann(Hrsg.). *Gesammelte Werke in sechs Bänden*. Aufbau-Verlag. Bd. 6, Vermischte Schriften, S. 278~292.

Vogler, Werner. Hans Seidel and Ulrich Kühn(Hrsg.). 1993. *Vier Jahrzehnte kirchlich theologische Ausbildung in Leipzig. Das Theologische Seminar: die Kirchliche Hochschule Leipzig*. Evangelische Verlagsanstalt.

Voltaire. Francous Marie Arouet. 1984. "Gleichheit." *Abbé Beichtkind Cartesianer, Philosophisches Wörterbuch*. Reclam, S. 173.

Wagner, Matthias. 1997. "Das Kadernomenklatursystem. Ausdruck der führenden Rolle der SED." Andreas Herbst(Hrsg.). *Die SED. Geschichte, Organisation, Politik. Ein Handbuch*. Dietz, S. 148~157.

Wielgohs, Jan. 2009. "Biographische Betrachtungen der politischen Eliten in Ostdeutschland um die Zeit der Wiedervereinigung." Koreanische Deutsche Gesellchaft für Soziologie(Hrsg.). *Internationale Konferenz: Veränderungen im sozialen Status der ostdeutschen Eliten vor und nach der Wiedervereinigung: Beiträge zur internationalen Konferenz*. Seoul, S. 63~93.

Winter, Steffen. 2003. "Soli für Margot. Politiker, Professoren, Vopo-Offiziere – Die üppigen Sonderrenten der DDR-Eliten werden zur Milliardenlast für die neuen Länder – das Geld fehlt beim Aufbau Ost." *Der Spiegel*, Nr. 16.

Wulf, Herbert. 2009. "Nordkoreas Nuklearpoker." *Friedens-Forum*, 22. Jg., Heft 4, August/(September), S. 3.

Zimmermann, Hartmut. 1994. "Überlegungen zur Geschichte der Kader und der Kaderpolitik in der SBZ/DDR." Hartmut Kaelble(Hrsg.). *Sozialgeschichte der DDR*. Klett-Cotta, S. 322~356.

"Nordkorea: Ein Viertel des BIP für Militarausgaben." AP in Focus online vom 6. Oktober 2008. http://www.focus.de/panorama/welt/nordkorea-ein-viertel-des-bip-fuermilitaerausgaben_aid_338429.html

Leipziger Volkszeitung(LVZ) vom 10. Juli 2009, S. 1.

Leipziger Volkszeitung(LVZ) vom 10. Juli 2009, S. 2.

http://www.eu-china.net/web/cms/upload/pdf/materialien/hric_2008_charter_08.pdf

http://www.scribd.com/doc/30527126/2008-China-Charta-08-Deutsch

제2장

독일 통일 이후 구동독 지역 권력 엘리트의 변화*

마르쿠스 폴만(하이델베르크 대학교)

이종희(중앙선거방송토론위원회)

1. 들어가는 말

독일 통일은 40년 동안 지속된 동독 사회주의의 붕괴와 구동독 지역의 정치, 경제, 법률 등 사회구조에 있어서 많은 변화를 가져왔다. 독일은 체제통합의 단계를 넘어서 사회, 경제, 정치, 문화 등 전반적인 내적 통합을 위해 노력하고 있다. 독일 통일 이후 20년이 지난 현재, 분단으로 인한 동·서독 지역의 사회구조적 차이는 점점 완화되는 현상을 보이고 있다. 동독 지역의 사회구조 및 체제변화는 체제전환 이론에 기초하여 분석할 수 있다. 통일 후 구동독 지역의 사회변동에 대한 고찰은 사회주의 개혁운동이라는 자생적인 측면과 통일과정에서 나타난 서독의 역할이 큰 비중을 차지했던 외부적인 행위주체가 대두하는 특이성을 토대로 분석되어야 한

---

* 이 글은 ≪한독사회과학논총≫, 제20권 제3호(2010, 가을)에 발표한 논문을 수정·보완한 것이다.

다. 구동독(DDR)의 사회구조적 특징은 첫째, 사회적 평등화, 둘째, 권력집중, 셋째, 근대화의 결핍으로 정의될 수 있다(Geißler, 1993: 12). 이러한 사회구조적 특징 가운데 근대화의 결핍은 구동독 사회의 특성 중 하나이다. 또한 권력집중은 근대화 결핍의 전형적 현상 중 하나라고 할 수 있다.[1] 동독 사회는 독일 통일 이후 급격한 사회구조적 변화를 겪게 되며, '만회하는 근대화' 과정에 있다고 하겠다.

통일 이후 동독의 사회구조 변동에서 가장 먼저 관찰된 것은 권력 엘리트 구조의 변화이다. 모든 체제변화는 장기적, 혹은 단기적인 엘리트 구조의 변동을 수반한다.[2] 제2차 세계대전 이후 서독 사회에서는 다원주의적인 분야별 전문 엘리트 구조가 형성된 데 비해, 동독에서는 중앙집권적이고 위계적이며, 정치 이데올로기적으로는 동질적인 독점 엘리트 구조가 형성되었다. 즉, 체제변화에 따라 엘리트 구조에도 상이한 양상이 나타나게 되었다. 동독 사회의 엘리트 구조에도 동독 사회의 특징인 권력집중 현상이 관찰된다.

독일 통일 후 구동독 지역의 체제변동은 권력 엘리트 구조의 변화에도 큰 영향을 미치게 된다. 베를린 장벽 붕괴 후, 구동독 사회에서도 내부적이고 자생적인 민주화 과정과 서독 체제로의 통합 과정에서 권력 엘리트 구조의 변화는 다른 어떤 사회구조보다 뚜렷하게 나타난다. 체제변동 이후의 권력 엘리트 구조의 변화에 대한 연구는 엘리트 연구의 중요한 부분

---

1) 하지만 구동독 사회구조 전반에 걸쳐 근대화가 결핍되었던 것은 아니다. 사회적 평등화에서는 구서독보다 구동독에서 근대화가 더 진전되었다고 할 수 있다. 즉, 계급·계층평등, 양성평등, 직업교육의 평등화 측면에서 동독이 서독보다 근대화의 우위를 점유하고 있다.
2) 소련식 인민민주주의를 구현하는 다른 국가들에서도 냉전체제 붕괴 후 사회구조의 변화가 일어나면서 권력 엘리트 계층에서 구조적인 변화가 관찰된다.

을 차지하고 있다.

독일에서의 엘리트 연구는 독일 통일 이후 구동독 지역에서 엘리트의 변화가 '특이한 경로'를 걷고 있다는 점을 강조하고 있다(Pohlmann and Gergs, 1999; Pohlmann, 2004). 구동독 지역 권력 엘리트의 변화는 소련식 인민민주주의를 구현했던 다른 구동구권 국가들과는 다른 양상을 띠게 된다. 다른 동구권 국가들에서 관찰되었던 체제저항 엘리트들이 변화를 주도하여 통일과정에서 새로운 정치적 엘리트 계층을 형성하는 현상이 동독에서는 관찰되지 않았다(Rebenstorf, 1992: 153). '이데올로기적 엘리트(Ideologische Elite)'의 몰락(Higley and Pakulski, 1995)은 동독 지역에서 하루 아침에 일어나게 된다. 다른 동구권 국가에서는 기존의 엘리트 집단이 정치적 권력에서 경제적 권력으로 이동한 반면, 통일 이후 구동독 지역에서는 경제적 권력으로의 이동은 발생하지 않았다(Winderl, 1994; Szelenyi and Szelenyi, 1995; Szelenyi et al., 1995).

이 글에서는 다양한 선행연구들을 바탕으로 아래의 핵심적인 연구문제들을 심층적으로 분석하고자 한다.

① 통일 이후 구동독 지역의 엘리트는 어떤 형태로 변화하고 있는가?
② 중앙집권적 위계구조의 토대 위에서 정치 이데올로기적으로 동질성을 지닌 독점 엘리트였던 동독의 권력 엘리트는 통독 이후 어떠한 변화의 양상을 띠고 있는가?
③ 동독 권력 엘리트의 구조적 특성은 무엇인가?

독일 통일 이후 한국에서는 독일 통일에 관한 연구가 활발하게 전개되었다. 1990년대 중반까지의 독일 통일 연구는 다각적인 형태로 진행되었지만 1990년대 후반부터는 간헐적이고 부분적으로 진행되고 있다. 한국에서 독일 통일에 관해 1990년 중반까지 다방면으로 활발한 연구가 수행되었지만, 통일 이후 독일 사회의 엘리트 변화에 관한 연구는 찾아보기 어려운 실정이다.

독일 통일 이후 구동독 권력 엘리트의 구조변화에 관한 이 글은 한국에서의 독일 통일 및 동독 지역의 엘리트 연구에 일조하고자 하며, 이 분야의 연구 공백을 메우는 데 이바지하고자 한다. 이를 위해 통일 이후 동독 지역에서 관찰된 권력 엘리트의 변화를 심층적으로 조망하고 그 구조적인 특성을 분석한다. 연구방법은 기존의 각종 간행물, 보고서, 통계자료, 학계의 연구, 문헌 등을 비교·분석하여 새로운 해석 틀을 마련하는 문헌분석적 연구방법을 택했다.

2. 통일 이후 사회구조 변동 속의 구동독 지역 엘리트의 변화

1) 통일 이후 구동독 지역의 사회구조 변화

동독의 사회구조적 특징으로 가이슬러(Geißler, 1993: 12)는 근대화의 결핍, 사회적 평등화, 권력집중으로 정의하고 있다. 통일 후 구동독 지역의 사회구조적 변화를 분석하기 위해 여기서는 가이슬러의 정의를 바탕으로 '만회하는 부의 성장', '사회적 불평등의 심화', '권력집중 현상의 완화'에 대해 논하고자 하며, 또한 통일 후에 관찰되고 있는 각 분야에서의 '신경영 관리경향'에 관해 논하고자 한다.

(1) 만회하는 부의 성장

모든 체제변화는 사회구조의 변화를 수반한다. 제2차 세계대전 이후의

〈표 2-1〉 2007년 가구당 소비재 보유율(%)

	서독	동독
최소 자동차 한 대 보유	78	72
신차 구매*	36	34
전화	96	94
이동전화	82	82
컴퓨터	73	70
전자레인지	69	68
디지털 카메라*	43	37

*2006년 기준(Datenreport, 2008: 155~158).
자료: Institut der deutschen Wirtschaft(2009: 65)의 재인용(Geißler, 2009)

서독 사회는 '경제기적'이라고 불릴 만큼 급속한 경제성장을 하게 된다. 1950년 연간 7,730마르크(3,952유로)에 달하던 1인당 국민소득은 1980년 1만 2,589유로에 달하여, 약 3.2배 증가했다. 서독은 경제성장률에서 현격한 우세를 보이고 있으며, 동·서독 경제의 격차는 점점 벌어지게 된다. 1988년 동독의 1인당 국민소득은 서독의 약 31% 정도에 그치는 수준이었다. 동독에서는 절반 정도의 가구가 자동차를 보유했지만 서독에서는 전체가구의 약 3분의 2가 자동차를 보유했으며, 전화 보유율은 1988년을 기준으로 서독에서는 약 93%를 보인 반면, 동독에서는 16%에 불과한 것으로 집계되었다. 통일 이전 동·서독의 경제적 격차는 자유에 대한 동경, 정치적 활동의 제한, 노동의 질에 대한 문제 등과 더불어 동독인들의 불만을 증가시킨 원인 중의 하나로 지적될 수 있다(Geißler, 2009).

독일 통일은 구동독 체제가 서독에 편입되는 형태로 이루어져서, 구동독 사회에서는 사회, 정치, 경제적으로 급격한 변화가 일어난 반면, 구서독의 사회구조에는 거의 영향을 미치지 못했다. 특히 경제적인 측면에서 구동독 사회는 급격한 근대화를 경험하게 된다. 통일 이후 동독 사회에서

⟨표 2-2⟩ 1989-2007년 산업별 취업자 분포(%)

	구서독 지역			구동독 지역		
	1차 산업	2차 산업	3차 산업	1차 산업	2차 산업	3차 산업
1989	3.7	41	55	11	50	40
1993	3.3	40	56	4.2	38	58
2007*	2.1	26	72	2.9	25	72

*Berlin은 제외, 자료: Geißler(2008).

는 '만회하는 부의 팽창(nachholende Wohlstandexpansion)'이라고 부를 수 있을 만큼 괄목할 만한 변화가 나타나기 시작한다. 2006년 구동독 지역에서의 1인당 국민소득은 구서독 지역의 약 81~83%에 이르게 되어 동·서독 간의 소득격차는 감소하게 된다. 구동독 지역의 생활수준 변화는 주거공간의 변화와 함께 가전제품이나 소비재 보유율에도 반영되고 있다. 2007년 구동독 지역에서의 소비재 보유율은 서독과 거의 비슷한 수준으로 향상되었다. 이러한 구동독 지역의 경제성장은 구서독 지역으로부터의 재정지원 없이는 기대할 수 없었을 것이다. 할레경제연구소(Das Institut für Wirtschaftsforschung Halle)에 따르면 1991년부터 2003년까지 약 9,500억 유로가 구동독 지역에 지원된 것으로 나타났다. 이는 구서독 지역 주민 한 명당 매년 약 1,100유로를 지불한 것에 해당하는 수치이다.

서독 사회는 1970년대에 3차 산업 위주의 경제형태로 옮겨갔다. 하지만 동독 사회는 1989년까지 2차 산업 위주의 경제형태를 유지하고 있었다. 통일 후 3년이 지난 1993년에는 구동독 지역의 산업형태가 구서독 지역과 유사한 형태로 전환되었다. 이 과정에서 1·2차 산업의 희생은 간과할 수 없는 현상이었다. 통일 후에 동독 사회에서 경제적인 측면에서 많은 변화가 일어난 것과 마찬가지로 사회 각 분야에서 또 다른 다양한 변동이 관찰되고 있다.

(2) 사회적 불평등의 심화

통일 전의 동독은 서독과 비교하여 경제적으로 큰 격차를 나타냄과 동시에 동독 사회에서의 권력집중 현상과 근대화의 결핍이 논의되기도 했다. 그러나 이와는 대조적으로 사회적 평등의 측면에서는 오히려 동독이 서독보다 근대화에서 우위적 위치를 점유했었다고 할 수 있다(최종욱, 1993: 177).

사회평등이라는 이념을 실천하려고 했던 사회주의 사회정책으로 인하여 구동독 사회체제는 3가지 면에서 수평화를 지향했다. 따라서 ① 계급, 계층 간의 평등, ② 남녀 간의 평등, ③ 직업교육의 평등화라는 과정에서 본다면, 구동독은 구서독보다 훨씬 평등화된 사회였다고 볼 수 있다. 그러나 이것은 결코 동독 사회에 실제적인 불평등구조가 없었다는 것을 의미하는 것은 아니다. 정치권력과 관련 여부, 지하경제에서의 사회적 자본, 직장에서의 기술적 수준, 특정 연령 집단에의 귀속 여부에 따라 구동독 사회의 특징인 분배구조에서 특전을 받느냐 아니면 불이익을 당하느냐 하는 것이 결정되었다. 그뿐만 아니라 정치적 복종에

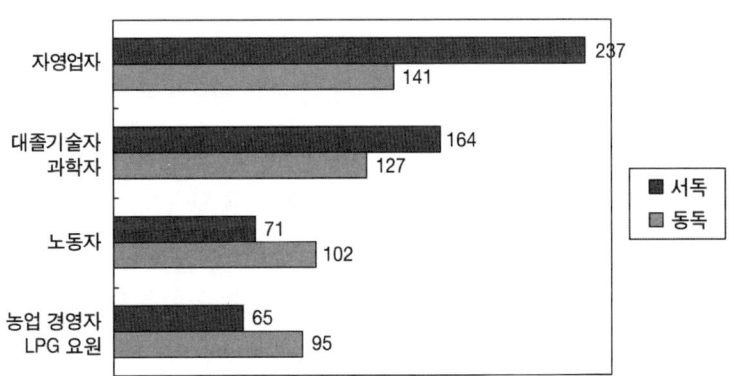

〈그림 2-1〉 동독의 수입 평균화(1988)

자료: Bedau and Vortmann(1990: 655)의 재인용(최종욱, 1996: 178).

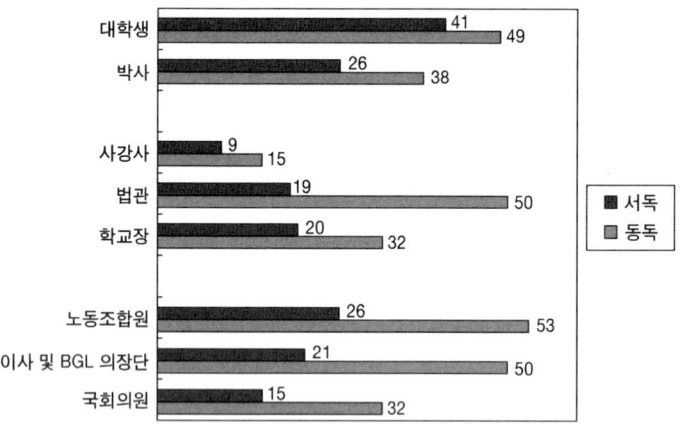

〈그림 2-2〉 교육, 직업, 정치에서 여성의 참여율(%)

자료: Bildungsministerium für Bildung and Wissenschaft(1990: 142, 221, 250)의 재인용
(최종욱, 1996: 181).

대한 프리미엄으로, 혹은 정치적 반대자들의 제거를 통해서 사회적 불평등이 발생하기도 했다(최종욱, 1993: 177).

남녀평등의 측면에서 구동독 사회의 가사부담은 현실적으로 여전히 남성들보다는 여성들에게 더 많이 돌아왔지만, 사회적 평등화의 측면에서는 구동독 사회가 구서독 사회보다 진보된 사회였다고 할 수 있으며, 계층 간의 소득격차도 동독이 서독보다 현저하게 적은 것으로 분석되었다. <그림 2-1>에서 보는 바와 같이 구서독의 자영업자, 기술자, 과학자의 평균소득과 농민의 평균소득의 격차는 65%~237%로 현격한 차이를 보이는 반면, 구동독의 경우에는 평균소득의 격차가 95%~141%로, 서독에 비해 훨씬 작은 것으로 나타났다. <그림 2-2>는 고등교육 이수 측면에서 동독 여성들이 서독 여성들보다 높은 비율을 보이고 있으며, 사회진출의 측면에서도 비교적 많은 동독 여성이 직장의 상위 중간층에 분포되어 있었다는 것을 나타내고 있다. 또한 교육제도, 직장, 정치참여에서도 동독에서의 성차별 현상이 서독에 비해 현저하게 약한 것으로 분석되었다.

이처럼 통일 전 동독 사회는 평등화의 측면에 있어서는 서독보다 우위에 있었던 분야들이 있었다. 통일 후에는 빈부격차의 심화, 남녀평등의 둔화 등 사회적 불평등은 심화되었고 인구감소, 실업률 등의 문제점도 대두되었다.

1946년 4,600만 명으로 집계된 서독 인구는 1989년 6,300만 명으로 증가한 반면, 동독의 인구는 1946년 1,840만 명에서 1989년 1,640만 명으로 감소한다. 이러한 현상은 통일 이후에도 지속되어, 2007년 6,800만 명으로 집계된 구서독 지역의 인구는 통일 이전에 비해 약 500만 명 정도 증가한 것으로 분석되었다. 이와는 대조적으로 구동독 지역의 인구는 약 170만 명이 감소한 1,470만 명으로 집계되었다(Blum, 2008: 33). 구동독 지역에서의 인구감소는 중요한 문제점으로 지적되고 있다. 구동독 지역의 인구감소와 더불어 경제전문가의 부족현상도 나타나고 있다. 통일

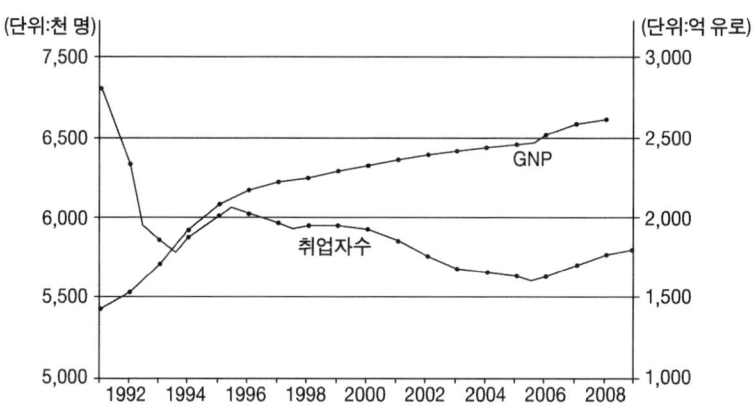

〈그림 2-3〉 1991~2008년 동독 지역 GNP와 취업자수

자료: Ragnitz(2009).

〈표 2-3〉 임금, 실질소득, 생산성의 비교(%)

연도	전년도 대비 임금 상승률		서독 수준 = 100		
	동독	서독	임금 (노동시간당 임금)	실질소득 (취업자 1인당 소득)	생산성 (취업자 1인당 국내 총생산)
1991	-	6.0	60.0	49.3	34.9
1992	21.6	5.7	73.0	61.9	48.3
1993	12.5	3.8	80.0	69.2	59.5
1994	6.4	2.0	84.0	72.6	64.2
1995	7.5	3.6	86.0	75.2	65.0
2000	2.3	2.4	91.9	77.3	69.7
2002	2.9	2.6	92.8	77.7	71.8
2004	-	-	-	77.9	72.3

자료: Ludwig(2005)의 재인용(한운석 2009: 42).

이후 많은 서독인이 동독 지역으로 이주했지만, 더 많은 동독인이 구서독 지역으로 이주했다. 구동독에서 서독으로 이주해 온 사람 중에는 교육수준이 높은 18~30세의 젊은이들이 많았으며, 특히 젊은 여성들이 구서독 지역으로 많이 이주한 것으로 나타났다. 구동독 지역의 높은 실업률이 구서독 지역으로의 이주에 영향을 미치는 것으로 분석되었다. 구동독 지역 최대의 경제문제는 높은 실업률을 포함한 불안정한 취업상황이다.

<그림 2-3>에서는 동독 사회의 1인당 국민소득이 통일 이후 지속적으로 증가한 반면, 취업자수는 통일 당시와 비교할 때 현저하게 줄어든 것으로 나타나고 있다(Ragnitz, 2009). <표 2-3>에서 볼 수 있듯이 1992년 구동독 지역에서의 전년대비 임금상승률은 21.6%로 구서독 지역의 6.0%에 비해 급격한 변화를 보였다. 그러나 2004년 구동독 지역의 실질소득은 구서독 지역의 약 77.9%에 달해, 두 지역 간의 소득격차는 통일 이후에도 지속되고 있는 것으로 분석되었다.

동·서독 주민을 대상으로 한 "당신은 어떤 계층에 속하는가?"라는 설

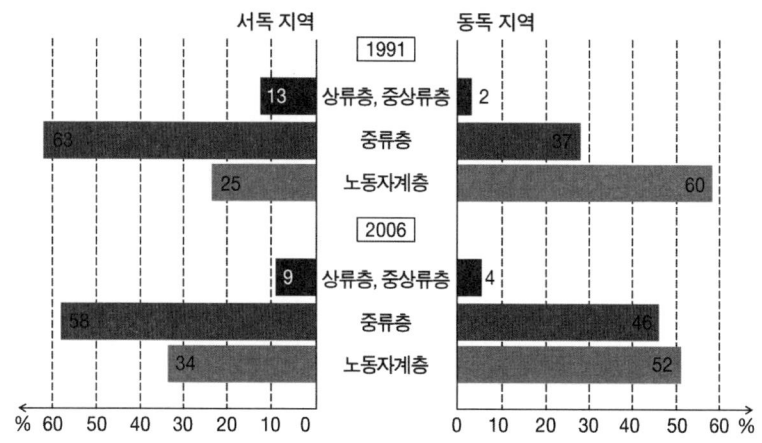

〈그림 2-4〉 주관적인 계층측정(%)

자료: Habich and Noll(2008: 178)의 재인용(Geißler 2009).

문조사에서 서독은 약 30년 전부터 중산층사회(Mittelschicht-Gesellschaft)로 나타난 반면, 동독은 노동자사회(Arbeitergesellschaft)로 분석되었다. 2006년에 시행된 설문조사에 의하면 여전히 자신이 노동자계층에 속한다고 답변한 응답자의 비율이 약 52%에 달하고 있으나(Geißler, 2009) 통일 이후 구동독 지역에서 자기 자신이 상류층 또는 중산층에 속한다는 응답자의 비율은 상승추세에 있는 것으로 분석되었다.

구동독 지역의 경제성장과 더불어 자기 자신이 상류층이나 중류층에 속한다고 대답한 비율이 통일 직후에 비해 증가했음에도 불구하고 구동독 지역에서의 빈부격차 또한 늘어난 것으로 분석되었다(Geißler, 2009). 통일 이후 구동독 지역에서 재정상태가 향상된 계층으로는 퇴직자들을 들 수 있다. 통일 이전 구동독 지역에서 열악한 경제환경에 처해 있던 남성 퇴직자들의 소득은 현재 구서독 지역에 거주하는 퇴직자들의 약 97%에 달하는 수준으로 향상되었다. 구동독 지역의 여성 퇴직자들은 구서독 지역의 여성 퇴직자들보다 약 33% 더 많은 퇴직금을 받고 있는데, 그 이유는 구동독 지역에서 여성들의 취업률이 구서독 지역보다 높았으며, 취업기간도 길었기 때문이다. 통일 이후 상대적 불이익을 당한 계층으로는 실직자들을 들 수 있다. 2007년 구동독 지역에서의 실직률은 16.8%로, 8.4%의 실직률을 보인 구서독 지역의 두 배에 달했던 것으로 분석되었다(Geißler, 2009). 빈부격차의 심화, 높은 실업률, 남녀평등의 둔화 등 구동독 지역의 사회적 불평등 현상은 통일 전에 비해 심화된 것으로 분석되었다.

(3) 권력집중 현상의 완화

권력집중 현상은 통일 전 동독 사회의 사회구조적 특징 중의 하나였다. 구동독 지역에서는 종교계를 제외한 모든 분야는 중앙정부의 통제를 받는 구조로 형성되었다. 즉, 정치적·사회적 권력은 당 지도부에 집중되어 있었고 다른 기구들의 행위범주는 상당히 제한되어 있었다. 동독에서는 당이 정치, 경제, 문화, 교육 등 모든 하위 체제를 지휘·감독하는 구조였다. 근대화 이론의 측면에서 볼 때, 이 구조는 비효율적이기 때문에 전근대적이라고 할 수 있으며(Geißler, 2009), 하위 체계는 자율성을 획득하지 못하고 있었다. 즉, 사회구조의 미분화는 사회체제의 비효율성과 밀접한 상관관계가 있다고 할 수 있다. 이러한 구조로 에너지 정책, 환경정책, 도시계획 등을 전문적이고 체계적으로 실행하기에는 한계가 있었다. 동독에서 유일한 여론조사 기관이었던 라이프치히 중앙청소년연구소(das Leipziger Zentralinstitut für Jugendforschung)에 따르면 1980년대 동독 청소년들에 대한 동독 체제의 결속력이 약해진 것으로 나타났다. 이 연구결과가 에리히 호네커와 공산당 정치국(Politbuero)에 알려질 경우 문제가 생길 것을 예상한 동독 정권의 수뇌부는 이 연구결과를 비밀리에 자신들만 알고 있기로 결정했다(Geißler, 2009). 이로 인해 동독 체제에 대한 충성심이 약해진 현상은 공산당 정치국 내에서 논의되지 않았다. 이러한 사실은 동독 엘리트들의 문제점을 단적으로 보여주는 예라고 할 수 있다.

동독 사회의 권력집중화 현상은 정치 이데올로기적으로 동질적인 독점 엘리트를 양산했다. 이러한 독점적인 권력 엘리트들은 사회주의적 서비스 계급(sozialistische Dienstklasse)의 지지하에 권력을 장악할 수 있었다. 당 간부, 공무원 등이 사회주의적 서비스 계급에 해당한다. 동독 사회에 있어서는 신분 상승을 위해서는 독일사회주의통일당(SED)에 대한 충성이 필수 요건이었다. 모든 사회체계에서 정치논리가 전문성보다 중요한 요소로서 작용했다.

독일 통일과 더불어 이러한 독점적인 권력집중 현상은 완화되고 권력 엘리트의 구조에도 변화가 일어나기 시작한다. 독일의 통일과정은 폴란드나 체코슬로바키아의 경우와는 달리 정치적인 저항 엘리트에 의해 주도된 혁명이 아니었다. 변화를 주도했던 세력은 교회의 지지를 받으면서 불법적으로 지역에서 활동하던 다양한 그룹과 시민운동 단체들이었다. 이들은 동독 체제의 붕괴와 더불어 전국적으로 활동하게 되었다. 이들은 독일사회주의통일당에 비판적인 입장이었지만 사회질서에 근본적으로 대항하지는 않았다. 이들의 목적은 동독 체제의 붕괴가 아니었다(Mueller-Enbergs et al., 1991). 이들은 기존의 핵심 권력 엘리트의 큰 저항 없이 정치적으로 지도적인 위치에 이르렀고, 1990년 3월 18일의 선거를 통해 기존의 동독 권력 핵심부의 힘을 무력화시키고 서독에서 유입된 엘리트와 함께 새로운 정치·행정분야의 엘리트가 형성되었다. 즉, 정치 이데올로기적으로 동질적인 독점 엘리트 중심의 권력집중 현상은 통일 후 완화되어 통일 후에는 다원주의적인 각 분야 전문 엘리트들이 형성되기 시작한다.

(4) 신경영관리 경향

이러한 사회구조적 변화와 함께 사회 각 분야에서도 변화가 관찰되고 있다. 문화정책에서는 1990년에 '만인에 의한(von allen)', '만인을 위한(für alle)' 문화로의 변화가 일어난다. 새로운 시장경제적 문화정책, 정치의 시장경제화 등 신경영관리(New Public Management) 경향이 문화·정치분야에서 나타나기 시작한다. 1970년대의 민주적 문화정책은 소도시나 중소도시권에서 독립적으로 조직화되기 시작하면서 그 성과를 나타내게 되었다. 문화분야의 긴축정책뿐만 아니라 행정기관 외적인 파트너와의 협력 등에 있어서 문화정책의 시장경제화 경향이 나타나기 시작한다(Wiesand, 1997; Bendixen, 1997; Glaser, 2002; Pohlmann, 2004). 문화분야의 신경영관리 경향은 민간부분의 관리기법을 행정체계에 받아들임으로써 지시, 명령, 통제, 강제하는 권력적 행정에서 벗어나 공공 서비스 부문에서도 '작고 효율적인 정부'를 지향하는 것이다. 특히 통일 이후 문화부분에서는 긴축정책 속에서 한정된 자원으로 최대의 효율을 얻는 행정의 신경영관리 현상이 관찰되었다. 지방자치단체들은 재정을 긴축해야 하는 과제와 함께 기존의 문화분야 업무를 행정의 효율성을 기하기 위해 외부 업체에 위탁하는 등의 변화를 경험하고 있다.

위에서 다룬 문화분야의 정책과 유사한 현상이 지방교육 분야에서도 관찰되고 있다. 지방교육에 관한 정치는 점점 '사물화'되는 양상을 보인다. 교육분야에서도 경제적인 측면, 시장효율성, 경쟁력 등이 강조되고 있는 실정이다. EU 국가 내의 교육은 점점 노동시장 중심으로 경쟁주의 원칙이 지배하는 현상을 보이고 있다. 투자에 비례한 이윤의 효과로 측정해 볼 때, 유럽 내 OECD 국가 중 포르투갈이 가장 높은 효과를 거두는 것으로 나타나고 있고 독일, 프랑스 등은 교육투자에 비해 낮은 효과를 거둔 것으로 분석되고 있다(Weber, 2002). 교육분야의 시장경제화에 대해서는 여러 가지 방향으로 다양한 의견들이 제시되고 있다(Fricke and Fricke, 1996; Lohmann, 1999; Petrella, 2000; Pelizzari, 2005; Gruschka, 2005; Morkel, 2000; Zeuner, 2006; Peters, 2005).

통일 이후 문화 및 교육부분의 변화와 함께 독일의 보건복지 정책에도 커다란 변화가 일어나게 되었다. 보건복지 정책에서는 의료보험이나 병원들이 중심에 서 있다고 해도 과언이 아니다. 독일에서는 보건분야의 종사자들이 자동차 산업의 종사자보다 많은 실정이며, 보건분야는 전체 GNP의 10% 정도를 차지하고 있다. 이러한 보건복지 분야에 있어서도 신경영관리에 따른 시장경제화 현상이 나타나고 있다. 위에서 언급한 다양한 사회현상 및 연구결과들을 종합해 볼 때, 통일 후 구동독 지역에서는 문화·교육·보건복지 분야의 시장경제화 현상 및 신경영관리 경향이 관찰되고 있다.

통일 후 관찰되고 있는 사회구조의 변화는 엘리트 구조의 변화에도 영향을 미치고 있다. 특히 통일 후 구동독 지역에서 관찰된 권력집중현상의 둔화는 '중앙집권적 위계구조의 토대 위에서 정치 이데올로기적으로 동질성을 지닌 독점 엘리트'였던 동독의 권력 엘리트 구조에 변화를 가져오게 되었으며, 각 행정분야의 신경영관리 경향은 동독 지역에서의 각 분야 전문 엘리트들이 통일 전보다 더욱 활발하게 활동할 수 있는 사회적 여건을 조성하게 된다.

2) 통일 이후 구동독 지역의 엘리트 변화

(1) 통일 전 동독 엘리트의 특징

통일 이후 구동독 지역의 사회구조적 변화와 함께 권력 엘리트 구조에 변화가 일어나기 시작하고 있다. 통일 전 서독 엘리트의 특징으로는 다원성(Pluralismus)을 들 수 있다. 서독의 정치, 사회, 경제, 법률, 종교, 문화, 학계 등 각 분야 엘리트들은 대체로 독립된 성격을 띠고 있으며, 정치분야에서는 각 정당의 정치 엘리트들이 서로 경쟁하는 체제를 이루고 있었다. 이에 비해 사회주의 체제하의 동독에서는 이러한 다원주의는 찾아보기 어려운 실정이었다.

제2차 세계대전 후 소련 점령지역인 동독에서는 소련 점령군과 독일공산당(Kommunistische Partei Deutschlands, KPD) 수뇌부에 의한 대대적인 엘리트구도의 변동이 일어나기 시작했다. 동독 엘리트 구조는 독일공산당 소속이거나 독일사회주의통일당(Sozialistische Einheitspartei Deutschlands, SED) 소속, 또는 독일사회주의통일당에 친화적인 사람들로 교체되었다. 경제분야에서도 효율성보다는 당에 대한 충성도가 출세에 있어서 강조되는 경향을 띠게 되었다. 따라서 각 분야에서 효율성이 떨어지는 엘리트 구도가 형성되었다. 이러한 과정에서 동독 지역에서 과거의 부르주아 계층과 귀족 엘리트는 재산을 몰수당하고 추방되었다. 1961년까지 수많은 난민이 동독 지역을 떠났고, 이로써 사회의 상위 계층이 급속히 감소하게 되었다. 구동독에서는 1950년대와 1960년대 중반까지 교육을 통해 새로운 교사, 기술자, 경제전문가, 행정지도자, 정치간부 등을 양성했다. 초기에는 숙련노동자 출신들이 교육을 통해 신분 상승하는 경우가 많았다. 그러나 이러한 현상도 단기적인 현상으로 머물고 만다.

사회주의 특권층은 크게 세 집단으로 구분할 수 있다. 첫째, 주로 사회주의 법학, 마르크스-레닌주의 또는 정치경제를 전공한 당과 국가 간부들로서 권력의 관리자들을 꼽을 수 있다. 둘째는 기술관련 학과나 자연과학, 경제를 전공한 사람들로서 산업계의 지도자들이다. 세 번째 그룹은 교수, 의사, 예술가, 문화인 등으로서 문화·교육의 대표자들이다. 이러한 사회주의 특권층을 러시아어로 '노멘클라투라(Nomenklatura)'라고 한다.

(2) 통일 후 구동독 지역 엘리트의 변화

통일 이후 구동독 지역의 엘리트 구조에 근본적인 변화가 일어났으며, 핵심 엘리트 계층의 획기적인 교체가 이루어졌다. 동독인들이나 서독인들, 그리고 전문가들도 통일 이후의 사회통합에 낙관적이었으며, 제도, 엘리트, 자원을 서독에서 동독으로 유입하려 했다. 체제이행을 신속히 달성하기 위해 기존 동독 엘리트층의 역량을 개발하기보다는 서독 출신의 엘리트들을 광범위하게 활용했다.

특히 행정분야의 수뇌부는 주로 서독 출신 인사들로 채워지게 되었는데, 구동독 지역의 주 지방행정 분야에서도 서독 출신의 인사들이 대폭 임용된다. 그 원인으로는 행정분야에서는 법적인 이해가 중요한 요소가 되는데, 동독 출신 인사 중에 이러한 요건을 충족시키는 인사들을 찾기가 쉽지 않았던 것이 그 배경으로 작용하고 있다. 정치분야에서 연방정부의 정치인 비율은 동독출신이 22.3%로 동독의 인구비율과 비슷한 비율을 보이고 있다. 지방정치에서 구동독 지역에서는 85.9%가 동독 출신 인사들로 구성되어 있다.

<표 2-5>에서 관찰할 수 있듯이 경제분야에서는 동독 지역 출신 엘리트는 단지 0.4%에 해당하는 것으로 분석되었다. 통일 후 구동독 지역 내 대부분의 기업체는 서독인이나 외국인이 소유하게 되었다. 따라서 동독 출신 경제 엘리트의 비율이 낮은 것으로 분석되었다. <표 2-5>에

〈표 2-4〉 분야별 출신지역에 따른 지도층 구성비(1995, %)

	연방정치	지방정치(구서독)	지방정치(구동독)	연방행정	지방행정(구서독)	지방행정(구동독)	다른 분야(구서독)	다른 분야(구동독)
서독 출신	77.7	98.4	13.1	98.4	100	87.3	98.6	46.8
동독 출신	22.3	1.6	85.9	1.6	0	12.7	1.4	53.2

자료: Bürklin and Rebenstorf(1997).

〈표 2-5〉 독일 엘리트 중 동독 출신, 서독 출신 구성비(1995)

	전체(N)	동독인		서독인	
정치	498	160	32.1	338	67.9
행정	474	12	2.5	462	97.5
경제	249	1	0.4	248	99.6
경제단체	173	14	8.1	159	91.9
노동조합	97	12	12.4	85	87.6
매스미디어	281	33	11.7	248	88.3
문화	101	13	12.9	88	87.1
학문	164	12	7.3	152	92.7
군대	135	0	0.0	135	100.0
기타	169	15	8.9	154	91.1
전체	2,341	272	11.6	2,069	88.4

자료: Bürklin and Rebenstorf(1997: 67).

나타난 대로 경제 엘리트의 대부분이 서독 출신인 것으로 분석되었지만, 또 다른 연구(Windolf et al., 1999: 65)에 따르면 동독 지역 소재 기업 관리직의 85%가 동독 출신인 것으로 분석되었다. 즉, 기업주는 대다수가 서독 출신이었고 관리자들은 동독 출신들인 형태를 유지하고 있다. 이들 관리자는 통일 전에 기업에서 관리직이나 임원으로 종사했던 사람들로서, 통일 후 개혁과정에서 업무가 타격을 받지 않고 무리 없이 지속되도록 하는 데 적지 않은 역할을 한 것으로 분석되었다. 즉, 서독 출신 기업주는 생산체계 변혁 등의 기업혁신에 기여하고, 동독 출신 관리인들은 업무가 지속되는 데 이바지했다고 할 수 있다(Windolf et al., 1999: 80). 하지만 이러한 결과를 두고 통일 후 동독 지역에서 경제 엘리트 구조가 변화하지 않았다고 주장할 수는 없다. 왜냐하면 통일 전 기업의 관리직에 종사하다 통일 후 실직되거나 이직을 한 비율이 동독 지역 전체 취업자 중 실직하거나 이직을 한 비율만큼이나 높기 때문이다(Windolf et al., 1999: 293).

또한 경제분야나 군대 등의 경우 핵심조직이 서독 지역에 있었기 때문에 구동독 지역으로의 엘리트의 이동이 거의 일어나지 않은 것으로 분석되었다. 이 분야는 핵심 엘리트가 아닌, 중·하위 엘리트 계층에서는 동독 지역에서도 비교적 쉽게 자격요건을 충족시키는 동독 출신 인사들을 찾을 수가 있었던 것으로 분석되었다. <표 2-5>에서 나타나듯이 군대분야에서는 동독 출신 엘리트가 한 명도 없는 것으로 분석되었다.

군대, 행정 등의 분야에서는 통일 후 동독 출신들이 핵심 엘리트로 자리 잡기에는 어려움이 있었던 반면, 이들 분야보다는 비교적 일반적인 분야인 정치, 문화, 매스미디어, 노동조합 등에서는 동독 출신들이 핵심 엘리트로 자리 잡을 가능성이 비교적 큰 것으로 분석되었다. 독일 통일은 통일 전에 동독에서 핵심 엘리트 계층에 속하지 못한 중간 엘리트 계층에게 비교적 유리한 기회를 제공했다. 통일 후의 체제변화 과정에서 핵심 엘리트 계층의 자리가 비게 되면서 이들 중간 엘리트 계층에게는 핵심 엘리트로 진출할 수 있는 가능성이 부여되었다.

3. 통일 이후 구동독 지역 권력 엘리트의 구조

통일 이후에 구동독 지역의 엘리트 형성은 특이한 양상을 띠고 있다 (Pohlmann and Gergs, 1999; Pohlmann, 2004). 동독 지역에서는 이데올로기적 엘리트의 몰락(Higley and Pakulski, 1995)이 하루아침에 일어나게 된다. 중앙집권적이고 수직적이며, 정치 이데올로기적으로는 동질적인 독점 엘리트(zentralistisch-hierachische und politisch-ideologisch homogene Monopol-Elite) 였던 동독 엘리트들은 통일 이후 다원주의적인 각 분야의 전문 엘리트로 변화한다. 이러한 구조적인 변화에는 기존의 동독 권력핵심부가 완전히 바뀌게 되는 현상이 영향을 미쳤다. 기존 권력 엘리트 집단은 급격하게 붕괴하여, 1990년 12월 2일 이후에는 누구도 장관직을 유지하지 못했다.

동유럽에서는 기존의 엘리트 집단이 정치적 권력으로부터 경제적 권력으로 이동한 반면, 통일 이후의 구동독 지역에서는 경제적 권력으로의 이동은 발생하지 않는다(Winderl, 1994; Szelenyi & Szelenyi, 1995; Szelenyi et al., 1995). "새로운 엘리트의 노멘클라투라로부터의 충원율은 1993년 러시아에서는 51%, 폴란드에서는 40%, 헝가리에서는 33%였다. 이 비율은 특히 경제분야에서 가장 높게 나타났는데, 러시아 53%, 폴란드 51%, 헝가리에서는 35%의 새로운 경제 엘리트가 구정치 엘리트 출신이었다" (한운석, 2009: 44). 반면 통일 후 동독의 민영화된 기업은 다수가 서독인 수중에 들어갔다. 서독 기업가 대부분은 서독에 기업 중심부를 두고 있었다. 이에 따라 동독의 구경제 엘리트가 사라진 반면, 동독 지역을 인수한 기업 중심부의 중요 경제 엘리트들은 서독에 머물러 있었다. 즉, 경제분야에서 서독으로부터의 엘리트 유입은 아주 제한적이었다(Pohlmann, 2005: 419; 한운석, 2009: 44).

포츠담엘리트연구(Bürklin and Rebenstorf, 1997)에 따르면 엘리트 교체는 전반적으로 고위직에서 나타났는데, 교회를 제외한 410개의 고위직에 단 11명(2.7%)만이 구동독 엘리트 출신들로 형성되었다. 1990년 연방의회 총선을 치른 지 4년 후에는 대부분의 구동독 지역 출신 시민운동의 주체들이나 동독 출신 권력 엘리트들이 정치권에서 물러나는 현상이 나타났다. 또한 구서독 지역에서 구동독 지역으로의 엘리트 이동 현상을 관찰할 수 있다. 서독 지역 출신의 많은 인물이 구동독 지역에 새로 생겨난 영향력 있는 위치에 진출하려 하고 있었다. 이러한 동독 엘리트의 교체는 제2차 세계대전 직후의 독일 사회에서 일어난 엘리트 교체보다 더 큰 규모로 이루어지게 된다. 포츠담연구에 따르면, 1995년 동독 지역에서 40%의 고위직을 서독 출신 인물들이 차지하게 된다. 서독 지역에서 동독으로의 엘리트의 이양은 주로 행정이나 법조계에서 일어났다.

이에 비해 지방자치단체와 같은 지역정치의 영역에서는 여전히 구동독 출신의 정치인들이 권력 엘리트의 역할을 수행하는 것으로 나타났다. 포츠담연구에 따르면 구동독 지역의 정치권 약 13%가 구서독 지역 출신자로 구성되어 있었으며, 이들 구서독 출신 정치인들은 구동독 지역의 영향력 있는 위치로 진입하게 된다. 연방주 튀링겐(Thüringen)과 작센(Sachsen)은 구서독 출신의 주지사가 통치했고, 약 25%의 구동독 지역 주 정부 장관이 구서독 출신이었다. 구서독 출신 관리들이 요직을 차지하고 있는 것으로 분석되었는데, 장관이나 국장급은 주로 구서독 출신이 맡게 되었다. 즉, "지위가 높으면 높을수록 서독인이 차지할 가능성이 높은(je höher die Position, desto wahrscheinlicher eine Besetzung mit Westpersonal)"(Derlien, 1998) 양상이 나타났다. 2002년 이후에는 구동독 지역의 모든 주지사는 구동독 지역 인사들로 구성되었다. 402명의 동독 엘리트 중 230명, 즉 약 60%가 동독 출신인 것으로 분석되었다(Welzel, 2000).

이제까지의 권력 엘리트 연구들을 종합해 보면, 권력 엘리트들이 어떠한 커리어 모형을 형성하는지, 어떠한 사회적 출신배경의 엘리트들인지, 또한 엘리트 네트워크가 어떻게 이루어져 있는지 등에 관한 연구들이 이루어져 왔다(Hoffmann-Lange, 2001; Bürklin and Rebenstorf, 1997; Best and Hornbostel, 2003). 이 연구들을 종합하면 다음과 같은 결과를 도출해낼 수 있다.

① 동독 권력 엘리트 내 행위주체의 변동을 관찰할 수 있다.
② 다른 교육적 배경은 다른 커리어 형태와 연결되고 있다.
③ 수직적인 엘리트의 재생산이 이루어지고 있다.

1) 행위주체의 변화

통일 이후 연방의회의 동독 대표 의원 94명 중 12명만이 시민운동권에 소속되어 있었다. 이들은 1945~1954년에 태어난 전후세대들이다. 교회 중심의 저항운동에서 1989년 선거를 통해 정치적으로 선도적인 위치에 있었으며, 독일 통일과정에 적극적인 역할을 했던 정치가들이 1995년경 정치권에서 물러나는 권력이동 양상이 나타나고 있다.3)

2) 공학계열 및 자연계 출신들의 등장

현 독일 총리 앙겔라 메르켈(Angela Merkel)은 독일 통일 이후에 등장한 권력 엘리트의 전형이라고 할 수 있다. 통일 후 구동독 출신 권력 엘리트의 대다수가 공학 및 자연과학계 출신인 것으로 분석되고 있다. 1989년 이전에 이들 대부분이 정치권보다는 공학이나 자연과학계열에 종사한 것으로 분석되었다.

공학계열이나 자연과학계열 이외에는 신학, 인문과학, 경제학분야를 전공한 정치인들도 소수 존재하는 것으로 나타났다. 이들 구동독 지역 권력 엘리트들은 전공분야에서 구서독 정치인들과는 다른 양상을 보이고 있다. 구서독 지역에서는 주로 법조계나 교육계 출신 인사들이 많은 것으로 나타났다. 2005년 독일연방의회 동독 지역 의원 94명 중 50%가 자연과학이나 공학분야 출신인 것으로 분석되었으며, 19%가 사회과학이나

---

3) Lothar de Maizière, Peter Michael Diestel, Walter Romberg, Wolfgang Uhlmann, Jens Reich, Konrad Weiß, Herbert Schirmer, Ingrid Köppe, Rolf Henrich 등을 그 예로 들 수 있다.

교육학, 그리고 14%가 경영이나 경제학을 전공한 것으로 나타났다. 즉, 자연과학과 공학계열 출신들이 구동독 권력 엘리트의 대다수를 차지하는 현상을 보이고 있다.

3) 수직적인 엘리트의 재생산

구동독 지역에서는 기존 엘리트 계층에 속하는 세대의 자녀가 통일 후 엘리트 계층에 충원되는 수직적인 엘리트의 재생산 현상을 관찰할 수 있다. 특히 구동독 사회주의적 서비스 계급(sozialistische Dienstklasse)의 자녀가 통일 후 대폭적으로 권력 엘리트 계층을 형성하는 것으로 분석되었다. 통일 전 동독 사회에는 고위층으로의 출세 정체 현상이 나타났고, 출세의 기회를 얻지 못한 전문가들은 통일 후 1990년대 초에 출세기회를 잡기 시작하여, 이후 다양한 경로로 정치계에 입문한다.

이 정치가들은 동·서독 분단 상황에서 성장하여 두 국가 체제를 당연한 것으로 받아들였던 세대이다. 이들 세대에게 제2차 세계대전 전후의 상황은 직접 경험하지 못한 과거의 역사적인 사건인 것이다. 이들 세대를 교육한 교육자들은 1930년대와 1940년대 소련의 교육 모델을 본받은 세대였다. 즉, 평등의 원칙, 사회적 관심사와 개인적 관심사의 적절한 조화, 노동의 가치를 높이 평가하던 세대라고 할 수 있다. 이들 세대의 사회진출은 경제적 침체기와 사회주의가 재해석되던 시기에 이루어졌다(Solga, 1994: 177). 즉, 집단적인 성취의 개념이 무너진 시기로서, 개인적으로나 국가적으로 경제주의나 소비주의가 강조되던 시기라고 할 수 있다. 또한 공산주의적인 이상주의에 의문을 제기하게 되고, 사회주의의 목표설정에 괄목할 만한 수정이 가해진 시기이기도 하다(Meuschel, 1992: 38). 문화분야의 엘리트들에게도 기득권이 주어지던 시기이며 여가생활이나 개인생활이 현대화된 시기이기도 하다. 즉, 동독 권력 엘리트의 사회적·교육적인 성장배경은 서독 엘리트와 다른 양상을 띠고 있으며, 구동독 전문가의 자녀들이 대거 권력 엘리트 계층을 형성하는 엘리트의 수직적인 재생산이 이루어졌다는 사실을 관찰할 수 있다.

위에서 살펴본 바와 같이 동독 사회에서는 통일 후 엘리트의 구조에 변화가 일어남으로써 권력 엘리트 내 행위주체가 바뀌고 있으며, 권력 엘리트 내에 자연과학이나 공학계열 출신들의 비율이 높은 것으로 나타났고, 수직적인 엘리트의 재생산이 이루어지고 있는 것으로 분석되었다.

4. 나오는 말

독일 통일 후 체제변동은 구동독 지역의 엘리트 구조에도 큰 변화를 가져왔다. 핵심 엘리트 계층은 획기적으로 교체되었으며 서독에서 동독으로의 엘리트 이동은 특히 행정, 법조계에서 눈에 띄게 관찰되고 있다. 또한 유럽에서는 기존의 엘리트집단이 정치적 권력으로부터 경제적 권력으로 이동한 반면, 통일 이후의 구동독 지역에서는 정치적 권력으로부터 경제적 권력으로의 이동은 발생하지 않는다.

통일 전 서독 엘리트의 특징으로는 다원성을 들 수 있다. 이에 비해 사회주의 체제하의 동독에서 다원주의는 찾아보기 어려운 실정이었다. 통일 전 구동독 지역에서는 종교계를 제외한 모든 영역은 중앙정부의 통제를 받는 구조로 형성되어 있었다. '중앙집권적이며 위계적이고, 정치 이데올로기적으로는 동질적인 독점 엘리트'였던 동독 엘리트 구조는 통일 이후 다원주의적인 분야별 전문 엘리트로 변화하게 된다.

통일 이후 권력 엘리트의 구조변화에서는 첫째, 동독 권력 엘리트 내의 행위주체의 변동을 관찰할 수 있다. 즉, 통일과정에 적극적인 역할을 했던 구동독 정치가들이 1995년 무렵 정치권에서 물러나는 권력이동 양상이 나타나고 있다. 둘째, 공학계열 및 자연계 출신들의 등장을 꼽을 수 있다. 구서독 정치인들이 법조계나 교육계 출신들이 많은 것과는 다른 양상을 보이고 있다. 셋째, 동독 사회 엘리트 계층 자녀들이 통일 후 대폭적으로 권력 엘리트 계층을 형성하는 수직적인 엘리트의 재생산 현상이 나타나고 있다.

이 글에서는 통일 후 구동독 지역 권력 엘리트의 구조 변화를 다루었다. 지금까지 연구되지 않는 분야로서 구동독 출신 정치 엘리트들의 정치적인 행동지향(Handlungsorientierung)이 구서독 출신의 정치 엘리트들과 다른 양상을 보이고 있는지에 관한 문제는 후속 연구과제로 남아 있다. 즉, 동독 출신 정치 엘리트들에게서 어떤 행위합리성(Handlungsrationalitäten)이 나타나고 있는지에 대한 물음에 답하기 위해서는 사회구조적인 분석과 통일과정에서 이들의 역할에 대한 분석 또한 이루어져야 한다. 즉, 행위자(Akteur), 행위합리성, 행위맥락(Handlungskontext)에 대한 체계적인 연관관계를 규명할 필요가 제기된다. 동독 사회에서의 사회화 과정 및 자연과학적인 전공분야가 통일이라는 특별한 행위의 전후 맥락에서 어떻게 행위합리화에 영향을 주는지에 대한 연구가 필요하다.

참고문헌

블룸, 울리히. 2008. 「독일 통일 후 동서독 통합 과정에서 제기된 경제문제」. 평화재단 제28차 국제 전문가포럼. ≪북한의 지속가능한 개발과 경제협력 Series 3≫, 21~35쪽.
최종욱. 1996. 「독일 통일 이후의 사회구조의 변동과 가치관 변화: 동부 독일 지역을 중심으로」. ≪이론≫, 통권 16호(1996 여름), 174~216쪽.
한운석. 2009. "독일 통일 20년의 경험이 우리에게 주는 교훈". 2009 평화재단 심포지엄. ≪독일 통일 20년을 돌아보고 통일 코리아를 내다본다: 지속과 변화, 통합의 정치≫, 34~53쪽.

Bauer, Ulrich. 2006. "Die sozialen Kosten der Ökonomisierung von Gesundheit." *Aus Politik und Zeitgeschichte*, 8~9. Reformen des Sozialstaates.
Bedau, Klaus-Dieter and Heinz Vortmann. 1990. "Die Einkommensverteilung nach Haushaltsgruppen in der ehemaligen DDR." *DIW-Wochenbericht*, 57, Nr, 47.
Bendixen, Peter. 1995. "Die Ökonomie des Kulturmarktes." Bendixen, Peter u. a. *Handbuch Kulturmanagement, Loseblattsammlung*. Stuttgart.
_____. 1997. "Der Markt als Regulator kultureller Leistungen." Heinze, Thomas(Hrsg.). *Kulturmanagement: Konzepte und Strategien*. Westdeutscher Verlag: Opladen.
Best, Heinrich and Stefan Hornbostel(Hrsg.). 2003. *Funktionseliten der DDR: Theoretische Kontroversen und empirische Befunde*, Vol. 28.
Bildungsministerium fuer Bildung und Wissenschaft(Hrsg.). 1990. *Grund-und Strukturdaten 1990/91*. Bad Honnef.
Bürklin, Wilhelm and Hilke Rebenstorf. 1997. *Eliten in Deutschland: Rekrutierung und Integration*. Opladen: Leske+Budrich.
Deppe, Hans-Ulrich. 1998. "Neoliberalismus und Gesundheitspolitik in Deutschland:

Menschenrechte lassen sich nicht kommerzialisieren, ohne dass sie daran zerbrechen." Kaupen-Haas, Heidrun and Christiane Rothmaler(Hrsg.). *Strategien der Gesundheitsökonomie*. Frankfurt/Main: Mabuse.

_____. 2007. "Krankheit und Kommerz: Zur Kritik der herrschenden Gesundheitspolitik." *Blätter für deutsche und internationale Politik*, Heft 1, Jg. 52, S. 93~100.

Derlien, Hans-Ulrich. 1998. "Elitezirkulation zwischen Implosion und Integration: Abgang, Rekrutierung und Zusammensetzung ostdeutscher Funktionseliten 1989~1994." Wollmann, Hellmut u.a. *Transformation der politisch-administrativen Strukturen in Ostdeutschland*. Opladen: Leske+Budrich: KSPW-Beiträge 3.1.

Institut der deutschen Wirtschaft(Hsrg.). 2009. *Deutschland in Zahlen*. Köln.

Fricke, Werner and Else Fricke. 1996. *Zukunft der Industriegesellschaft*. Jahrbuch Arbeit+Technik, Bonn: Dietz Nachf.

Geißler, Raine. 1993. *Sozialer Umbruch in Ostdeutschland*. Opland.

_____. 2008. *Die Sozialstruktur Deutschlands*. Wiesbaden.

_____. 2009. "Wandel der Sozialstruktur: Nachholende Modernisierung." http://www. bpb.de/themen/PS.09CD.html(2009. 6. 9.)

Glaser, Hermann. 2002. *Grundfragen des 21. Jahrhunderts. Ein Lesebuch*. München: Deutscher Taschenbuch Verlag.

Gruschka, Andreas. 2005. "Das Bildungswesen ist kein Wirtschaftsbetrieb! Fünf Einsprüche gegen die technokratische Umsteuerung des Bildungswesens." *Vierteljahresschrift für wissenschaftliche Pädagogik*, Heft 4, Jg. 81, S. 453~459

Habich, Roland and Heinz Herbert Noll. K. H. 2008. *Sozialstruktur und Soziallagen*. Datenreport. 2008, Bonn.

Higley, John a Jan Pakulski. 1995. "Elite transformation in Central and Eastern Europe." *Australian Journal of Political Science*, 30. 1995, S. 415~435.

Hirschmann, Albert O. 1992. "Abwanderung, Widerspruch und das Schicksal der Deutschen Demokratischen Republik." *Leviathan*, Heft 3, S. 330~358.

Hoffmann-Lange, Ursula. 2001. "Elite Research in Germany." *International Review of Sociology*, Vol. 11, No. 2.

Institut der deutschen Wirtschaft(Hrsg.). 2009. *Deutschland in Zahlen*. Köln.

Lohmann, Ingrid. 1999. "Strukturwandel der Bildung in der Informationsgesellschaft." http://www.bildung.com. Gogolin, Ingrid and Dieter Lenzen(Hrsg.). 1999. *Medien: Generation: Beiträge zum 16. Kongreß der Deutschen Gesellschaft für Erziehungswissenschaft*. Opladen, S. 183~208

Ludwig, Udo. 2005. "Licht und Schatten nach 15 Jahren wirtschaftlicher Transformation in Ostdeutschland." *Deutschland Archiv* 3/2005.

Meuschel, Siegfried. 1992. *Legitimation und Parteiherrschaft in der DDR: Zum Paradox von Stabilität und Revolution in der DDR 1945~1989*. Frankfurt a. M.

Morkel, Arnd. 2000. "Der Wortschwall der Ahnungslosen oder: Wie Politik und Wirtschaft die Universitäten reformieren wollen." Müller, Anselm and Rainer Hettich. *Die gute Universität*. Baden-Baden: Nomos.

Mueller-Enbergs, Helmut, Marrianne Schulz, und Jan Weilgohs(Hrsg.). 1991. *Vom der Illegalitaet ins Parlament*. Werdegang und Konzept der neuen Buergerbewegungen, Berlin.

Pelizzari, Alessandro. 2005. "Marktgerecht studieren: New Public Management an den Universitäten." Faschingeder, Gerald and Leubold, Bernhard u. a.(Hrsg.). *Ökonomisierung der Bildung*. Wien: Mandelbaum.

Peters, Michael. 2005. "Bildung und Ideologien der Wissensökonomie: Europa und die Politik des Nacheiferns." Otto, Hans-Uwe and Thomas Coelen(Hrsg.). *Ganztägige Bildungssysteme: Innovation durch Vergleich*. Münster: Waxmann.

Petrella, Ricado. 2000. *Humanressourcen für den Weltmarkt. Fallsticke der Erziehungspolitik, Der Standard-Album*, Print-Ausgabe 7~8/2000.

Pohlmann, Markus and Hans Gergs. 1999. "Ökonomische Eliten vor und nach der Wiedervereinigung: Die Selektivität des Transformationsprozesses." Hornbostel, Stefan(Hrsg.). *Sozialistische Eliten. Horizontale und vertikale Differenzierungsmuster in der DDR*. Opladen: Leske+Budrich.

Pohlmann, Markus. 2004. "Ökonomische Eliten in Ostdeutschland." Veen, Hans-Joachim (Hrsg.). *Alte Eliten in jungen Demokratien?* Weimar: Stiftung Ettersberg.

_____. 2005. "Die Industriekrise in Ostdeutschland. Zur Rolle ökonomischer Eliten und ihrer Unternehmenspolitiken." *Deutschland Archiv*, 38(3). Bonn: Bertelsmann, S. 417~424.

Ragnitz, Joachim. 2009. "Zwanzig Jahre 'Aufbau Ost': Erfolge und Miserfoge." http://www/bpb.de/themen/82MZ29.html(2009. 9.1.)

Rebenstorf, Hike. 1999. "Elitetransformation in Ostdeutschlan." Leif, Thomas and Hans-Josef Legrand. *Die politische Klasse in Deutschland*. Bonn-Berlin.

Solga, Heike. 1994. *Auf dem Wege in eine klassenlose Gesellschaft?: Klassenlagen und Mobilität zwischen Generationen in der DDR, Dissertation*. Berlin.

Statistisches Bundesamt. 2008. *Statistisches Jahrbuch 2008: Für die Bundesrepublik Deutschland*. Wiesbaden.

Szelenyi, Ivan and Sonja Szelenyi. 1995. "Circulation of Reproduction of Elites During the Postcommunist Transformation of Eastern." *Theory and Society*, 5-1995.

Szelenyi, Ivan u. a. 1995. *Das Zweite Bildungsbürgertum: Die Intellektuellen im Übergang vom Sozialismus zum Kapitalismus in Mitteleuropa*. Göttingen.

Weber, Peter. 2002. "Technisierung und Marktorientierung von Bildung in Europa." Lohmann, Ingrid(Hsrf.). *Die verkaufte Bildung*. Berlin: tbp, S. 29~323.

Welzel, Christian. 1997. "Rekrutierung und Sozialisation der ostdeutschen Elite: Aufstieg einer demokratischen Gegenelite?" Bürklin, Wilhelm and Hilke Rebenstorf. *Eliten in Deutschland: Rekrutierung und Integration*. Opladen: Leske+Budrich, S. 201~237.

_____. 2000. "East Germany: Elite Change and Democracy's 'Instant Success'." Higley, John and Gyorgy Lengyel(Hrsg.). *Elites After State Socialism. Boulder*. Colo.: Rowman & Littlefield, S. 103~122.

Wiesand, Andreas Johannes u. a. 1997. *Der Künstler-Report: Musikschaffende, Darsteller, Realisatoren, Bildende Künstler, Designer*. München: Carl Hanser.

Winderl, Thomas. 1994. *Die Erneuerung der ostdeutschen Elite aus demokratie-soziologischer Sicht*. Opladen: Leske+Budrich.

Windolf, Paul, Ulrich Brinkmann and Dieter Kulke. 1999. *Warum blueht der Osten nicht? Zur Transformation der ostdeutschen Betriebe*. Berlin: edition sigma.

Zeuner, Bode. 2006. "Zum Wandel der normativen Grundlagen der Wissenschafts-, Hochschul- und Bildungspolitik." Buchstein, Huberus and Rainer Schmalz-Bruns(Hrsg.). *Politik der Integration: Symbole, Repräsentation, Institution*. Baden-Baden: Nomos.

제3장

사법적 처벌 – 배제 – 사회적 통합
1990년 독일 통일 전후 동독 권력 엘리트의 생애주기 모델

얀 빌고스(비아드리나 유럽 대학)

김영호(배재대학교) 옮김

1. 들어가는 말

공산정권의 권력 엘리트에 대해 '공정한' 처리를 했는지에 관한 물음은 1989년 이후 거의 모든 동유럽 국가에 잘 알려진 공공연한 논쟁거리이다. 현재까지도 몇몇 국가에서는 1989년 이후 구정권의 범죄행위에 대해 더 엄중한 처벌을 했어야 옳지 않았냐는 식의 논쟁이 끊임없이 일고 있다. 왜냐하면 이전의 '고전적' 혁명에서 볼 수 있었던 것과는 달리 1989~1990년의 '혁명가'는 다수가 공감하는 보편적인 법에 근거한 '정의'의 잣대로, 또는 오로지 자신의 자의에 의해 당시 통용되던 법의 허용범위를 넘어 구정권을 대표하는 부류를 가차없이 처벌할 수 있는 '혁명재판'을 시행하지 않았다.[1] 그 대신 법치국가의 원칙에 의한 절차를 밟아 구정권하에서도

---

1) 루마니아의 경우 겉으로 보기엔 예외처럼 보인다. 1989년 12월의 데모 진영과 치안담당 진영, 일반 군부대와 보안 특수부대와의 무력대결이 있었다. 그러나 1989년 12월

마땅히 처벌을 받을 만한 범법행위에 대해서만 책임을 물었다. 또는 아예 이 같은 법치국가적 처벌마저도 포기했다.

그러나 구지배자에 대한 '혁명적 처벌'의 관점에서 볼 때 이 같은 신엘리트의 자기억제 현상은 동유럽 혁명에서만 볼 수 있는 것이 아니다. 과거 스페인(1975~1978)과 우루과이(1980~1985)의 정권교체 과정에서 이미 있었던 일이다. 특히, 동유럽 붕괴 이후 남아프리카(1990~1994)는 이와 같은 자기억제의 대표적 사례로 잘 알려졌다. 그러나 이들 나라에서 이루어진 정권교체는 신·구엘리트 간의 '협정' 또는 타협에 의해 임시방편의 권력분배 조절로 가능해진 것이다.2) 이들 나라의 경우에 구정권의 지도부에 대한 '혁명적 처벌' 포기는 '혁명참여자'에게 대안적 선택을 전혀 할 수 없도록 한 힘의 역학관계 결과라 볼 수 있다. 이와 반대로 동유럽에서 자기억제가 실천된 나라들은 대규모의 대중적 저항에 의해 공산정권의 지배구조가 무너졌고, 새로운 정치질서를 만들어가는 과정에서 구정권을 대표하는 부류들이 신정권에 점점 더 복속되었다.3)

정권교체기에 반정권의 민주세력이 구질서의 세력보다 더 지배적 위치를 점했고, 처음으로 시행된 자유선거에서 승리할 수 있었던 모든 동유럽 국가에서 '혁명재판'의 형태로 구권력자를 처벌하는 일이 없었다는 사실

25일 벌어진 공산당 최고책임자였던 차우셰스쿠와 그 부인의 교수형은 '혁명적'인 반대 엘리트에 의해서가 아니라 그 사건 며칠 전에야 비로소 독재자와 보안 특수부대에 반기를 들었던 군 수뇌부에 의해 저질러진 것인데, 이들의 속셈은 이 같은 행위를 통해 새로운 시대에도 그들의 엘리트적 기득권을 유지하려는 것이었다.

2) 다양한 정권교체 타입에 관해서는 Karl and Schmitter(1991) 참조
3) 체코슬로바키아와 동독이 여기에 해당한다. Karl and Schmitter(1991: 275)가 '개혁'이라고 일컬었던 이 같은 정권교체의 형태를 Beyme(1994)는 '내부 붕괴'라고 적절하게 묘사했다.

은 신엘리트도 순수한 권력행사의 계산 이외에 자기억제의 명백하게 유리한 점을 알았음을 보여주는 것이다. 구지배 엘리트는 이미 관직에서 물러나 있고, 다양한 분파의 구정부관리가 아직 상당한 권력자원을 움켜쥔 급격한 정권붕괴 단계에서 폭력을 동반하는 갈등의 증폭을 피하려는 의도가 있었음은 의심할 여지가 없다.[4] 물론 1989년 동유럽의 많은 반체제 민주운동가에게 과거 혁명과 정권교체의 경험도 무시할 수 없는 비중을 차지했다. 그중에서도 특별한 것은 1917년의 러시아 혁명과 제2차 세계대전 후 소련 연방의 영향을 받던 동유럽 국가에서 있었던 공산정권의 권력수용 경험이다. 이러한 경험은 붕괴된 정권의 권력자에게 '정의의 이름'으로 책임을 묻는 과격한 처리방법이 '죄 있는 자'에 대한 자의적인 처벌로 전락할 수 있음을 보여주었다. 러시아의 볼셰비키와 소련 위성국가의 공산주의자는 이런 식으로 어렵게 얻어낸 신질서에 대한 주민들의 폭넓은 지지를 스스로 훼손했다. 행정관리, 매니저, 엔지니어, 학자, 지식인 등 구체제를 '이끌던' 많은 사람에 대한 처벌과 배제는 새로운 질서를 확충하는 데 필요한 유능한 정부관리 엘리트의 부족을 야기했다. 그에 반해 1989~1990년 혁명에서 보여준 자기억제는 자유민주주의적이고 자본주의적인 체제로의 전환의 정당성을 사회주의 체제의 불안하고 실망한 추종자에게도 인정하게 하고, 정부관리 엘리트의 상당수가 새로운 질서에 생산적으로 통합되게 하는 기회를 제공했다.

하지만 이 같은 처리방법은 공산정권 이후 동독 지역을 포함한 동유럽 사회에서 오늘날까지 대두되는 문제를 일으켰다. 특히 공산지배 체제하에

---

[4] 이 같은 위험이 상존하고 있었다는 증거로 1989년 11월 9일의 국경 개방 후 국방위원회에서 있었던 회의를 들 수 있는데, 여기서 군부대를 동원하여 국경을 다시 폐쇄하자는 고위장성들의 언급이 있었다(Ehlert and Wagner, 2003: 573).

서 저항적 행위 또는 정권비판적 표현으로 처벌을 받았거나 사회적 출신과 종교 때문에 차별을 받았던 주민들은 과거의 권력 엘리트에 대한 '미온적 처벌'을 받아들이지 않거나 강한 비판을 제기했다. 무엇보다도 자의적 지배체제로부터 피해를 받은 사람들은 제대로 된 보상(도덕적·물질적)을 받지 못한 반면, 과거정권의 정치 엘리트는 국가기업의 민영화 같은 새로운 질서체제에서 특권적인 지위를 차지한 경우에 이 비판은 더 호응을 받았다. 혁명의 자기억제가 야기한 또 다른 단점은 1990년의 경제이행 위기를 이겨낸 후 경제호황 시기에 별 혜택을 받지 못한 동유럽에서 극명하게 드러났다. 최근 폴란드, 헝가리, 루마니아에서는 대중영합적인 우익 세력이 정치적 영향력을 얻게 되어 선거에서도 승리했는데, 이들은 정당하지 않다고 느끼는 사회관계의 원인을 1990년 이후 제대로 된 책임추궁을 받지 않은 '공산주의자'가 어느새 자유주의 정당을 포함한 '정치적 기득권 체제'에 스며들었다는 사실에서 찾았다. 자본주의 질서에 내재된 이익집단 간의 갈등을 잘 풀어나갈 수 있는 정치역량이 이미 오래전에 사라진 대신 갈등을 부추기는 대중영합주의에 의해 대체되는 상황이 민주주의의 기초가 약한(Pickel, 2006) 기존 사회주의 국가에서 지속적으로 나타나고 있다(Varga and Freybert-Inan, 2009).

요약하면, 정권교체 시 또는 그 이후에 구권력 엘리트를 얼마나 적절하게 처리했는지에 대한 문제는 동유럽의 '혁명세력'과 신정치 엘리트를 확실한 '해결책'이 없는 딜레마에 봉착하게 했다. 자기억제의 실천방법이 역사적으로 볼 때 과거의 과격한 실천에 비해 평화롭고 사회통합적인 효과가 있음이 밝혀졌지만 '정의문제'로부터 벗어날 수 없다. 이 문제는 공산주의 정권의 불법적 지배체제의 희생자들이 받아들이기 어려울 뿐 아니라 정치경합에서 민주주의를 해치는 대중영합적인 세력들에게 유리한 도구가 될 수 있다.

이 같은 딜레마는 원칙적으로 동독에도 존재한다.[5] 그러나 서독·동독의 독특한 상황 때문에 이를 어떻게 해결해나가는가의 제반조건이 여타 사회주의 이후의 국가와 달랐다. 한편으로는 1990년 10월 독일 통일 이후 국가행정, 경제, 군, 경찰, 사법부, 미디어, 학문과 교육 분야의 상당히 많은 영역이 재빠르게 서독 인력으로 채워졌다. 그래서 과거정권에서 지도적 위치를 차지했던 인력 풀을 활용하지 않는다면 도대체 신질서 확립에 필요한 기능 엘리트를 어디에서 충원해야 하느냐는 물음은 동독에서는 문제가 되지 않았다. 서독 제도체계의 동독 사회로의 신속한 적용과 동독에서 서독 인력의 중요한 자리 점령으로 인해 동독 권력 엘리트에 대한 법치국가적 원칙에 의한 개인적 형사처벌이 어렵지 않았음은 의심할 바 없다. 그에 따라 이웃나라에 비해 혁명의 자기억제가 대중영합적인 도구로 전락하는 위험도 줄일 수 있었다. 더 나아가 독일 통일의 결과 동독 역사에 대한 공론적이고 학문적인 논쟁을 위해 다른 나라에서는 접근하기조차 어려운 충분한 자료들이 제공되었다. 다른 한편으로, 동독 사회는 신속한 통일을 위한 결정으로 정치적 주권을 포기했다. 이렇게 함으로써 동독 정부의 국가범죄에 의해 권리를 침해받았던 동독 사회는 독자적인 법적 원칙에 따라 이 같은 범죄행위를 심판하고 범법자에게 정치적이고 도덕적인 책임을 물을 수 있는 가능성을 스스로 포기해버렸다.

이제부터 동독 권력 엘리트와의 다양한 관계 모델을 재구성해 보고, 그것들이 어떻게 과거정권의 몰락과 독일 통일 이후 서로 다른 생애 이력

---

5) 1990년 초 저명한 시민운동가는 의례적인 사법부로부터 독립된 '정치적 공개법정'을 설치하자는 주장을 제기하여 자기억제 실천방법의 정치적이고 도덕적인 결점에 대한 활발한 논의를 불러일으켰다. 이 법정의 임무는 구동독 정권 시절의 자의적 지배체제의 구조와 기능을 공개적으로 밝히고 그에 관련된 정치가와 행정관리들에게 책임을 묻는 것이었다. 이러한 논의의 주요 내용은 Schönherr(1991)을 참조.

에서 나타나는지를 살펴본다. 우선 기본개념을 정의하고 정권교체 때 발생한 중요한 사건들을 되새겨 본다. 그리고 동독 후반기 권력 엘리트의 여러 가지 범주를 살핀다. 본론에서 세 가지 모델의 생애전기를 실증적으로 재구성할 것이다.

2. 개념, 역사적 사건, 권력 엘리트의 범주

공산주의 지배체계에서는 일반적으로 정치 엘리트를 두 가지 타입으로 구분한다. 하나는 좁은 의미(최상위 노멘클라투라)인 지배 엘리트이고 다른 하나는 넓은 의미의 서비스 계급(행정계급)인 정치적 정부관리 엘리트이다 (Brie, 1996: 42).[6]

지배 엘리트의 특징은 모든 중요한 권력자원의 절대적 독점이다. 지배 엘리트는 사회발전의 모든 전략적 결정을 내리는데, 권력분립이 없으므로 자의적으로 하위 기관이나 위원회의 업무에도 관여한다. 민주적이고 법치주의적 절차가 형식적으로는 운용되지만[7] 그들의 절대적 결정권한은 제도적으로 무제한적이고 실질적으로도 막강한 소련 권력에 의해서만 제약

---

[6] 권력 엘리트와 정부관리 엘리트의 구별에 대해서는 Hübner(1999) 참조.

[7] 피상적으로 보면 정치체계의 모습은 민주주의 국가와 비슷하다. 국민투표에 의해 인준되는 헌법, 복수의 정당, 정부 수반과 사법부의 수장을 뽑고 법을 제정하는 '선출된' 의회 등이 존재한다. 국가행정은 정부의 하위에 있다. 그러나 실질적으로는 모든 국가기관의 활동은 같은 업무를 관장하는 동독사회주의당 지도위원회의 통제를 받는다. 정치활동의 지침과 지도급 자리의 충원은 해당 사법부 또는 행정부 관계기관이 형식적으로 결정하기 이전에 동독사회주의당의 위원회에 의해 확정된다. 정당 간의 경쟁은 동독사회주의당의 지휘 아래 만들어지는 통일된 선거명부에 의해 유보된다.

받았다. 지배 엘리트는 정치국과 독일 사회주의 통일정당인 동독중앙위원회비서국에 몰려 있었다.

정치적 정부관리인 서비스 계급은 전략적 결정 과정에 참여하지 않고 다만 그 결정을 따를 뿐이다. 그들이 할 일은 경제, 미디어, 학문, 교육, 문화, 법, 외교, 안보, 국방 등을 망라한 개별적 사회분야와 정치영역에서 지배 엘리트의 지시를 수행하는 것이다. 그들은 권력자원의 지휘권력을 개별영역에서 행사하기 때문에 주민에 대한 당의 지배를 관철시키는 권력수단이며 행위주체이다. 정당성의 믿음으로 보장되거나 우월한 지위로 '매수한' 지배 엘리트에 대한 그들의 충성심은 국가사회주의의 지배구조를 유지하는 데 결정적 조건이었다.8) 서비스 계급은 넓은 의미에서 노멘클라투라이며, 주로 당, 국가기관, 군, 경찰, 정보기관, 학문기관, 정치·경제단체, 블록 정당의 지도부, 노동조합, 청년연맹 같은 대중조직에서 지도층을 형성했다. 기본적으로 지배 엘리트와 정부관리 엘리트는 국가정당에 권력이 집중된다는 점에서 같은 개념이라 할 수 있다. 지배 엘리트와 서비스 계급인 정부관리 엘리트는 비교적 명확하게 구분되는 개념이다. 그러나 이 개념 구분은 과거의 지배층 내에서 갈등이 불거져 나오고 정치지도층에 대한 서비스 계급의 충성심이 와해된 위기 시절에는 모호해졌다. 따라서 서비스 계급의 최상위 정치관리들도 '권력 엘리트'에 포함된다.

1989년 10월~11월의 '통일전환기'부터 1990년 10월 3일 독일 통일까지의 기간에 벌어진 정치적 관계의 변화는 아주 급격했다. 독일 통일 전에

---

8) 설립단계 세대, 예컨대 1925~1940년 사이에 태어난 하층계급 출신의 사람들은 1970년대까지만 해도 정권의 정당성에 대한 믿음은 사회적 신분 상승의 기회에 대한 감사함에 의해 확고했다. 그에 반해 1980년대 후반 서비스 계급에 속한 자들은 '늙은' 사람들에 의해 계급 상승의 통로가 막혀버렸다는 좌절감에 의해 충성심을 잃어버렸다.

이미 정치체계는 혁명적 붕괴과정에서 스탈린주의적 독재자에서 의회주의적인 자유민주주의로 변해 갔다.9) 모든 성공한 혁명과 같이 이 붕괴는 권력 엘리트의 변화로 특징지어진다. 엘리트 변화를 나타내는 1989~1990년 붕괴의 주요한 일자는 아래와 같다.

1989년 10월 18일 동독사회주의당 서기장 에리히 호네커, 정치국·중앙위원회 총서기 귄터 미탁(경제 담당), 요아힘 헤르만(공보·대중매체 담당)의 실각
1989년 11월 7일 빌리 스토프 총리 정부의 사임
1989년 11월 8일 동독사회주의당 중앙위원회 정치국의 사임과 새로운 선출(21명에서 11명으로 축소)
1989년 11월 18일 새로운 총리 한스 모드로프 취임
1989년 12월 3일 동독사회주의당 중앙위원회와 정치국의 사임과 해체
1989년 12월 7일 중앙원탁회의 시작
1990년 2월 5일 중앙원탁회의에 참가한 새로운 정당들에서 8명의 무임소 장관 영입하여 내각에 합류(제2기 모드로프 정부)
1990년 3월 18일 의회구성을 위한 첫 번째 선거
1990년 4월 12일 로타어 데메지에르 총리가 이끄는 최초의 자유정부 출범

동독 말년의 권력 엘리트는 크게 세 부류로 나뉘는데, 첫째 기존의 국가사회주의 지배 엘리트(구엘리트), 둘째 과도기 권력 엘리트, 셋째 민주적이고 정당성을 확보한 최초이자 마지막 권력 엘리트로 구분된다. 이들의

---

9) 이 같은 붕괴는 결정적으로 외부 요인들, 특히 브레즈네프 독트린의 폐기에 따른 것이다. 그럼에도 구체적으로 붕괴가 진행되는 과정에서는 다양한 국내 행동주체들의 상호작용에 의한 동력과 같은 내부 요인들이 특징적으로 작용했다. 이에 대해서는 Ettrich(1996)과 Pollack(2000) 참조.

1990년 이후 생애 이력은 3단계 권력 엘리트 범주 중에 어디에 속하느냐와 더 높은 엘리트로 상향 이동에 성공했는지에 따라 구분된다.

1) 동독의 구권력 엘리트

1989년 10월 18일~2월 3일 사이에 실각한[10] 구권력 엘리트는 52명이다. 좁은 의미의 지배 엘리트인 사회주의당 중앙위원회의 정치국 위원과 후보자이다. 여기에는 총서기 외에 11월 8일까지 존재한 정치국의 20명 위원과 5명의 후보자가 속하는데, 그중 9명은 중앙위원회 비서이다.[11] 또한 1989년 11월 8일에 새로 정치국 위원으로 선출된 위원과 후보자 5명도 포함되는데, 이들은 이전에는 당이나 국가기관의 지도급 정부관리 중 '2급'에 속했던 부류이다.

이들 31명 중 다수는 오랫동안 전문적 정부관리와 다양한 분야에 종사하는 정부관리로 활동하던 사람들인데, 국가수반인 총서기, 정부수반, 6명의 각료, 의회의장, 노동조합위원장, 15명의 동독사회주의당 지역지부장 중 8명을 들 수 있다. 구정치국의 위원이며 후보자인 이들은 평균 19.4년 동안 복무했으며, 그중 중앙위원회 비서의 근무연수는 22.4년이나 되었다.

---

10) 제시되는 모든 생애 이력에 관한 자료는 Müller-Enbergs(2009)에 의존했다. 그 밖에 국방부 차관에 관한 자료는 Ehlert and Wagner(2003), 동독사회주의당 정치국 구성에 관한 자료는 Herbst(1994)를 참조했다.
11) 중앙위원회의 비서는 각각의 담당영역이 있다. 2,000명이 넘는 인원이 일하는 중앙위원회의 40개의 영역별 부서와 분과 중 하나 또는 여러 개가 그들 휘하에 속한다. 그래서 중앙위원회 비서는 정치국 내에서 권력의 핵심 그룹을 이루는데, 이는 그들 휘하에 속한 부서들이 다른 위원들은 갖지 못한 자기들만의 핵심 지배권력 지식을 점유하고 있기 때문에 가능하다.

동독 수립 이후 총서기는 실질적으로 긴밀한 권력그룹에 속했다. 정치국에 속하지 않은 7명의 동독사회주의당 지역지부장은 모두 중앙위원회의 위원이다. 이들은 정부관리 엘리트의 상위 관리들로 분류된다. 정치국 소속은 아니지만, 권력유지를 위해 중요한 직에 있는 부류(그중 10명은 당중앙위원회 소속)인 14명의 국가 고위 관리에게는 내무, 외무, 법무 장관, 군 동원의 명령권을 가진 국가안보 담당의 국방차관, 경제조정 부서장 등이 속한다.12)

52명의 구권력 엘리트 중에서 통일전환기를 거치면서 5명이 과도기 엘리트로 충원되었으며 나머지 48명은 1989년 10월 18일~12월 3일 기간에 대규모 시위대의 압력과 동독사회주의당 기초당원들의 강렬한 저항으로 인해 권력 엘리트의 지위를 잃었다.

2) 과도기 권력 엘리트

이들은 1989년 11월 18일에서 1990년 3월 18일 사이에 나타났다. 11월 9일 동·서독 국경이 개방된 후의 대규모 동독 탈출의 압박 속에 의회는 1989년 11월 18일 한스 모드로프를 새로운 총리로 선출했다. 모드로프는 1989년 11월 8일 정치국 소속으로 선출되기 전에는 지방의 동독사회주의당 지부장이었기에 핵심적 지배 엘리트가 아니었다. 새 정부는

---

12) 경제조정 부서는 1966년 대외통상부에 설치되었지만 1972년 이후 당 총서기와 중앙위원회 경제비서관 직속이 되어 국가안보부의 통제를 받았다. 주 임무는 외환보유를 늘리는 것과 서방진영의 수출금지 품목에 속하는 하이테크 생산품을 조달하는 것인데, 이는 주로 서방국가에서 불법적으로 활동하고 있는 동독 기업에 의해 진행되었다. 경제조정 부서는 약 30억 마르크에 달하는 성과를 이루었으며 1980년대의 동독에 아주 중요한 경제적 활동을 했다.

동독사회주의당원이 다수였지만 더 이상 동독사회주의당 지도부의 권력 독점에 순응하지 않았다. 왜냐하면 11월 8일부터 업무를 시작한 '신'동독사회주의당 지도부는 처음부터 대다수 주민뿐 아니라 동독사회주의당 기간당원들에게서도 압박을 받아 지도부로서의 역할을 바로 잃고 말았다. 거기에 덧붙여 새 정부에 참여한 기존의 블록 정당들도[13] 인적구성을 쇄신하고 동독사회주의당 지배에서 벗어나기 시작했다. 모드로프 정부는 힘을 잃어가고 있던 사회당에 대해 이전의 스토프 정부보다 훨씬 많은 자율성을 가졌다. 그러나 동시에 정부의 정당성은 취약했고 자율성은 점점 다른 요인들에 의해 제한되었다. 한편으로는 스스로 민주적 정당성을 확보하지 못한 의회에 의해 모드로프 정부가 옹립되었다는 것이며, 다른 한편으로는 커져가는 민주주의 시민운동의 압박을 받아야 한다는 현실이었다.

1989년 12월 7일 중앙원탁회의가 생기면서 '이원 지배'의 국면으로 접어들었는데, 이로써 정부는 원탁회의에 참여한 정치세력들의 세력하에 놓이게 되었다. 물론 원탁회의는 형식상 권력행사의 정당성을 갖지 못했지만, 실질적으로 시민운동 세력을 대표하는 위원과 서독의 '자매 정당'으로부터 눈에 띄게 지원을 받고 있던 블록 정당을 대표하는 위원들은 '정당성의 길'을 밟을 수 있었다. 비록 원탁회의가 그 어떠한 입법적 또는 행정적 지위를 가질 수 없었지만, 실제로는 현실정치의 권력을 행사하는 '또 하나의 정부'(Thaysen, 1990: 141) 역할을 했다.[14]

---

[13] 통일전환기 이전 동독에는 동독사회주의당 외에 기독교민주당, 자유민주당(자민당), 국가민주주의당, 민주농민당 등이 존재했다. 1949년 동독사회주의당의 주도하에 동독이 세워진 이후 이 당들은 '민주주의 블록'의 이름으로 뭉쳤고 의회, 정부, 국가위원회에 하나의 당파로 참여했다. 1989년 12월 5일 자유민주당과 기독교민주당이 탈퇴함으로써 해체되었다.

[14] 동독사회주의당의 독점적 권력이 와해된 후에도 의회는 그 자체로 민주적 정당성을

위와 같은 맥락에 따라 과도기의 권력 엘리트는 세 가지 그룹으로 나누어볼 수 있다.

① 모드로프 정부의 구성원
② 중앙원탁회의에 참여하는 구정당의 상위 지도급 인사
③ 민주 시민운동에 의해 창당된 정당과 정치협력 기구에서 파견되어 중앙원탁회의에 참여하는 대변인과 1990년 2월 5일 '두 번째' 모드로프 정부로부터 무임소 장관으로 입각한 야당의 대표자

이상 과도기의 권력 엘리트로 분류되는 인원은 총 58명인데, 첫 번째 모드로프 정부의 구성원 29명과 1명의 최상위 관리, 10명의 구정당의 대표자 그리고 18명의 신야당과 정치협력 기구 대표자이다. 이 권력 엘리트들의 출신성분은 아주 다양하다. 모드로프 내각의 29명 중 11명은 이전 스토프 정부에서 이미 장관으로 재직했던 사람들이다. 나머지는 정부부처나 블록 정당의 차상위 위치에서 입각한 자들이다. 4명은 직업이 교수이면서 정치활동을 적극적으로 했던 자이다. 중앙원탁회의에 참여하는 구정권의 대표자들은 오랫동안 일선에서 활동했던 당의 주요 인사들이거나 정당에서 전혀 활동하지 않았거나 미미한 정치경력을 가진 사람들로서 정당 내의 개혁으로 당의 상위 그룹으로 부상한 사람들이다.

반엘리트를 대표하는 부류의 다수는 이미 1980년대 초부터 또는 그

갖지 못했고 주민들로부터도 인정받지 못했기 때문에 형식적으로만 정부를 견제하는 역할을 담당했다. 1989년 11월과 1990년 3월의 과도기에서 의회는 중앙원탁회의에서 결정된 것들을 실질적으로 '집행하는 기구'의 역할을 했을 뿐이다. 의회에서 높은 지위를 차지하고 있더라도 중앙위원회에서 높은 지위에 오르지 못했으면 과도기의 권력 엘리트나 당의 지도급으로 분류되지 못한다.

이전부터 개신교와 연관된 야당성격의 대안적 정치운동에 참여했다. 몇몇 은 1989년 가을에야 비로소 민주 시민운동에 가담했다. 과도기 권력 엘리트의 약 3분의 1은 과거의 정부관리 엘리트 출신이다. 또 3분의 1은 정치적 대안운동 출신이다. 58명의 10%에도 못 미치는 5명만이 통일전환기 전에 구권력 엘리트에 속했을 뿐이다. 58명의 정치인 중에서 4명이 첫 민주적 정당성을 부여받은 권력 엘리트15)가 되었으며 나머지 몇몇은 처음으로 자유투표에 의해 구성된 의회 의원이나 데메지에르 정부의 국가비서관과 같은 넓은 의미의 신정치 제도권에 소속될 수 있었다.

중앙원탁회의는 1990년 3월 12일 16차 전체회의를 마지막으로 해산했다. 1990년 3월 18일의 첫 번째 자유의회 선거를 기점으로 과도기 정부는 단지 행정기능만 담당하다가 4월 12일의 첫 번째 민주적 절차에 의해 선출된 정부가 들어서면서 해체되었다.

3) 민주적으로 선출된 동독 최초의 권력 엘리트

1990년 4월 12일~10월 2일에 등장했다. 1990년 3월 18일의 첫 자유선거로 치러진 의회선거의 결과로 연합정부가 들어섰는데, 이는 지체 없이 하나된 독일을 세우는 것이 목적이었다. 새 정부는 기본적으로 헬무트 콜 서독 총리가 제안했듯이, 동독이 서독 기본법 23조에 따라 서독에 흡수통일되는 방식을 지지했다.16) 새 정부의 기반은 전체의석의 75%(400

---

15) 기독교민주당의 로타어 데메지에르, 민주주의개혁당의 라이너 에펠만, 사회민주당의 발터 롬베르크, 자유민주당의 쿠르트 뷘세. 쿠르트 뷘세는 1967~1972년 법무장관으로서 각료회의 부의장을 맡았으며 끝까지 남았던 중산층의 사적인 기업을 국유화하려는 사회당과의 마찰로 인해 사임했다.
16) 흡수통일의 대안으로 두 개의 독일이 교류를 긴밀히 하면서 통일의 단계를 점진적

석 중 303석)가 넘는 의석을 차지하던 아래와 같은 계파였다.

기독민주당 · 민주주의개혁당	167석
독일사회주의연합	35석
자유주의연합[17]	23석
사회민주당	88석

정부를 구성하는 의회 의석의 과반수가 당 쇄신을 이룬 과거의 블록 정당인 기독민주당과 독일자유민주당 몫이었으며, 약 40%는 사회민주당을 비롯한 새롭게 창당된 정당이 차지했다. 과거 동독사회주의당의 뒤를 잇는 민주사회주의당은 16,4% 득표에 따라 66석을 차지하여 5.2% 득표에 21석을 차지한 시민운동연합과 같이 야당으로 전락했다. 여당이 넓은 지지율과 개헌에 필요한 다수를 확보하고 민주적 정당성을 갖추고 있다는 사실에 비추어 신정부의 24명과 2개 여당의 당수와 원내대표, 즉 28명[18]

으로 밟아 가는 방안이 논의되기도 했다. 이 같은 통일방안의 정점은 새 헌법을 출범하면서 전체 독일을 아우르는 국가를 세우는 결의를 하는 집회를 갖는 것이었다. 서독 기본법에서도 제시했던 이 같은 절차는 동독의 시민운동 대표자들로부터 선호되었지만 서독 의회나 동독 의회에서 다수의 지지를 받지 못했다.

17) 자유연합당에는 블록 정당인 자유민주당과 인민민주당, 신당인 독일포럼당(1990년 1월 27일 창당), 자유민주주의당(1990년 2월 4일 창당)이 속했다. 자유민주당, 독일포럼당, 자유민주주의당은 선거 전에 자유민주주의 대연합으로 합쳐졌다.

18) 1990년 8월 15일 총리는 3명의 장관을 해임했는데, 그중에는 사회민주당의 재무장관 롬베르크도 포함되었고, 이에 대한 반발로 사회민주당은 8월 20일 당 소속 장관 6명을 사임토록 했다. 그 자리를 대신할 정치인은 과거정부의 구성원이 아닌 경우에는 고려대상에서 제외했다. 1990년 7월 1일 발효된 서독과의 공동경제 및 화폐정책으로 인해 동독은 이미 국가의 주권을 상실하기 시작하여 그 후에 입각한 각료들을 권력 엘리트로 분류하는 것은 의미가 없다.

은 신권력 엘리트로 분류할 수 있으나 야당의원은 아니다.

여당의 혼합적인 출신성분은 처음으로 민주적 선출에 의한 권력 엘리트에 반영되었다. 28명 중 5명의 직업은 통일전환기 이전에 교회 관계기관에 종사했고 그중 2명은 1980년 야당 그룹의 오랜 활동가였다. 작은 단위 지방의 국가공무원을 직업으로 가졌던 부류의 비중은 아주 미미했다. 나머지는 국가기관에 속하지 않은 '정상적인' 학문영역(과학, 교육, 건강)에 종사했는데, 그들 중 상당수는 명예직으로 블록 정당 중간 수준의 지도층이었다. 동독 권력 엘리트가 어떻게 되었는가에 대한 궁금증은 과도기에 이미 권력 엘리트에 속했던 첫 민주적 엘리트에만 국한된다. 나머지는 통일 후 별다른 문제 없이 통일된 독일의 엘리트로 통합되었는데, 이들의 과반수 정도가 의회의원이나 지방정부 내지는 중앙정부에서 일했다. 나머지 반은 은퇴연령이 되지 않은 경우 괜찮은 직업을 새로 갖거나 이전의 일자리를 다시 찾았다. 2008년 독일의회는 데메지에르 정부의 구성원이었던 이들에게 독일 통일을 위한 공로를 연금으로 보상하기 위해 55세부터 월 650~800유로에 달하는 명예연금을 제공할 수 있는 법을 제정했다.

3. 생애 이력 모델

1) 연령과 직업 프로필

통일전환기와 독일 통일 이후 정치적이고 직업적인 통합에 대한 기대와 기회에 영향을 끼치는 기본요소는 연령과 직업 프로필이다. 이는 다양한 엘리트 범주와 그 각각에 속한 하위 그룹에 따라 확연한 차이를 보인다. 구권력 엘리트는 실각의 시점에서 평균연령이 최고점에 이르렀었고 그다

〈표 3-1〉 구동독 엘리트의 연금연령

범주	인원수	평균연령	연령대	연금연령과의 차이	연금연령에 속한 인원수
구권력 엘리트	52	63.7	37~82	-2.3	52명 중 17명
구정치국원	26	66.5	52~82	+1.5	26명 중 11명
신PB 구성원	5	59.1	37~61	-5.9	-
정부관리 엘리트	21	62.6	54~76	-2.4	21명 중 6명
과도기 엘리트	58	51.2	31~68	-13.8	58명 중 2명
정부	30	56.4	47~68	-8.6	30명 중 2명
구정치정당	10	50.5	41~61	-14.5	-
반엘리트	18	43.2	31~61	-21.8	-

음은 과도기 엘리트였다. 26명의 과거 정치국원 중 11명이 이미 연금연령을 넘어섰고, 4명만이 60세 미만이었다. 그래서 이들에게는 무엇보다 노후보장과 사회적 권위가 관심거리였고 직업적 통합은 관심 밖이었다. 정부관리 엘리트의 상위층도 비슷한 처지였는데, 21명 중 15명이 60세 이상이었다. 정년퇴직이 몇 년 남은 자들에게도 전문능력 보유 여부는 큰 의미가 없었다. 그들은 오랫동안 전문관리직으로 종사했지만 새롭게 형성된 정치적 역학관계에서 그들의 경험은 필요하지 않았기 때문이다.

52명의 구권력 엘리트 중에서 8명은 등용이 되었는데, 4명은 '신'정치국에 소속되었고 1명은 정부관리 엘리트가 되었다. 나머지 3명은 1989년 11월 과도기 엘리트로 편입된 구정치관리들이었다(<표 3-1> 참조). 과도기 엘리트의 경우 직업적 통합을 위한 상황이 전혀 달랐다. 특히 평균연령이 가장 젊고 정년까지 직업경력을 쌓을 수 있는 시간이 많이 남은 반(反)엘리트는 정당이나 국가기관이 아닌 직업분야에서 학자, 엔지니어, 신학자, 예술가 등으로 활동했다. 이들은 정치권 밖의 직업으로 재진입하는 데 비교적 유리한 조건을 갖추었다. 정부구성원과 원탁회의에 소속된 구정치정당 대표자의 약 4분의 3이 주로 경제 또는 지방행정 분야에서 오랫동안 전문직업적 정부관리로 활동했다. 구권력 엘리트와는 달리 이들은 정치권

밖의 직업을 갖는 데 유리한 경제 관련 또는 기술 관련 고등교육을 마쳤다. 정치정당의 전문관리는 특히 블록 정당의 대표들이 많았다. 정부구성원의 4분의 1과 구정치정당의 대표자는 이전에 학자 또는 법률가로 직업 활동을 한 사람들이었다.

연령과 직업 프로필은 직업적 통합에 꼭 필요한 요소였는데, 통일 후 사회적 지위획득에는 과거정권에서 어떤 엘리트 범주에 속했는가도 매우 중요했다. 구권력 엘리트는 거의 예외 없이 정치적·사회적인 제한에 묶여 있었는데, 사회적으로 다시 통합하려는 노력은 여러 가지 결과를 불러일으켰다. 과도기 엘리트는 이에 비해 훨씬 좋은 기회를 얻었는데, 이들 중에서도 시민운동의 대표자는 통일독일 사회에서 높은 평가를 받을 가능성이 컸다.

2) 정치적 · 사회적 제외(배제)

정치적이고 사회적 제한에 의한 배제는 구권력 엘리트의 경우에만 적용되는데, 1989~1990년에 이미 정치적 따돌림이 시작되었다. 51명의 동독 사회주의당 고위 관리 중 권력 엘리트의 특권을 누리던 30명은 1989년 12월 또는 1990년 1월에 동독사회주의당을 떠났고, 나머지는 축출과정이 끝나기 전에 사망했다. 이들은 정치적인 활동을 재개할 가능성이 원천적으로 제거되었으나, 단지 많지 않은 신봉자들에 의한 구공산주의 정당 또는 공동체에서 다방면의 여론 활동이나 동독사회주의당의 후계정당인 독일사회주의당에서 과격한 정치행위를 하곤 했다.[19] 1990년 두 명의

---

[19] 에리히 호네커는 재창당한 독일공산당에, 하거와 밀러는 서독의 독일공산당에 각각 가입했다. 세 명의 전직 장성은 과거의 동독 고위 관리 연합이나 연맹에서

고위 관리가 탈당했고[20] 7명은 동독사회주의당-독일사회주의당에 머물렀는데, 3명만이 눈에 띄는 활동을 했다. 이들 7명은 과도기 총리였던 모드로프 체제에서 고위직을 맡았을 뿐이다. 나머지 13명에 대한 자료는 전혀 없다.

구권력 엘리트의 사회적 지위의 하락은 연금청구권에서 잘 나타난다. 동독의 상위 관리와 국가안보 관련 정부부처의 직원에 대한 동독 시절의 특별복지 혜택이 정지되었으며, 연금도 동독 시절 평균임금의 70%에 대해서만 책정되었다. 이들에게 제공되는 사회보장은 아주 기본적인 노후보장에 그쳤다.[21] 기능정지와 정당축출의 형태로 진행된 과도기 엘리트의 정치적 제한은 세 가지 경우가 있었는데, 민주진영의 야당대표 두 명과 기독민주당 정치인이었다. 이들은 정보기관의 정보원으로 일했던 전력이 뒤늦게 발각된 경우이다.[22]

활동하기도 했다.
[20] 그중 한 명은 유일하게 동독사회주의당원이 아니면서 권력 엘리트였던 호이징어다.
[21] 연금법적인 차별은 수십만 명에 달하는 정부관리와 각종 학문단체의 책임자들에게 적용되었다. 1999년 독일연방헌법재판소는 이 조치를 일부 위헌 소지가 있다고 판결하여 동독에서 '국가에 밀접한' 직업종사자를 위한 노후보장책이 새롭게 제정되었다.
[22] 사회민주당의 뵈메, 민주주의개혁딩의 슈누르, 기독민주당의 키르허너가 그들이다. 정보기관의 정보원으로 암약했다는 공개적 비난은 마지막 총리였던 기독민주당의 데메지에르와 민주사회당 당수였던 기시에게도 쏟아졌지만 공식적으로 입증되지 않았다. 1991년 데메지에르는 이 같은 비난 때문에 사임했으나 기독민주당의 당원으로 공개적 활동을 했다.

3) 형사적 처벌

첫 번째 모드로프 정부 시절, 이미 동독 검찰은 동독사회주의당의 고위 간부들을 수사하여 확인된 자는 체포하기 시작했다. 수사대상은 직무남용, 부정부패, 불법적 특권을 포함한 국가자산을 횡령한 사람들이었다. 특히 1990년대 초에는 1989년 5월의 지방선거 결과 조작에 대한 처벌이 내려졌다. 1995년부터 동·서독 국경 탈주자를 사살한 사안에 대한 책임을 물어 동독사회주의당의 정치국원과 국방위원회위원들에 대한 일련의 소송이 있었다.[23] 구권력 엘리트 52명 중 29명이 처벌의 대상이었으며, 16명은 잠시나마 구속되기도 했다. 25건의 기소가 이루어졌으며, 17건은 감옥형의 판결을 받았다. 10건은 형사처벌되었고, 나머지는 집행유예로 처리되었으며, 10건은 건강상의 이유로 형사처벌이 조기 정지되었다

동독 시절의 범죄행위에 대한 사법적 절차는 독일 통일 이후에도 동독의 형사법을 준수했다. 이 조치는 독일 통일에 회의적인 동독 주민들로

---

[23] 동독 관리에 대한 형사처벌은 Fahnenschmidt(2000)와 Marxen and Werle(2000, 2002a, 2002b)에 자세히 기록되어 있다. 선거결과 조작으로 모두 76명이 처벌받았으며, 경우에 따라 몇 명씩 처벌대상이 되었다. 독일 통일 전에도 동독 사법부로부터 76명의 정부관리가 기소되었으며, 1990년 10월 3일 통일 후 독일연방 형사당국으로부터 82명이 처벌받았다(Marxen and Werle, 2000: 35~37). 직무남용과 부정부패로 28명의 정부관리가 동독 사법부로부터 기소되었으며, 독일연방정부로부터는 29명이 더 추가되었다(Marxen and Werle, 2002b: 37). 기소된 자 대부분은 중간 단계의 정부관리인지라 본문에서 설명한 권력 엘리트 범주에 속하지 않는다. 동·서독 국경에서 발생한 폭력행위로 2002년 중반까지 모두 457명이 독일연방사법부로부터 기소되었으며, 그중 331명이 실형을 받았다. 피의자의 30% 정도가 무혐의 처리되었으며, 다수는 집행유예로 풀려났다. 수적으로 보면 구동독 권력 엘리트는 소수에 불과하고, 직접 사살한 병사이거나 명령체계에서 중간 계급에 속한 장교가 대부분이었다(Marxen and Werle, 2002a: 37).

하여금 형사처벌을 이해시켰고 '승자의 사법부'라는 비난도 약화시켰다. 이는 범죄자로 판결받은 자에게 정치적 배제를 강화할 수 있게 했다. 6건의 과도기 엘리트에 대한 수사 중에서 2건은 중지되었고, 4명의 정치인이 집행유예 처벌을 받았다.24) 이들이 정치적 또는 직업적인 이력을 쌓는 데 눈에 띄는 손해를 입은 것은 극히 예외인 경우였다.

4) 통일된 독일 사회에서의 통합

'사회통합'은 한편으로는 일반적으로 인정된 사회참여 활동과 직업적 정치활동을 포함한 합법적 정치참여의 가능성, 다른 한편으로는 일반적 조건 틀 내에서 자유롭게 선택한 직업에 종사할 수 있느냐의 여부를 일컫는다. 앞에서 보았듯이 52명의 동독 구권력 엘리트는 불리한 처지에 있었고 독일연방사회에 융합하려는 의지도 약했다. 7명만이 1990년 이후 국회의원을 배출한 5개 정당 중 하나, 그것도 민주사회당 또는 좌파정당에 가입했으며, 단지 3명만이 눈에 띄는 정치활동을 했다. 동독사회주의당으로부터 축출된 2명의 고위 정부관리25)는 동독 역사에 대한 공개적 담론에 참여했다. 과거의 고위 정부관리를 대표하는 5명은 중요하지 않은 연합회 또는 출판업계에 몸담고 독일 통일과 독일연방의 법질서를 반대하는 활동을 했다.26) 이들 이외에 대부분은 1990년 이후 활동하기에는 나이가 많거

---

24) 모두 동독사회주의당과 민주사회당원인 베르그호퍼, 모드로프, 멘쉬는 1989년의 선거조작 때문에 처벌받았다. 민주주의개혁당원인 야당 정치가 쉬누르는 변호사로서 의뢰인을 고발한 혐의로 비난받았다.
25) 샤보브스키와 실러
26) 호이징어, 스트레렐츠, 브뤼너, 바움가르텐, 나이버, 쉬바니츠 등인데, 이들은 1993년 설립된, 형사적 처벌을 받은 동독 관리를 돕기 위한 공식단체인 GRH(법적·인도

나 형사처벌을 받은 관계로 공적인 활동을 완전히 접었다.

과도기 엘리트는 1990년 이후 독일연방사회에 잘 결속했다. 과도기 엘리트 58명 중 15명은 독일 통일 후 지방의회, 독일의회, 유럽연합의회 등에 선출되었거나 지방정부 관리로 임명받았다. 그중 다수는 소속당의 지도부 위치에 있었다. 이런 경우 구동독 정당이나 민주 시민운동의 대표자 간에 뚜렷한 차이가 보이지 않는다. 그 밖의 대다수는 학술분야, 경제, 공공 서비스 영역, 자유전문직, 기업인 등 전문직에서 삶을 영위하고 있거나 이전의 직업으로 복귀했다. 또 정치적·사회적으로 명예직을 맡기도 했다.

4. 나오는 말

지금까지 살펴보았듯이, 구권력 엘리트 대다수는 통일전환기 이후 사적인 생활로 돌아갔다. 독일 통일에 대한 그들의 입장은 좌절된 반대 또는 회의로 정의할 수 있다. 그러나 그와 같은 입장표명은 동독의 정치적 발전에 영향을 끼치지 못했다. 그들이 관심을 불러일으킨 경우는 그들에 대한 수사나 형사처벌이 보도되었을 때뿐이었다. 그들 중 소수만이 1990년 이후 회고록 또는 영향력이 미비한 활자 매체를 통해 역사적 발전과정에서 자신들의 역할에 관해 언급했다.

동독 시절의 시스템과 동독사회주의당을 위한 자신의 활동에 대해 진지한 태도로 비판적 토론을 하거나, 민주적 변화와 독일 통일을 기본적으로 수긍하는 가운데 구체적인 정치사회적 질서에 대해 정당한 비판을 하는

적 지원을 위한 기구), '붉은 여우'에서 활동하거나 글을 발표했다.

등의 입장표명을 하는 경우를 구엘리트에게서는 거의 찾아볼 수 없었다. 극히 예외적인 경우가 과도기 엘리트로 안착하여 정치개혁을 위한 활동을 펼친 정치관리들이다.

과도기 엘리트의 상당수가 통일전환기 몇 달 동안의 기간에는 동독의 민주사회주의적 개혁과 자주권을 강력히 지지했다. 그러나 대다수 주민의 변화 분위기, 후기 동독의 참담한 경제적 실상 공개, 소련 지도층의 입장표명 등에 의해 결국 그들도 독일 통일의 필연성을 인정하게 되었고, 동독 주민들의 민주적 선택에 굴복했다. 따라서 과도기 엘리트들의 비판은 주로 통일의 구체적 절차 같은 지엽적인 부분에 집중되었고, 나중에는 통일 독일의 경제사회적 관계에 대해 비판하는 데 집중했다. 그러나 이 같은 비판마저도 그들이 원칙적으로 수긍한 독일 헌법의 틀 안에서만 이루어졌을 뿐이다.

필자는 이처럼 다양한 동독 권력 엘리트의 통일전환기 이후 커리어가 대체적으로 독일 통일에 해롭지 않았다고 생각한다. 구권력 엘리트의 배제는 주로 동독 내적인 혁명동력과 동독 활동가에 의한 것이다. 통일 이후 주로 서독 활동가에 의해 추진된 배제정치는 이미 전환기 동독에서 도입된 정치적 프로그램을 단순히 계승한 것에 불과했으므로, 대다수 동독 주민의 호응을 얻었다. 구권력 엘리트의 경우와는 달리 과도기 엘리트의 사회통합은 비교적 성공적이다. 구체적 통일절차에 대한 회의가 있었음에도 통일을 위한 전환기에도 헌법을 위협할 만한 정치적 움직임을 모의할 동독 엘리트는 없었다.

통일독일 사회에서 동독 주민들이 겪었던 사회통합의 문제는 동독 권력 엘리트의 처리 과정과 그에 따른 저항과는 무관하다. 사회통합이 쉽지 않았던 이유는 학술, 교육, 경제, 미디어 등의 분야에서 동독 정부관리 엘리트가 서독의 대체인력에 의해 밀려나서 축출되던 현실에서 찾을 수 있다. 1990년대 상당히 많은 동독 주민이 '식민화'로 표현한 이 같은 현실 상황은 연구할 가치가 충분하지만, 아직은 단편적인 자료만 있을 뿐이다.

참고문헌

Beyme, Klaus von. 1994. *Systemwechsel in Osteuropa*. Frankfurt(Main).

Brie, Michael. 1996. "Staatssozialistische Länder im Vergleich." Helmut Wiesenthal(Hrsg.). *Einheit als Privileg*. Frankfurt(Main), S. 39~104.

Ehlert, Hans, Achim Wagner(Hrsg.). 2003. *Genosse General! Die Militärelite der DDR in biographischen Skizzen*. Berlin.

Ettrich, Frank. 2005. "Die Zerstörung des Zerstörten(Hegel). Der Zusammenbruch des Sozialismus sowjetischen Typs als sozialwissenschaftliches Problem." Brussig, Martin u. a. (Hsrg.). *Konflikt und Konsens: Transformationprozesse in ostdeutschland*. Opladen, S. 215~254.

Fahnenschmidt, Willi. 2000. *DDR-Funktionäre vor Gericht*. Berlin/Baden-Baden.

Herbst, Andreas, Winfried Ranke and Jürgen Winkler. 1994. "So funktionierte die DDR." *Lexikon der Organisationen und Institutionen*. Band 1-3. Reinbeck.

Hübner, Peter(Hrsg.). 1999. *Eliten im Sozialismus*. Köln.

Huntington, Samuel P. 1991. *The third Wave. Democratization in the Late Twentieth Century*. Norman, Oklahoma.

Karl, Terry L. and Philippe C. Schmitter. 1991. "Modes of transition in Latin America, Southern and Eastern Europe." *International Social Science Journal*, Vol. 43, No. 128, pp. 269~284.

Land, Rainer. 1991. Jeden überprüfen, alle kriminalisieren, keinen auslassen. "Zur Aufarbeitung von Staatsverbrechen. Anmerkungen zu Wolfgang Ullmann." Albrecht Schönherr(Hrsg.). *Ein Volk am Pranger?* Berlin, S. 42~52.

Marxen, Klaus and Gerhard Werle(Hrsg.). 2002a. *Strafjustiz und DDR-Unrecht. Dokumentation*. Band 2: Gewalttaten an der deutsch-deutschen Grenze. Berlin.

_____. 2002b. *Strafjustiz und DDR-Unrecht. Dokumentation*. Band 3: Amtsmissbrauch und Korruption. Berlin.

_____. 2000. *Strafjustiz und DDR-Unrecht. Dokumentation*. Band 1: Wahlfälschung. Berlin.

Müller-Enbergs, Helmut, Jan Wielgohs, Dieter Hoffmann, Andreas Herbst and Ingrid Kirschey-Feix(Hrsg.), 2009. *Wer war wer in der DDR. Ein Lexikon ostdeutscher Biographien.* 5. Ausgabe, Band 1-2. Berlin.

Pickel, Gert, Detlef Pollack, Olaf Müller, Jörg Jacobs(Hrsg.). 2006. *Osteuropas Bevölkerung auf dem Weg in die Demokratie.* Wiesbaden.

Pollack, Detlef. 2000. *Politischer Protest.* Opladen.

Schönherr, Albrecht(Hrsg.). 1991. *Ein Volk am Pranger? Die Deutschen auf der Suche nach einer neuen politischen Kultur.* Berlin.

Thaysen, Uwe. 1990. *Der Runde Tisch. Oder.* Wo blieb das Volk? Opladen.

Varga, Mihai and Annette Freyberg-Inan. 2009. "Demokratie okay, aber bitte nicht für alle? Demokratieunzufriedenheit und selektive Demokratie." Mittel- and Osteuropa. *Berliner Debatte Initial*, 20(4), S. 104~119.

부록 1: 독일연방공화국의 '기존' 권력 엘리트

1. 사회주의통일당 중앙위원회 정치국 위원 및 후보(1989년 10월 18일, 11월 8일 및 12월 3일)

〈부표 1-1〉 사통당 중앙위원회 비서(정치국 평균 재직기간: 22.4년)

번호	이름	출생연도/ 1989년 당시 나이	정치국 재직기간	부서/업무
1	Erich Honecker	1912/77	39	사통당 당서기/국가평의회 및 국방위원회 의장
2	Kurt Hager	1912/77	31	학술, 교육, 문화/정치국 이데올로기 위원회 위원장
3	Hermann Axen	1916/73	26	국제관계/정치국 외교위원회 위원장. 인민의회 외무위원회 위원장
4	Horst Dohlus	1925/64	13	당간부, Parteiorgane
5	Günter Mittag	1926/63	26	경제/정치국 경제위원회 및 예산 소위원회 위원장. 국가평의회 부의장
6	Ingeburg Lange(K)*	1927/62	16	중앙위원회 여성국 국장
7	Werner Jarowinski*	1927/62	26	무역 및 공급/인민의회 무역 및 공급위원회 위원장
8	Werner Krolikowsky	1928/61	18	농업/차관
9	Joachim Herrmann	1928/61	16	미디어 및 블록정당/정치국 선전위원회 위원장
10	Egon Krenz	1937/52	13	안전, 청소년, 스포츠, 법률문제/10월 18일~1989년 12월 3일까지 사무총장, 국가평의회 및 NVR 의장

* 1989년 11월 8일 중앙위원회에서 다시 정치국원으로 선출되었다. K는 정치국 후보를 의미한다. ZPKK는 중앙 당기위원회(Zentrale Parteikontrollkommission)의 약어이며 당 내부의 규율을 관할하고 있다. 이하 <부표 1-2>에 표시된 인물들도 이에 해당한다.

〈부표 1-2〉 기타 사통당 중앙위원회 정치국 성원 및 후보
(정치국 평균 재직기간: 19.4년, 당서기 포함)

번호	이름	출생연도/ 1989년 당시 나이	정치국 재직기간	직위
11	Erich Mielke	1907/82	18	국가안전부 장관
12	Alfred Neumann	1909/80	35	정부 국무위원
13	Erich Mückenberger	1910/79	39	중앙당기위원회(ZPKK) 위원장
14	Willi Stoph	1914/75	36	총리
15	Horst Sindermann	1915/74	26	인민의회 의장 국가평의회 부의장
16	Werner Eberlein*	1919/70	4	사통당 막데부르크 지역 위원장
17	Heinz Kessler	1920/69	3	국방부장관
18	Gerhard Schürer(K)*	1921/68	16	국가계획위원회 위원장, 정부 국무위원
19	Werner Walde	1926/63	13	사통당 코트부스 지역 위원장
20	Harry Tisch	1927/62	18	노동조합 위원장
21	Gerhard Müller(K)	1928/61	4	사통당 에어푸르트 지역 위원장
22	Hans-Joachim Böhme	1929/60	8	사통당 할레 지역 위원장
23	Günter Schabowski*	1929/60	8	사통당 베를린 지역 위원장
24	Siegfried Lorenz	1930/59	4	사통당 카를 마르크스 시 지역 위원장
25	Margarete Müller(K)*	1931/58	26	
26	Günter Kleiber	1931/58	22	제1부총리

1989년 11월 8일 새로 정치국에 선출된 사람들(1989년 12월 3일까지 재직)

번호	이름	출생연도/ 1989년 당시 나이	정치국 재직기간	직위
27	Hans Modrow	1928/ 61	-	사통당 드레스덴 지역 위원장
28	Johannes Chemnitzer	1929/ 60	-	사통당 노이브란덴부르크 지역 위원장
29	Wolfgang Rauchfuß	1931/ 58	-	주총리평의회 부의장(1989년 11월 7 일까지)
30	Wolfgang Herger	1935/ 54	-	중앙위원회 안전국 국장
31	Joachim Willerding	1952/ 37	-	자유독일청년연맹(FDJ) 인민의회 교 섭단체 위원장

2. 정치적 관료엘리트 수뇌부

〈부표 1-4〉 사통당 지역간부의 제1서기(사통당 중앙위원회의 모든 구성원)

번호	이름	출생연도/ 나이	재직기간	지역
32	Hans Albrecht	1919/70	21	Suhl
33	Herbert Ziegenhahn	1921/68	26	Gera
34	Horst Schumann	1924/65	19	Leipzig
35	Ernst Timm	1926/63	14	Rostock
36	Heinz Ziegner	1928/61	15	Schwerin
37	Günter Jahn	1930/59	13	Potsdam
38	Christa Zellmer	1930/59	1	Frankfurt(Oder)

〈부표 1-5〉 정부, 군부, 안전부의 기타 주요 간부

번호	이름	출생연도/나이	재직기간	활동
39	Friedrich Dickel*	1913/76	26	내무부
40	Oskar Fischer*	1923/66	14	외교부
41	Hans-Joachim Heusinger	1925/64	17	법무부(구동독 독일 자유민주당 당원)
42	Alexander Schalck-Golodkowski*	1932/57	23	상업조정 영역 책임자
국방부 차관				
43	Wolfgang Reinhold*	1923/66	17	공군 총사령관
44	Horst Stechbarth*	1925/64	17	육군 총사령관
45	Fritz Streletz*	1926/63	10	인민군 참모총장 국가안전부 사무총장
46	Horst Brünner*	1929/60	4	인민군 기무부장
47	Klaus-D. Baumgarten*	1931/58	10	전방부대 사령관
48	Theodor Hoffmann	1935/54	2	해군 총사령관
국가안전부 차관				
49	Rudolf Mittig*	1925/64	14	국가기관, 경제, 교통, 교회, 야당, 법조계, 자유독일청년연합 감시 담당
50	Gerhard Neiber	1929/60	9	군사행동 영역 담당
51	Werner Großmann	1929/60	3	정보부장(해외첩보)
52	Wolfgang Schwanitz*	1930/59	3	작전기술 담당

* 사통당 중앙위원회 위원 또는 후보.
음영: 1989년 11월 과도기 엘리트로 영입된 인물.

부록 2: 과도기 권력 엘리트

〈부표 2-1〉 '첫 번째' 모드로프 정부(1989.11.18~1990.5.2/12.4)

번호	이름	소속정당	재직기간	활동
1	Hans Modrow	SED/PDS	1928/61	주 정부 총리
2	Christa Luft	SED/PDS	1938/51	부총리/경제
3	Lothar de Maizière	CDU	1940/49	부총리/종교계
4	Peter Moreth	LDPD	1941/48	부총리/지역 국가기관
5	Lothar Ahrendt	SED/PDS	1936/53	내무
6	Gerhard Baumgärtel	CDU	1931/51	건설(1990년 2월 9일까지)
7	Gerhard Beil*	SED/PDS	1926/63	대외무역
8	Bruno Benthin	LDPD	1930/59	관광
9	Klaus-Peter Budig	LDPD	1928/61	과학기술
10	Hans Emons	SED/PDS	1930/59	교육
11	Oskar Fischer*	SED/PDS	1923/66	외무
12	Manfred Flegel	NDPD	1933/56	무역 및 자원조달
13	Karl Grünheid*	SED/PDS	1931/58	기계금속(1월 15일까지)/ 그 이후 경제개혁위원회 위원장
14	Gunter Halm	NDPD	1940/49	경공업
15	Hans-Joach. Heusinger*	LDPD	1925/64	법무(1월 11일까지)
16	Theodor Hoffmann	SED/PDS	1935/54	국방
17	Dietmar Keller	SED/PDS	1942/47	문화
18	Hans-Joachim Lauck*	SED/PDS	1937/52	기계금속(1월 15일부터)
19	Hannelore Mensch	SED/PDS	1937/52	노동과 임금
20	Uta Nickel	SED/PDS	1941/48	재무
21	Hans Reichelt*	DBD	1925/64	환경보호
22	Heinrich Scholz	SED/PDS	1933/56	교통
23	Gerhard Schürer*	SED/PDS	1921/68	기획위원회 위원장 (1990년 1월부터)
24	Kurt Singhuber*	SED/PDS	1932/57	중공업
25	Klaus Thielmann*	SED/PDS	1933/56	보건의료
26	Hans Watzek	DBD	1932/57	농업
27	Klaus Wolf*	CDU	1938/51	우편 및 통신
28	Kurt Wünsche	LDPD	1929/60	법무(1월 11일부터)
30	Wolfgang Schwanitz	SED/PDS	1930/59	국가안전국장(12월 14일까지)**

※ 1990년 2월 5일 야권 세력 출신의 8개 부 장관 영입과 함께 제2기 모드로프 정권(공식적으로 '국가적 책무를 지닌 정권')에 대해 논의되었다. 기존 내각 성원은 1990년 4월

12일 정권교체까지 관직을 유지했다.
* 기존 슈토프(Stoph) 정권의 성원.
** 국가안전부의 후속기관인 국가안전국 국장은 내각의 성원이 아니었으며, 내무부 소속 기관장이다. 국가안전국은 1990년 12월 14일 원탁회의 결정에 의해 대체기관 없이 청산되었다.
음영: 1990년 4월 첫 번째 민주적 권력 엘리트에 영입된 사람.

〈부표 2-2〉 중앙 원탁회의(1989.12.7~12.3, 1990.3.12)에 참석한 구당관료

번호	이름	소속정당	재직기간	활동
31	Gregor Gysi	SED/PDS	1948/41	당 총재(1989년 12월 9일 이후)
32	Wolfgang Berghofer	SED/PDS	1943/46	부 부총재(1989년 12월 9일 이후)
33	Lothar Bisky	SED/PDS	1941/48	
34	Günther Maleuda	DBD	1931/58	당 총재(1987년 이후), 인민의회 의장(1989.11.13일 이후)
35	Michael Koplanski	DBD	1934/55	당 부총재(1987년 이후), DBD 인민의회 원내대표(1989년 11월 이후)
36	Manfred Gerlach	LDPD	1928/61	당 총재(1967년 이후). 국가평의회 위원(1989년 12월 6일부터)
37	Hans-Dieter Raspe	LDPD	1937/52	당 사무총장(1987년부터)
38	Günter Hartmann	NDPD	1930/59	당 총재(1989년 11월 이후), NDPD 인민의회 원내대표(1986년부터)
39	Eberhard Stief	NDPD	1935/54	당 집행위원회 비서, ab Febr. 1990년 2월부터 정무 사무국장
40	Martin Kirchner	CDU	1949/40	사무총장(1989년 12월부터)
-	Lothar de Maizière	CDU	1940/49	당 총재(1989년 11월 10일 이후), 주 부총리

〈부표 2-3〉 중앙 원탁회의 당시 신 정치정당/사회단체의 대변인과 제2기 모드로프 정권의 장관들(대항 엘리트)

번호	이름	정당/단체	출생연도/연령	역할
41	Sebastian Pflugbeil*	신포럼(Neues Forum)	1947/42	노동위원회
42	Ingrid Köppe	신포럼	1958/31	대변인실
43	Reinhard Schult	신포럼	1951/38	노동위원회
44	Wolfgang Ullmann*	민주주의 지금 (Demokratie Jetzt)	1929/60	대변인실
45	Ulrike Poppe	민주주의 지금	1953/36	대변인실
46	Konrad Weiß	민주주의 지금	1942/47	대변인실
47	Walter Romberg*	사민당(SDP/SPD)	1928/61	
48	Ibrahim Böhme	사민당	1944/45	당대표
49	Martin Gutzeit	사민당	1952/37	사무총장
50	Rainer Eppelmann*	민주적 봉기 (Demokratischer Aufbruch)	1943/46	대변인
51	Wolfgang Schnur	민주적 봉기	1944/45	당대표
52	Gerd Poppe*	평화와 인권 (Frieden u. Menschenrechte)	1941/48	대변인
53	Wolfgang Templin	평화와 인권	1948/41	대변인
54	Matthias Platzeck	녹색동맹(Grüne Liga)	1953/36	대변인
55	Klaus Schlüter*	녹색동맹	1939/50	-
56	Carlo Jordan	녹색당	1951/38	대변인
57	Tatjana Böhm*	독립여성연맹 (Unabh. Frauenverband)	1954/35	조정관실
58	Thomas Klein	통합좌파연합 (Vereinigte Linke)	1948/41	대변인

음영: 1990년 4월 제1기 민주적 권력 엘리트로 영입된 사람들.

부록 3: 최초이자 최후로 민주선거를 통해 선출된 동독 권력 엘리트

〈부표 3-1〉 데메지에르(de Maizière) 정권의 구성원

번호	이름	정당/단체	출생연도/연령	역할
1	Lothar de Maizière	CDU	1940/50	총리
2	Peter Michael Diestel	DSU	1952/38	부총리
3	Klaus Reichenbach	CDU	1945/45	정무
4	Hans-Wilhelm Ebeling	DSU	1934/56	경제협력
5	Rainer Eppelmann	CDU	1943/47	국방 및 군축
6	Horst Gibtner	CDU	1940/50	교통
7	Regine Hildebrandt	SPD	1941/49	노동 및 사회
8	Jürgen Kleditzsch	CDU	1944/46	보건
9	Günter Krause	CDU	1953/47	정무 의회비서/통일협약 협상 시 동독 측 협상단장
10	Markus Meckel	SPD	1952/38	외무
11	Hans-Joachim Meyer	-	1936/54	교육
12	Gottfried Müller	CDU	1934/56	미디어정책
13	Gerhard Pohl	CDU	1937/53	경제
14	Peter Pollack	Parteilos	1930/60	농업
15	Manfred Preiß	BFD	1939/51	지자체
16	Sybille Reider	SPD	1949/41	상업 및 관광
17	Walter Romberg	SPD	1928/62	재정
18	Herbert Schirmer	CDU	1945/45	문화
19	Christa Schmidt	CDU	1941/49	가족 및 여성
20	Emil Schnell	SPD	1953/37	우편 통신
21	Karl-H. Steinberg	CDU	1941/49	환경보호/에너지
22	Frank Terpe	SPD	1929/61	연구 및 기술
23	Axel Viehweger	BFD	1952/38	건설 및 주택
24	Kurt Wünsche	BFD	1929/61	사법

〈부표 3-2〉 집권정당의 원내대표 및 당대표

번호	이름	원내교섭단체	출생연도/연령	당 직위
25	Rainer Ortleb	자유당 (Liberale)	1944/46	자유민주동맹(BFD) 당 대표
26	Richard Schröder	SPD	1943/47	-
27	Wolfgang Thierse	SPD (ab 21.8.90)	1943/47	사민당 당 대표

28	Hansjoachim Walther	DSU	1939/51	민주사회연합 당 대표
-	Günter Krause	CDU		
-	Lothar de Maizière	-		기독민주연합 당 대표

부록 4: 구권력 엘리트의 생애 경로(1989년 11월 이후)

〈부표 4-1〉 사통당 중앙위원회 비서

번호	이름	1989년 당시 연령/사망연도	당 직위	생애 경로
1	Honecker	77/1994	1989년 12월 제명 독일공산당(KPD)	1990년과 1993년에 구속 수감, 도주, 기소, 망명
2	Hager	77/1998	1990년 1월 제명 1995년 독일공산당(DKP)	연금생활, 1995년 기소, 건강상의 이유로 기소중지
3	Axen	73/1992	1990년 당내 징계	1989년 11월~1990년 1월 도주, 체포, 구속 수감, 건강상의 이유로 가석방
4	Dohlus	64/2005	1990년 1월 제명	연금생활
5	Mittag	63/1994	Ausschluss 11/1989	1989년 12월~1990년 8월 U-Haft, aus gesundheitlichen Gründen entlassen. 1991 Anklage, Verfahren wg. Verhandlungsunfähigkeit ausgesetzt. Rentner
6	Lange	62	1990년 1월 제명	연금생활
7	Jarowinski	62/1990	1990년 1월 제명	
8	Krolikowsky	61	1989년 12월 제명	1990년 5월 기소, 건강상의 이유로 기소유예
9	Herrmann	61/1992	1989년 11월 제명	조기퇴직, 연금생활
10	Krenz	52	1990년 1월 제명	1995년 기소, 1997년 6.5년 형 선고, 2000년 1월~2003년 12월 개방감옥 투옥. 실업, 다양한 경제활동, 연금생활. 평론가로 활동 중

<부표 4-2> 기타 구 사통당 중앙위원회 정치국 위원 및 후보

번호	이름	1989년 당시 연령/사망연도	당 직위	생애 경로
11	Mielke	82/2000	1989년 12월 제명	1989년 12월~1990년 3월 구속 수감. 1993년 6년 형 1931년 경찰 살해혐의로 선고. 1995년 가석방
12	Neumann	80/2001	1990년 1월 제명	1993년 고소장 접수, 1999년 기소정지
13	Mückenberger	79/1998	1990년 1월 제명	1995년 기소 및 재판, 1996년 기소 정지
14	Stoph	75/1999	1989년 12월 제명	1989년 12월~1990년 2월 구속 수감. 1991년 5월~1992년 8월 구속 수감 및 기소, 1993년 기소중지. 1990년 자산몰수, 1994년 혐의 인정
15	Sindermann	74/1990	1989년 12월 제명	1990년 1~2월 구속수감, 건강상의 이유로 가석방
16	Eberlein	70/2002	2002년까지 민주사회당 (PDS)	연금생활, 평론가로 활동 중
17	Kessler	69	1990년 1월 제명	1989년 12월 구속수감 후 무혐의 석방. 1991~1992년 구속수감, 1993년 9월 집행유예 7.5년 선고, 1998년 10월 가석방
18	Schürer	68	1990년 1월 제명	모드로프 정권 참여. 1990년 1~4월 구속 수감, 기소중지. 1993년 1월 26일 엔퀘테(Enquete) 위원회 25차 회의에 출석하여 증언. 연금생활 및 기업자문
19	Walde	63	1990년 1월 제명	조기퇴직, 연금생활
20	Tisch	62/1995	1989년 12월 제명	1989년 12월 체포, 1991년 5월 구속정지, 1991년 6월 1.5년 선고. 1995년 기소
21	G. Müller	61	1989년 12월 제명 독일공산당	1990년 6월 기소, 10개월 구속 수감, 1992년 징역 8개월 선고

번호	이름	연령	당 직위	생애 경로
22	Böhme	60	1990년 1월 제명	1989년 11월 기소, 증거불충분으로 무혐의처분, 1993년 기소, 무죄처분. 2000년 기소, 무죄선고, 재기소, 2004년 15개월 집행유예 선고. 1990년 이후 연금생활
23	Schabowski	60	1990년 1월 제명	1992~1999년 언론가로 활동. 1993년 1월 26일 엔퀘테(Enquete) 위원회 25차 회의에 증인으로 출석. 1997년 3년 형 선고 1999~2000년 9개월 개방감옥 수감, 사면, 2001년 기독민주연합(CDU) 지지
24	Lorenz	59	민주사회당 (PDS)	실직, 조기퇴직, 연금생활. 2000년 기소, 무죄처분, 재기소, 2004년 15개월 집행유예
25	M. Müller	58	1990년 1월 제명	연금생활
26	Kleiber	58	1989년 12월 제명	1989년 12월~1990년 5월 구속 수감, 기소중지, 실직. 1995년 기소, 1999년 7월 3년 형 선고, 2000년 9월 구속 수감. 연금생활

〈부표 4-3〉 신정치국 위원(1월 8일에서 1989년 12월 3일까지)

번호	이름	1989년 당시 연령/사망연도	당 직위	생애 경로
27	Modrow	61	PDS	1989년11월~1990년 4월 주 총리. PDS 명예총재. 1990~1994년 PDS 연방의회 의원. 엔퀘테(Enquete) 위원회 25차 회의에 증인으로 출석. 1993~1995년 10개월 집행유예(선거조작). 1999~2004년 유럽의회 의원
28	Chemnitzer	60	1989년 12월 제명	실직, 조기퇴직, 연금생활
29	Rauchfuß	58/2005	?	모드로프 정부의 국가비서. 신탁청 및 동독투자신탁 임직원
30	Herger	54	PDS	실직, 다양한 직업생활. 1998년 기소 후 20개월 집행유예
31	Willerding	37	PDS	기업자문회사의 대표이사(러시아·중국)

〈부표 4-4〉 기타 사통당 지부 사무총장

번호	이름	1989년 당시 연령/사망연도	당 직위	생애 경로
32	Albrecht	70/2008	1989년 12월 제명	1989년 12월부터 구속 수감, 1992년 10월에 22개월 징역형 선고, 1993년 9월 4.5년 형 선고, 94년 7월 5년으로 형기 연장, 1996년 11월 구속
33	Ziegenhahn	68/1993	1989년 12월 제명	연금생활
34	Schumann	65/1993	?	연금생활
35	Timm	63/2005	1989년 12월 제명	1990년 구속 수감, 1991년 15개월 징역형 선고. 조기퇴직
36	Ziegner	61	1989년 12월 제명	?
37	Jahn	59	1990년 4월 탈퇴	건강상의 이유로 요양기관으로부터 연금수령(Invalidenrentner)
38	Zellmer	59/2002	?	?

〈부표 4-5〉 기타 정부, 군부 및 국가안전부의 핵심 간부

번호	이름	1989년 당시 연령/사망연도	당 직위	생애 경로
39	Dickel	76/1993	?	연금생활
40	Fischer	66	?	모드로프 정권에 영입됨, 연금생활
41	Heusinger	64	1990년 4월 BFD 탈퇴	은퇴, GRH회원*
42	Schalck-Golodkowski	57	1993년 12월 제명	도주. 1989년 12월~1990년 1월 서베를린에서 구속 수감. 1996년 1월 집행유예 1년 선고(불법 무기 거래). 1998년 7월 16개월 집행유예 선고(무기 금수조치 위반). 불분명한 출처의 생활비 조달
43	Reinhold	66	?	은퇴
44	Stechbarth	64	?	1989년 은퇴. 1995년 기소 및 재판, 건강상의 이유로 재판 중단

45	Streletz	63	?	1990년 은퇴. 1991년 1월 구속 수감. 1993년 1월 5.5년 형 선고, 총 39개월 수감(부분적으로 개방감옥 수감). 1997년 10월 조기석방. 언론계 종사. 동독인민군(NVA)에서의 자신의 활동에 대한 지속적인 옹호와 장벽의 정당성 역설. 기존 군간부 네트워크에 적극 참여
46	Brünner	60/2008	?	1989년 은퇴. 1998년 7월 집행유예 2년 선고. 공산주의자 동맹인 붉은 여우(RotFuchs)에 적극 참여
47	Baumgarten	58/2008	PDS	1990년 은퇴. 1996년 6.5년 형 선고 후 수감(부분적으로 개방감옥 수감). 2000년 3월 사면. 출판계에서 활동 중, 과도기 정권에 대해 사후적으로 옹호
48	Hoffmann	54	PDS	모드로프 정부에 영입됨. 데메지에르 정부에서는 동독 인민군 참모총장. 1990년 조기은퇴. 1990~2003년 기업자문가로 활동(러시아). 증언활동에 적극적으로 참여
49	Mittig	64/1994	?	연금생활
50	Neiber	60/2008	?	연금생활. 1993년 탈주민 납치와 살인미수 혐의로 구속 수감. 출판계 종사
51	Großmann	60	?	연금생활
52	Schwanitz	59	?	1989년 12월까지 모드로프 정부 하에서 국가안보국(AfNS) 근무. 연금생활, GRH 적극 참여

* GRH: 법 및 인권지원협회(Gesellschaft für rechtliche und humanitäre Unterstützung). 형법에 의거 소추당한 구동독 핵심간부들을 지원하기 위해 1993년 설립된 공식 단체.

부록 5: 과도기 엘리트의 생애 경로(1990년 4월부터)

〈부표 5-1〉 모드로프(Modrow) 정부의 '첫 번째' 내각

번호	이름	당	연령/사망	생애 경로
1	Modrow	사회주의통일당(SED)/ 민주사회주의당(PDS)	61	<부표 4-3> 참조
2	Luft	SED/PDS	51	1990년 4월~10월 인민의회 의원-민사당(PDS). 1991~1995년 자유연구소 교수. 1994~2002 연방의회 의원-민사당(PDS).
3	de Maizière	기독민주당(CDU)	49	1990년 10월~12월 연방장관. 1990년 10월~1991년 9월 기독민주당(CDU) 부총재 겸 연방의회 의원. 국가안전부 협력의 비난 때문에 사퇴. 그 후 변호사, 저술활동
4	Moreth	자유민주당(LDPD)	48	기업자문가
5	Ahrendt	SED/PDS	53	1990년 4월~10월 국경수비대장 은퇴
6	Baumgärtel	CDU	51/1997	건축가
7	Beil	SED/PDS	63	1991~2007년 크룹(Krupp)사 자문. 11건 조사절차 일체 중지
8	Benthin	LDPD	59	자민당(FDP). 1990년 4월~10월 데메지에르 정부의 국무장관(Staatssekretär); 1995년까지 그라이프스발트(Greifswald) 대학 교수
9	Budig	LDPD	61	1990~1993년 켐니츠(Chemnitz) 공과대학 교수; 은퇴 후 기술기업 창립
10	Emons	SED/PDS	59	1990~1991년 독일과학아카데미 화학자; 그 후 슬로바키아, 미국, 중국에서 객원교수
11	Fischer	SED/PDS	66	<부표 4-5> 참조
12	Flegel	NDPD	56	자민당(FDP) 당원. 1990년 조기은퇴
13	Grünheid	SED/PDS	58/2004	?

14	Halm	NDPD	49	1990~1991 신탁관리청 이사
15	Heusinger	LDPD	64	<부표 4-5> 참조
16	Hoffmann	SED/PDS	54	<부표 4-5> 참조
17	Keller	SED/PDS	47	1990~1994 연방의회 의원-민주사회주의당. 그 후 원내 활동. 2002년 당 탈퇴
18	Lauck	SED/PDS	52	?
19	Mensch	SED/PDS	52	1993년 1년간 집행유예 선고(선거부정)
20	Nickel	SED/PDS	48	1990년 기업 자문. 1991년 이후 부동산개발 자영업자
21	Reichelt	민주농민당(DBD)	64	1990년 당 탈퇴, 은퇴. 1994~2003년 법적 및 인권 지원 협회(GRH) 회장 역임
22	Scholz	SED/PDS	56/2003	?
23	Schürer	SED/PDS	68	<부표 4-2> 참조
24	Singhuber	SED/PDS	57/2005	?
25	Thielmann	SED/PDS	56	1991~1992 훔볼트 대학교 교수. 그 후 2004년까지 포스트 소비에트 지역에서 유럽부흥개발은행(EBRD)과 유럽연합을 위한 프로젝트 자문
26	Watzek	DBD	57	1990년 당 탈퇴. 1991년 조기은퇴. 민주사회주의당(좌파당)에서 활동
27	Wolf	CDU	51	?
28	Wünsche	LDPD	60	?
30	Schwanitz	SED/PDS	59	부록 4의 <표 1-5> 참조

〈부표 5-2〉 중앙원탁회의에 참석한 구 정당 핵심 간부

번호	이름	당	연령/사망	생애 경로
31	Gysi	사회주의통일당(SED)/민주사회주의당(PDS)	41	1990년 4월~10월 인민의회에서 민주사회주의당 원내대표. 1990~2002년, 2005년~현재 연방의회 의원, 원내대표. 2002년 베를린 주 정부 경제장관(Wirtschaftssenator)
32	Berghofer	SED/PDS	46	1990년 1월 민주사회주의당 탈퇴. 1990~2004년 기업의 자문. 1992년 1년간 집행유예 선고(선거부정). 2004년 이후 한 지방기업의 이사장
33	Bisky	SED/PDS	48	1990~2005년 브란덴부르크 주의회에서 민주사회주의당 원내총무. 1993~2000년과 2003년 이후 당 대표. 2005년 9월 연방의회 의원. 2009년 이후 유럽의회 의원
34	Maleuda	민주농민당(DBD)	58	1990년 당 탈퇴. 1994~1998년 연방의회의원-민주사회주의당
35	Koplanski	DBD	55	1999~1991년 기독민주당 당원. 탈퇴 후 조기은퇴
36	Gerlach	자유민주당(LDPD)	61	자민당(FDP). 1992년 제명절차 시작. 1993년 탈퇴. 2000년 1947년 소비에트 관청에 밀고한 사건으로 피소, 건강상의 이유로 중지.
37	Raspe	LDPD	52	자민당(FDP). 1991~2002년 자민당 프리드리히나우만재단의 개발정책 자문
38	Hartmann	민족민주당(NDPD)	59	자민당(FDP). 조기은퇴
39	Stief	NDPD	54	1990년 5월~10월 데메지에르 정부의 국무장관. 통일조약 협상에 참여. 1990~1994 작센안할트 주 정부의 국무장관
40	Kirchner	기독민주당(CDU)	40	1990년 4월-10월 인민의회 의원-기독민주당. 1990년 8월 국가안전부 협력 때문에 국무장관 사직, 당 탈퇴. 1990년 이래 변호사, 자유경제에서 활동

〈부표 5-3〉 신당과 정치단체의 대표(대항 엘리트)

번호	이름	당	연령/사망	생애 경로
41	Pflugbeil	신포럼 (NF: Neues Forum)	42	1990~1994년 베를린 주의회 의원-신포럼. 그 후 유럽연합 위탁 체르노빌 프로젝트 1999년 방사선보호협회 회장
42	Köppe	NF	31	1990~1994년 연방의회 의원-동맹 90, 연구. 2000년 이후 변호사
43	Schult	NF	38	1991~1995 베를린 주의회 의원-신포럼. 그 후 일시적으로 실업자. 다양한 시민운동단체에서 활동, 촌락의 시장
44	Ullmann	민주주의 지금(DJ: Demokratie Jetzt)	60/2004	1990년 4월-10월 인민의회 부의장. 1990~1994년 연방의회 의원-동맹 90. 1994~1999년 유럽의회 의원.
45	Ulrike Poppe	DJ	36	1990년 4월~10월 인민의회 의원-동맹90. 1992년 이후 복음주의 아카데미 연구이사, 녹색아카데미 회원
46	Weiß	DJ	47	1990~1994년 연방의회 의원-동맹 90. 그 후 계속 정치활동
47	Romberg	동독사회민주당(SDP)/ 사회민주당(SPD)	61	1990년 4월~8월 데메지에르 정부의 재무장관. 1990~1994년 유럽의회 의원. 그 후 프로젝트 자문, 사회민주당 교육기관의 장
48	Böhme	SDP/SPD	45/1999	1990년 4월 인민의회 사회민주당 원내대표. 국가안전부 협력의 비난 때문에 사임. 1992년 당에서 제명됨
49	Gutzeit	SDP/SPD	37	1990년 4월~10월 인민의회 의원-사회민주당. 1993년 이래 국가안전부 서류에 대한 베를린 주 관리위원
50	Eppelmann	민주주의 출발(DA: Demokratie Aufbruch)	46	4월~10월 데메지에르 정부의 국방장관. 1990년~2005년 연방의회 의원-기독민주당. 1994~2001년 기독민주당 노동자연합회 의장

51	Schnur	DA	45	1990년 국가안전부 협력 때문에 당에서 제명됨. 1990~1993년 변호사, 이후 면허 박탈. 그 후 투자자문 역임. 1996년 1년간 집행유예 선고(의뢰인의 밀고)
52	Gerd Poppe	평화인권 이니셔티브 (IFM: Initiative für Frieden und Menschenrechte)	48	1990년 4월~10월 연방의회 의원-동맹90. 1990~1998년 연방의회 의원. 1998~2003년 연방정부 인권위원
53	Templin	IFM	41	1991~1992년 주로 동맹90에서 활동, 그 후 박물관에서 일함. 1997년 이래 정치교육 부문에서 자유직으로 활동, 시사평론가로서 활동.
54	Platzeck	녹색동맹 (GL: Grüne Liga)	36	1990년 4월~10월 인민의회 의원-동맹90. 1990~1998년 브란덴부르크 주 환경부장관. 2002년 이래 브란덴부르크 주지사. 2005~2006년 사회민주당 연방대표
55	Schlüter	GL	50	1990~1994년 메클렌부르크 주의회 의원, 이후 실업자. 1999년 연금생활자, 환경분야에서 활동.
56	Jordan	녹색당 (GP: Grüne Partei)	38	1990년 5월~12월, 1994~1995년 베를린 주의회 의원-동맹90. 정치교육 부문에서 자유직으로 활동
57	Böhm	독립여성동맹(UFV: Unabhängiger Frauenverband)	35	1990년 6월~10월 인민의회 의원-동맹90. 1992년 이래 브란덴부르크 주 사회부 책임보고위원(Referatsleiterin)
58	Klein	좌파연합 (VL: Vereinigte Linke)	41	1990년 4월~10월 인민의회 의원-좌파연합. 1995년 이래 포츠담 현대사 연구센터 연구원

부록 6: 독일민주공화국 권력 엘리트의 자서전적 출판물

1. 구권력 엘리트

Axen, Hermann. 1996.『나는 당의 머슴이었다. 노이베르트와의 자전적 대화』(Ich war ein Diener der Partei. Autobiogr. Gespräche mit H. Neubert). Berlin.

Baumgarten, Klaus Dieter. 2008.『기억. 독일민주공화국 국경부대장의 자서전』(Erinnerungen. Autobiographie des Chefs der Grenztruppen der DDR). Berlin.

Eberlein, Werner. 2000.『11월 9일에 출생』(Geboren am 9. November). Berlin.

Großmann, Werner. 2001.『본을 보며. 그 마지막 우두머리의 시각에서 본 독일민주공화국 계몽주의』(Bonn im Blick. Die DDR Aufklärung aus der Sicht ihres letzten Chefs). Berlin.

Honecker, Erich. 1994.『파멸. 반대심문 받는 호네커』(Der Sturz. Honecker im Kreuzverhör). Berlin(Interview Band von R. Andert and W. Herzberg, 1990). *Moabiter Notizen*. Berlin.

Hager, Kurt. 1996.『기억』(Erinnerungen). Leipzig.

Hoffmann, Theodor. 1995.『명령 동해. 수병에서 제독까지』(Kommando Ostsee. Vom Matrosen zum Admiral). Berlin.

_____. 1993.『마지막 명령. 한 장관이 기억하다』(Das letzte Kommando. Ein Minister erinnert sich). Herford.

Krenz, Egon. 2009.『장벽이 무너지면』(Wenn Mauern fallen). Berlin.

_____. 2006.『말대꾸』(Widerworte). Berlin.

Keßler, Heinz. 1996. 『사물과 인물에 대해』(Zur Sache und zur Person). Berlin.

Modrow, Hans. 2007. 『역사적 사명에서. 도중에 있는 독일 정치가로서』(In historischer Mission. Als deutscher Politiker unterwegs). Berlin.

_____. 1998. 『나는 새로운 독일을 원했다』(Ich wollte ein neues Deutschland). Berlin.

Neumann, Alfred(von Neumann nicht autorisiert). 1996. Siegfried Prokop: 『정치국의 떠들썩한 요정』(Poltergeist im Politbüro. S. Prokop im Gespräch mit A.N. Frankfurt, Oder).

Schabowski, Günter. 1994. 『유토피아와 작별』(Abschied von der Utopie). Stuttgart.

_____. 1990. 『정치국. 신화의 종언』(Das Politbüro. Ende eines Mythos). Befragung. Hrsg. von F. Sieren und L. Köhne. Reinbeck.

Schürer, Gerhard. 1995. 『감행과 상실』(Gewagt und verloren. Eine deutsche Biographie). Frankfurt(Oder).

Stechbarth, Horst. 2006. 『동독의 병사: 기억과 체험』(Soldat im Osten. Erinnerungen und Erlebnisse aus fünf Jahrzehnten). Hüllhorst.

2. 과도기 엘리트

Beil, Gerhard. 2009. 『대외무역과 정치. 한 장관이 기억하다』(Außenhandel u. Politik. Ein Minister erinnert sich). Berlin.

Berghofer, Wolfgang. 2001. 『나의 드레스덴의 해』(Meine Dresdner Jahre). Berlin.

Bisky, Lothar. 2004. 『그 많은 꿈: 나의 삶』(So viele Träume: Mein Leben).

Berlin.

Eppelmann, Rainer. 1993. 『내 집의 낯선 사람, 다른 독일에서의 나의 삶』 (Fremd im eigenen Haus. Mein Leben im anderen Deutschland). Köln.

Gysi, Gregor: Irene Runge. Uwe Stelbrink und Gysi Gregor. 1990. 『나는 반대한다』("Ich bin Opposition."). Zwei Gespräche. Berlin.

Ullmann, Wolfgang: Bernhard Maleck. Wolfgang Ullmann. 1991. 『나는 침묵하지 않을 것이다』("Ich werde nicht schweigen."). Gespräche. Berlin.

제4장

독일 통일 전후 노조통합과 한국에의 시사점*

이승협(대구대학교)

1. 들어가는 말

1989년 베를린 장벽이 무너진 후 진행된 일련의 급격한 통일과정은 분단의 현실 속에서 사는 우리에게 통일에 대한 많은 것을 대리경험하게 해주었다. 막연한 감성적 기대 속에서 진행되어 오던 수많은 통일논의가 독일 통일의 경험을 통해 상당히 구체화되고 현실화되었다. 민족분단의 '고통'을 극복하는 과정으로서 통일론에 대한 논의와 더불어 통일과정에서 벌어질 혼란 극복과 체제이행에 대한 통일 후 이행과 체계통합에 관한 논의로 쟁점이 확산될 수 있었다. 그 결과 총체적 통일방안에 대한 논의와 더불어 경제적·사회적 통합을 비롯한 각 부문 간 통일의 문제가 많이 다루어졌다. 이러한 현상은 상당히 긍정적인 것으로 볼 수 있다.

그러나 아쉽게도 현재 한국에서의 통일 후 체계통합에 관한 논의는

---

* 이 글은 ≪산업노동연구≫, 제16권 2호에 발표한 논문을 수정·보완한 것이다.

충분히 구체적이지 않다. 통일 후 체계통합에 관한 논의가 통일비용과 경제통합에 집중되어 있기 때문이다. 필자는 통일 후 통합 과정에 대한 논의는 제도적 통합에 관한 논의로부터 시작되어야 한다고 생각한다. 사회주의적 시장경제 제도를 이제 막 도입하고는 있지만 여전히 사회주의 경제체제인 북한과 통일이 이루어진다면, 남한 체제로의 전환이 현실적인 문제로 다가오게 될 것이다. 그렇다면 북한의 시장체제로의 변환은 어떻게 진행되어야 할 것인가? 더 나아가 정치체제 및 사회체제의 통합은 어떠한 방식으로 이루어질 수 있을 것인가? 통일 후 발생할 혼란을 최소화하기 위해서는 정치체제·경제체제·사회체제의 이행과 통합에 관한 논의가 총괄적인 수준에서보다는 하위 영역별로 좀 더 활발하게, 그리고 구체적으로 이루어질 필요가 있다.

따라서 이 글은 통일 후 통합 과정에서 발생할 수 있는 문제점과 해결방식을 외국 사례를 통해 간접적으로나마 살펴보고, 이러한 외국 사례로부터 우리나라에 적용될 수 있는 함의를 도출해보고자 한다. 지금까지 독일 통일과 노동조합 운동의 경험에 대해서는 충분한 고찰이 이루어지지 않았다. 독일 통일의 일반적 경험은 매우 중요하지만, 개별 사회집단의 조직적 통합 문제 역시 중요하다. 국가적 통합이 총체성의 획득이라면 부문별 통합은 구체성의 획득 과정이다. 이러한 점에서 독일 통일 과정에서 독일 산별 노총의 역할 및 활동방향은 우리의 관심사가 되기에 충분하다. 이 글이 독일 통일의 여러 영역과 측면 중에서 노동조합을 주로 살펴보는 이유는 통일 후 통합 및 이행과정이 단순히 국가와 경제의 행위영역에 속하는 것만이 아니기 때문이다. 통일 후 통합과 이행과정에서 불가피하게 시민사회의 다양한 주체들이 부문별·조직별·영역별 통합의 규범과 제도를 만들어가게 될 것이다. 따라서 통일 후 논의에는 국가의 행위뿐만 아니라 시장의 주체인 기업과 더불어 시민사회를 통합 및 이행의 주체로서 포함시켜야 할 것이다.

이 글은 이러한 문제의식에 기초하여 독일 통일 후 경제통합 및 사회통합의 중요한 부분으로서의 독일노동조합총연맹(이하 독일노총)이 행한 역할을 '연대적 동질화 전략'이라는 관점에서 구체적으로 살펴본다. 또한 통일 이후 노조통합의 과정에서 발생하는 두 가지 문제, 즉 조직적 통합과 인적 통합의 문제를 구동독 권력 엘리트의 사회적 지위변화라는 관점에서 분석한다.

2. 기존 연구

독일이 통일된 지 약 15년이 지난 지금 독일 사회는 정치, 경제, 사회, 문화 등 각 하위 영역에서의 체제통합과 체제이행의 과정을 끝마쳤다고 볼 수 있다. 그러나 현재까지 완결된 체제통합과 체제이행은 구서독 체제와 제도를 구동독 지역에 이식하는 과정이었다. 따라서 제도적 이식 이후 제도라는 구조에 적응하는 행위자로서의 인간의 문제가 다양한 방식으로 드러나고 있다. 최근 들어 빈번하게 노출되고 있는 사회통합의 문제는 통일이 단지 제도와 구조의 완결로서만 끝나지 않음을 잘 보여주고 있다. 중요한 것은 제도와 구조가 제공하는 공간에서 행위자들이 구체적으로 어떻게 상호작용하고, 어떠한 전략적 선택을 하느냐이다. 이러한 점에서 통일은 하나의 체제 통합이 아닌 다양한 하위 체계의 통합이라는 관점에서 봐야 할 필요성이 제기된다.

하위 체계 중 하나로서 노동시장의 영역 역시 제도적인 차원에서는 구서독 지역의 제도가 거의 그대로 구동독 지역에 이식되었다. 그런데 노동시장의 각 영역에서 제도적 통합과 관련 행위자들의 전략적 선택행위가 어떻게 상호작용하면서 체제의 통합이 이루어지고 있는가에 대한 연구는 별로 이루어지지 않고 있다. 노동시장의 통합은 주로 실업과 고용, 그리고 노동시장 정책의 문제로 환원되어 조사·연구되고 있다. 노동시장의 주요 내용인 임금이 구서독과 구동독 지역에서 어떻게 변화되고 있고, 이러한 노동시장의 통합 과정에서 어떤 경로를 거쳐 어떠한 행위자들의 전략적 행위의 결과로 현재의 임금동질화 과정이 진행되고 있는지에 관한 연구는 극히 부족하며, 그나마 임금통계에 기초한 임금수준과 임금구조에 관한 연구에 머물고 있다(Bird, Schwarze and Wagner, 1998: 390~400; Krueger and Pischke, 1999; Steiner and Bellman, 1999: 539~560). 또는 단체협약에 기초해 구동독 지역에서의 실질임금 추이를 분석하고 있다(Bispinck, 1994: 154~165). 통일 후 구서독 지역과 구동독 지역의 임금동질화 과정을 분석하여, 동질화를 가져온 요인을 본격적으로 분석한 연구로는 부르다·슈미트의 구동독과 구서독 지역 임금격차 연구와 슈타이너·바그너의 임금동질화 연구를 들 수 있다(Burda and Schmidt, 1997; Steiner and Wagner, 1997; Zentrum für Europäische Wirtschaftsforschun, 1997). 이 두 연구는 시기적으로 각각 1990~1993년과 1990~1995년만을 다루고 있다. 통일 후 전 시기를 포괄하지 않고 일부 시기에 한정되어 있을 뿐만 아니라, 임금동질화 과정의 한 부분, 예를 들면 연령집단 간 차이에 집중함으로써 임금동질화를 가져온 행위자의 전략적 선택이라는 요인을 고려하지 않고 있다는 한계를 가진다.

따라서 이 글에서는 기존의 노동시장 통합과 관련하여 조사된 데이터 및 분석연구를 토대로 하여, 행위자로서의 독일노총이 어떠한 전략을 가지고 노동시장 통합 과정에 개입했으며, 이러한 독일노총의 노동시장 정책이 독일 노동조합의 조직확장 전략과 어떻게 연계되어 전개되었는지를 살펴보고자 한다

3. 독일 통일과 노동시장 통합

1) 체계통합으로서 노동시장 통합

독일 통일은 예고 없이 누구도 기대하지 않던 중에 공산주의 국가의 내부 붕괴와 더불어 갑자기 현실이 되었다. 따라서 독일 통일은 체계적으로 준비된 통일이 아니라 정치적 입장에 따른 전략적 이해관계에 따라 진행되었다. 독일 통일이라는 정치적 혼란기를 집권연장의 관점에서 바라본 헬무트 콜 전 총리의 보수당은 즉각적인 통일을 주장했다. 반면 오스카 라퐁텐(Oskar Lafontaine)을 중심으로 정권탈환을 노리던 사회민주당은 통일단계론을 주장했다. 하지만 통일을 갈망하던 동독 주민들이 "우리가 인민이다(Wir sind das Volk)"라며 즉각적인 통일을 요구하고, 영토 내에서 권력을 독점하는 국가로서의 동독 체계가 실질적으로 무너지게 되어 즉각적인 통일을 받아들일 수밖에 없게 되었다.

그 결과 독일 통일은 흡수통일의 형태를 띠게 되었다. 경제적으로는 자본주의적 경제체제, 정치적으로는 대의제 민주주의, 사회적으로는 개인주의적 다원주의에 기초한 흡수통일의 길을 걷게 되었다. 이처럼 체제붕괴와 흡수통일로 통일과정에 대한 문제가 해결되었지만, 더 중요하고 심각한 체계통합(Intergration)과 체계이행(Transformation)이라는 과제가 대두되었다. 체계통합은 상이한 두 사회경제 체계 중 하나가 다른 하나로 통합되는 구조적 통합을 말하며, 이러한 구조적 통합은 체계이행의 과정을 거치게 된다. 체계이행은 한 체계에 존재하던 제도, 조직, 이념, 가치체계를 전부 변화시키는 구조적 변화의 과정임과 동시에, 구조 내 행위주체로서 실질적인 사회적 상호작용을 통해 구조를 움직여가는 행위자들이 새로운 체계에 적응해가는 과정으로 봐야 한다. 즉, 제도적 도입, 변형, 수용이라는 구조의 변화와 더불어 행위자들의 변화된 구조에 대한 인정과 적응이라는 행위적 수용이 동시에 이루어지는 과정을 체계이행의 과정이라고 볼 수 있다. 따라서 체계이행은 제도적 완결성과 주체적 완결성을 추구하는 이중적 과정이다.

2) 통일 후 구동독 지역 노동시장의 변화

독일은 제2차 세계대전 패전 이후 미국의 지원을 받아 급속한 경제성장을 구가해왔다. 특히 자본주의의 황금기라 할 수 있는 1960년대에 들어서면 세계 경제강국으로 재등장하게 된다. 경제성장의 결과는 노동시장에 그대로 반영되어 나타났다. 1960년대에서 1970년대 오일쇼크로 인한 경제위기 이전까지 독일 노동시장은 실업률이 0.7%~1.3%에 머무르면서 완전고용을 실현하게 되었다(<그림 4-1>). 그러나 1차 및 2차 오일쇼크에

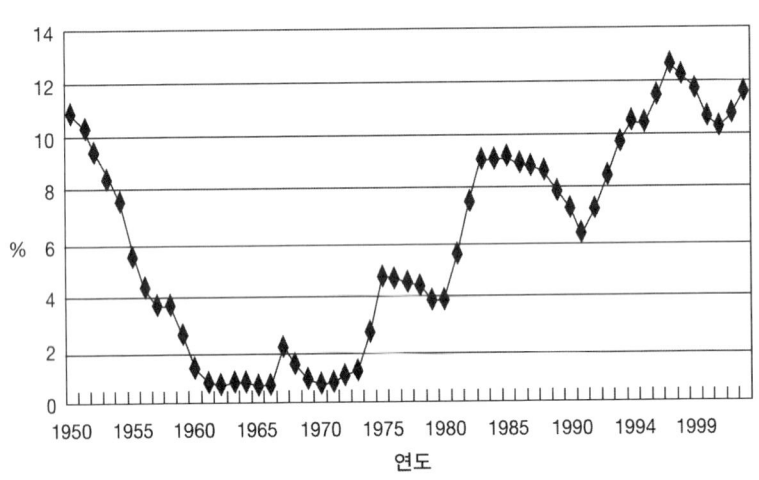

〈그림 4-1〉 독일의 실업률 추이 1960~2002

자료: Bundesanstalt für Arbeit, 각 연도.

뒤이은 경제위기와 경제위기 극복을 위한 산업구조의 전환은 실업률을 증가시켜 노동시장을 악화시켰다. 즉, 고용 없는 성장으로 인해 구조적 실업이 확산되어 고용문제가 국가 노동시장 정책의 핵심에 등장하게 되었다. 1975년부터 완전고용기준인 3%를 넘어선 이후 통일 이전인 1988년에는 8.7%까지 증가했다.

그간 독일 정부는 노동시장 정책과 복지정책을 통해 적극적으로 실업문제에 대응해왔으나 구조화된 실업문제를 해결하는 데 별다른 효과를 보지 못했다. 통일 이후 1990년대 초반까지는 소위 통일이 가져온 소비 진작, 주택 및 건물 건축, 기업투자 등으로 소비와 기업활동이 증가해 실업률이 8%대에 머물러 있었다. 그러나 통일특수의 효과가 사라지고 동독 지역에서 기업의 구조조정이 인력 구조조정을 중심으로 본격적으로 전개됨에 따라 실업률은 다시 급속히 증가하기 시작해 2003년 현재 통일독일의 실업자 수는 437만 명, 전체 실업률은 11.6%에 이르고 있다.

구동독과 구서독 지역으로 구분해 살펴보면 노동시장의 상황이 두 지역 간에 현격한 차이를 보이고 있음을 알 수 있다(<표 4-1>). 통일을 전후하여 독일의 전체 실업률은 지속적으로 상승하고 있다. 구서독과 구동독 지역에서의 실업률도 마찬가지로 계속 증가추세에 있다. 통일 직후인 1991년에 전체 실업률 6.7%, 구서독 지역 5.7%, 구동독 지역 11.1%는 1997년에 이르면 구서독 지역의 실업률이 9.8%로 증가하긴 하지만 증가세가 둔화되고 1998년을 계기로 약간 감소하여 2002년 현재 9% 선에 머물고 있다. 그러나 구동독 지역의 실업률은 지속적으로 증가하여 2000년 이후 20% 선을 넘나들고 있다(Statistisches Bundesamt, 2003: 99). 결국 통일 직후와 전체 독일의 실업률이 정체하는 1998년을 비교해보면 동독에서만 약 300만 개의 일자리가 사라졌다고 볼 수 있다. 300만 개의 일자리는 구동독 지역 전체 고용의 3분의 1에 해당한다.

〈표 4-1〉 구서독과 구동독 지역의 노동시장 추이

		1991	1992	1993	1994	1995	1996	1997
등록실업자 수(연평균, 1,000인)	구서독	1.689	1.808	2.270	2.556	2.565	2.796	3.021
	구동독	0.913	1.170	1.149	1.142	1.047	1.169	1.364
	전체	2.602	2.978	3.419	3.698	3.612	3.965	4.385
연간 증감률	구서독	-194	+119	+462	+286	+9	+231	+225
	구동독	+673	+257	-21	-7	-95	+122	+195
	전체	+479	+376	+441	+279	-86	+353	+420
실업률(전체 노동력 대비, %)	구서독	5.7	5.9	7.3	8.2	8.3	9.1	9.8
	구동독	11.1	15.4	15.1	15.2	14.0	15.7	18.1
	전체	6.7	7.7	8.9	9.6	9.4	10.4	11.4
실업예비군 (연평균, 1,000인)	구서독	1.255	1.260	1.426	1.495	1.721	1.829	1.895
	구동독	0.727	1.279	1.363	1.140	1.024	0.917	0.834
	전체	1.982	2.539	2.789	2.635	2.745	2.746	2.729
고용촉진 정책 종사 실업예비군	구서독	485	493	536	518	549	560	491
	구동독	727	1.253	1.226	930	667	496	371
	전체	1,212	1,746	1,762	1,448	1,216	1,056	862

자료: Hans-Uwe Bach, Labour Market Trends and Active Labour Market Policy in the Eastern German Transformation Process 1990~1997, *IAB Labour Market Research Topics*, No. 29(1998).

더욱 심각한 것은 구동독 지역의 노동시장을 분석한 바흐에 따르면 실제 구동독 지역의 실업률은 공식통계에서 주장하는 18.1%를 훨씬 넘는다는 사실이다(<표 4-1>). 공식통계에 실업자로 잡히지 않는 실업예비군과 정부가 실업률을 줄이기 위해 시행하는 각종 고용촉진 정책 종사자[1]들

---

1) 독일 정부는 구서독 지역에 적용되던 「고용촉진법(Arbeitsförderungsgeset, AFG)」을 일부 수정하여 구동독 지역에 적용하고 있다. 구체적으로 예를 들면 고용창출조치(Arbeitsbeschaffungsmßnahmen, ABM) 같은 한시적 공공 섹터에서의 일자리 제공을 들 수 있다.

을 포함할 경우 실제 실업률은 1997년 기준으로 약 40%에 육박하게 된다. 또한 실업통계를 산출하는 기준에 따라 기관마다 실업률 수치의 차이는 존재하지만 공통적으로 1991~1992년 사이, 그리고 1996~1997 년 사이에 구동독 지역에서 실업률이 큰 폭으로 증가하고 있다. 반면에 구서독 지역의 경우에는 1998년을 계기로 실업률이 근소하나마 감소했고, 그 이후 9% 선에서 정체하고 있다. 즉, 통일 이후 체계이행의 과정을 거치면서 구서독 지역은 실업률의 증가세를 억제하는 데 성공한 반면, 구동독 지역은 이행기 산업구조 조정을 거치며 자체경쟁력을 확보하지 못하면서 전체 독일의 실업률 증가를 이끌어가고 있다고 볼 수 있다.

1991년과 1992년은 통일특수가 사라지고 본격적인 구조조정이 이루어진 시기이다. 건설경기에 힘입은 경제성장과 소비 진작의 효과가 사라진 후 독일 경제는 1990년대 초반 이후 지금까지 장기적 경기침체에 시달리고 있다. 1992년은 이러한 장기불황이 시작된 해이다. 낮은 생산성으로 인한 낮은 기업경쟁력은 구동독 지역의 경제 및 산업기반을 급속히 침식했으며, 그 결과로 실업률이 급속히 증가했다. 또한 1996년은 본격적인 세계화의 영향권 내로 독일이 편입된 해라고 볼 수 있다. 즉, 기업의 세계적 차원에서의 경쟁이 격화됨에 따라, 독일에서도 소위 '생산입지 논쟁'이 경제계, 정치계, 노동계 등을 중심으로 전개되었다. 즉, 높은 단위노동비용과 짧은 노동시간, 엄격한 정부규제에 시달리는 독일 기업이 세계화를 맞아 국외로 빠져나간 덕분에 생산입지로서 독일의 위치가 불안정해지고 있다는 주장과 이를 반박하는 주장이 기업환경, 노동규제, 산업정책, 노동정책, 노사관계를 둘러싸고 치열하게 전개되었다. 이러한 논쟁은 1990년대 초반부터 독일 기업의 국외 진출이 본격화되었다는 사실을 반영하고 있는 동시에, 기존 기업의 국외 진출을 부추긴 측면이 있다. 그 결과 1996~1997년 사이에 구동독 지역의 실업률이 급격히 증가했다.

이러한 지역 간 실업률 증가의 차이는 구동독 지역과 구서독 지역의 산업경쟁력과 기업생산성의 차이에서 온다고 볼 수 있다. 구동독 지역이 통일특수의 소멸과 산업공동화로부터 심각한 타격을 받은 이유로는 통일 이후 구동독 지역이 경제적인 자립기반을 갖추지 못했다는 사실을 들 수 있다. 즉, 기존의 사회주의 경제에 기초한 각종 콤비나트와 생산설비 및 산업생산물은 자본주의 시장경제하에서는 아무런 경쟁력도 없었다. 그 결과 구동독 지역에 대한 기업투자가 감소하고, 기존 불하기업들이 파산하면서 많은 일자리가 상실되었다. 그리고 세계화가 가져온 자본의 이동가능성 증가는 저임 노동력을 제공하는 동유럽 국가가 인근에 위치함으로써 구동독 지역의 산업입지를 위협하는 요소로 작용하고 있다. 마지막으로 이행과정에서 기존의 경제적 기반구조가 붕괴해갔지만 이를 대체할 새로운 경제기반을 성공적으로 구축하지 못했기 때문에, 구동독 지역은 독일의 새로운 생산입지로서가 아니라 구서독 지역의 산업예비군 저장고로 기능하고 있다.

〈표 4-2〉 통일 후 구동독 지역의 전출입 추이 1989~2000

연도	전출	전입	증감
1989	388,396	5,135	+383,261
1990	395,343	36,217	+359,126
1991	249,743	80,267	+169,476
1992	199,170	111,345	+87,825
1993	172,386	119,100	+53,286
1994	163,034	135,774	+27,260
1995	168,336	143,063	+25,273
1996	166,007	151,973	+14,034
1997	167,789	157,348	+10,441
1998	182,478	151,750	+30,728
1999	195,530	151,943	+43,587
2000	214,456	153,179	+61,277

자료: Statistisches Bundesamt, 2003: 51.

통일 이후 대부분의 인구이동이 구동독 지역에서 구서독 지역으로 이루어지고 있음은 다양한 조사를 통해 실증적으로 밝혀지고 있다. <표 4-2>에서 볼 수 있듯이, 통일 직후 대규모 구동독 인구가 구서독 지역으로 전출해 나갔다. 이러한 추세는 감소경향을 보이다가 1997년을 기점으로 다시 증가하는 추세에 있다. 통일 후 구동독 경제의 산업기지화 정책이 실패로 돌아가고 실업자가 증가함에 따라 청소년층, 숙련노동자 등 실질적 경제활동 인구가 일자리를 찾아 구서독 지역으로 이주하고, 구동독 지역은 미숙련, 고령, 장기실업자 등 실질적 취업능력이 없는 인구가 잔존하는 거대한 실업 저수지화가 진행되고 있다.

4. 독일 통일 후 노조통합: 조직통합과 인적 통합을 중심으로

1) 독일노총의 노동시장 정책: 연대적 동질화 전략

노동시장은 노동력을 판매·구매하는 시장이다. 노동시장에서 노동력의 가격(임금)이 결정되고 노동력의 사용조건, 즉 노동시간과 노동조건이 결정된다. 따라서 노동력의 판매와 구매가 이루어져 고용관계가 성립된 이후 노동시장 정책은 노동력 사용의 양적 측면으로서 임금과 노동시간, 그리고 노동력 사용의 질적 측면으로서 노동조건을 어떻게 결정하느냐가 그 핵심적 내용이 된다. 노동시장을 통해 매겨진 노동자의 임금은 곧바로 가계수입과 상품소비로 이어진다. 상품소비는 기업활동의 결과인 생산물의 가치실현 과정이기 때문에 기업 생산활동의 최종단계이자 다음 생산활동을 시작하는 최초단계가 된다. 따라서 임금정책과 노동시간 정책은 그 자체가 간접적으로 산업정책이자 경제정책으로 기능하게 된다.

독일 산업생산 모델은 이러한 노동정책, 산업정책, 경제정책의 결합으로 구성되어 있다. 즉, 독일의 노동조합과 사용자단체가 산별협약을 통해 규제하는 임금과 노동시간은 곧 그 산업의 시간당 최저임금이 된다. 단체교섭을 통해 최저임금이 결정되면, 최저임금을 지급할 수 있는 능력이 없는 기업은 퇴출되게 된다. 즉, 최저임금을 지불할 수 있는 정도의 생산성을 확보하는 것이 독일 기업의 최소 생산성 기준으로 작용한다고 볼 수 있다. 따라서 짧은 노동시간과 고임금이라는 독일 노동시장에 기초한 기업의 생산활동은 임금경쟁력에 기초하기보다는 기술경쟁력에 기초할 수밖에 없다. 저임금에 기초한 임금경쟁력을 추구할 수 있는 제도적 길이 막혀 있기 때문이다. 따라서 독일 기업은 전후 임금경쟁이 통제된 경쟁적 상품시장에서 살아남기 위해 고부가가치의 기술경쟁력을 확보하려고 노력해왔다. 그 결과 독일제(Made in Germany)란 말은 국제 상품시장에서 품질보증 마크와 같은 효과를 갖게 되었고, 독일의 고속 경제성장을 가능케 했다. 따라서 독일 노동조합은 자신의 조직대상인 노동자들에게 통일 후에도 생활수준의 악화를 초래하지 않고, 기존의 고임금·고부가가치 모델에 기초한 산업발전 전략이 유지될 수 있도록 하고자 했다. 따라서 독일 노총의 노동시장에 대한 정책 방향은 고임금과 짧은 노동시간이었다. 통일이라는 환경의 변화에 직면하여 독일노총은 이러한 정책이 유지되기 위해서는 구동독 지역의 임금, 노동시간 및 노동조건을 최대한 빨리 구서독 수준으로 끌어올려야 한다고 판단했다.

  이러한 전략에는 임금 덤핑에 의한 전체 노동자의 삶의 질 하락에 대한 우려가 강하게 작용하고 있었다. 이러한 우려는 두 가지 요소에서 기인한다. 첫째, 낮은 임금과 장시간 노동이 구동독 지역에서 지속된다면 기존의 고임금·고생산성이라는 독일의 산업성장 모델을 위협할 수 있기 때문이다. 구서독 지역에서는 연대임금정책에 기초해서 동일 산업 내 직종 간·직무 간 임금수준을 최대로 평준화하여 노동자들 사이의 연대를 증가시키는 방향으로 임금정책을 추진해왔다. 연대임금정책이란 산별 노동조합이 단체교섭을 통해 임금격차가 지나치게 커지지 않도록 단순 미숙련 노동자층의 임금을 상대적으로 높게 책정함으로써 노동자 간 임금격차를 일정한 수준 내에서 유지시키는 정책을 의미한다. 둘째, 만약 구동독 지역에 구서독 지역의 임금수준보다 현격히 낮은 저임 노동자층 다수가 오랫동안 존재하게 될 경우 구서독 지역의 기업이 저임 노동력을 찾아 구동독 지역으로 이동하게 되어 전체 독일 노동자의 임금을 저하시키는 임금 덤핑 효과를 가져올지도 모른다는 비관적 시나리오가 제기되었다. 이에 대한 우려는 독일노총으로 하여금 구동독 지역 노동자의 임금·노동시간·노동조건을 구서독 수준으로 끌어올리는 것을 구동독 노동시장 정책의 핵심적 과제로 삼게 했다. 따라서 독일노총의 구동독 지역에 대한 정책은 기본적으로 생산성과 임금 및 노동시간을 연계시키지 않고 이른 시일 내에 구동독 지역의 임금·노동시간·노동조건을 구서독 지역 수준으로 동질화시키는 '연대적 동질화 전략'을 중심으로 임금과 노동시간에 대한 조정을 추구하게 되었다. 독일노총은 연대적 동질화 전략에 기초해 구동독 지역 노동자를 위한 강력한 실질임금 향상 정책을 추진했지만, 구동독 지역의 낮은 생산성과 경제여건상 제대로 추진하기가 어려운 상황이었다. 당시 동독 노동자들의 실질임금은 서독 노동자의 1/3 수준이었다.

독일노총은 우선 금속산업에 대해 1991년 3월 '단계적 조정정책'을 수립했다. 그 핵심은 1994년까지 금속산업에 종사하는 구동독 노동자의 임금을 구서독 노동자 수준으로 현실화시킨다는 데 있었다. 이러한 계획에 대해서 독일사용자연맹 측은 처음에는 별다른 불만 없이 받아들였다. 구동독 지역 노동자의 생산성이 구서독 지역 노동자들 수준으로 향상될 것을 기대했고, 다른 한편으로 구동독 지역의 고숙련 노동자가 고임금을 쫓아 구서독 지역으로 대거 이동하는 것을 우려했기 때문이다. 그러나 구동독 지역 노동자의 급속한 임금상승에 대해 계속되는 자본투자에 대한 기대효과와 실제 현실 사이의 괴리가 생기자, 사용자 측은 기존의 협정을 뒤엎고 새로운 협정을 맺을 것을 주장했다. 1991~1992년에 독일노총 산하 개별 산별노조가 단계협약을 통해 추구하던 단계적 조정정책은 애초의 협정과 달리 사용자 측의 거센 반대에 부딪히게 되었다. 1992년 여름에 사용자 측은 동독 노동자들의 생산성 증가율이 임금인상률보다 낮다는 이유로 단계적 조정정책에 대한 변경을 요구해왔다. 국가 역시 신속하게 개입하여 노조에 암묵적으로 사용자의 요구에 응할 것을 강요했다. 이러한 압력에 대항해 노동조합은 1993년 5월 작센과 메클렌부르크-포어포메른(Mecklenburg-Vorpommern)에서 2주간의 장기파업을 단행했다. 이 과정에서 동·서독 임금의 완전한 동등화를 1996년까지 달성하는 것으로 타협이 이루어졌다.

산업별로 상당한 차이가 있기는 하지만 이러한 타협의 결과 단계협약에 따라 1996년부터 구동독 노동자의 임금은 전체적으로 구서독 노동자의 80% 수준에 육박해 있다. 임금동질화 수준은 산업 및 업종별로 상이하게 나타나고 있으며, 대부분 노동조합과 개별 사용자 및 사용자단체 사이에서 체결된 단체협약을 통해 규정되고 있다. 예를 들어 베를린 건물청소용

〈표 4-3〉 구서독 지역과 구동독 지역 임금격차 추이

	임금수준					
	1996	1997	1998	1999	2000	2001
구동독 지역(DM)	3,030	3,100	3,130	3,220	3,260	3,310
구동독 지역 (구서독 지역=100)	79	80	79	79	79	78
구서독 지역(DM)	3,810	3,880	3,950	4,090	4,120	4,250

자료: Reinhard Schäfer uind Jürgen Wahse, "Aufholprozess in Ostdeutschland kommt nur schleppend voran," *IAB Werkstattbericht*, Nr. 7(2002), S. 128.

〈표 4-4〉 구서독 지역과 구동독 지역 산업별 임금격차 추이

산업	1996	1998	1999	2000	2001		
	DM				DM	€	*
농업 및 임업	2.360	2.480	2.550	2.430	2.630	1.350	90
광산 및 에너지	4.030	4.100	4.330	-	4.420	2.260	83
제조업	3.150	3.270	3.290	3.360	3.450	1.760	69
건설	2.830	3.000	3.150	3.240	3.140	1.610	73
무역	2.650	2.720	2.850	2.730	2.840	1.450	78
교통 및 통신	3.290	3.420	3.470	3.530	3.620	1.850	90
금융	4.140	4.280	4.270	4.580	4.640	2.370	90
서비스	2.970	3.030	3.160	3.130	3.220	1.650	84
기업 관련 서비스	3.090	3.290	3.380	-	3.410	1.750	74
교육	3.090	3.400	3.350	-	3.600	1.840	91
의료 및 보건	3.210	3.090	3.350	3.140	3.210	1.640	93
기타 서비스	2.420	2.240	2.390	2.350	2.480	1.270	89
비상업조직	2.680	2.770	2.690	2.620	2.640	1.350	78
공공행정	3.450	3.500	3.570	3.660	3.730	1.910	84
구동독 전체	3.030	3.130	3.220	3.260	3.310	1.690	78
구서독 전체	3.810	3.950	4.090	4.120	4.250	2.170	100

* 구서독 지역=100.

자료: Reinhard Schäfer uind Jürgen Wahse, "Aufholprozess in Ostdeutschland kommt nur schleppend voran," *IAB Werkstattbericht*, Nr. 7(2002), S. 170.

역노조는 이미 1994년 12월에 구서독 지역과 동일한 수준의 임금지급에 합의한 바 있다. 실제로 <표 4-3>이 보여주듯이, 구동독 지역의 임금수준은 2000년에 이르면 서독의 80~90%의 수준에 올라와 있다. 구서독 지역과 구동독 지역의 임금동질화 현황을 산업 및 업종별로 살펴보면 <표 4-4>와 같이 나타나고 있다. 이 표에서 알 수 있듯이 구동독 지역 노동자들의 임금수준은 전체적으로 구서독 지역 노동자의 80% 이상 수준에 도달해 있다. 공공 및 서비스 업종의 경우에는 90%를 넘고 있으며, 생산성 격차가 큰 제조업의 경우 제조업 내부의 편차가 크기 때문에 전체적으로는 70% 수준에 머물고 있다. 그러나 임금에 노동시간이라는 요인을 고려할 경우 구동독 지역의 실질임금은 <표 4-4>에서 보이는 것보다

는 낮은 상태라고 봐야 할 것이다. 주당 노동시간의 경우 동독 노동자 평균 39.7시간으로 평균 35시간인 서독 노동자보다 2시간가량이 많은 상태이다. 따라서 노동시간을 고려한 실질임금을 따져볼 때 아직도 동독 노동자들은 서독 노동자들보다 상당히 낮은 수준에 있다. 또한 본봉에 상계되지 않는 각종 수당 및 보너스를 포함할 경우 구동독 노동자의 실질임금동질화 수준은 더 낮아진다. 구동독 지역 노동자의 경우 연간 휴가기간이 구서독 지역 노동자보다 짧고, 각종 수당산정 및 보너스 역시 구서독 노동자의 70% 정도에 머무르고 있다.

전체적으로 독일노총의 연대적 동질화정책은 구동독 노동자들의 실질임금을 단시간 내에 구서독 노동자의 70% 수준으로 끌어올림으로써 생활수준을 향상시키는 효과를 가져왔다는 점에서 성공적이라고 평가될 수 있다. 나아가 단순히 구동독 노동자의 임금을 향상시켰을 뿐만 아니라, 실질적 목표였던 구동독 지역으로부터의 임금 덤핑 위험을 방지함으로써 구서독 노동자들의 삶의 질 악화를 막아낼 수 있었다.

그러나 생산성과 연계되지 않은 임금동질화 과정은 노동시장을 왜곡시켜 구동독 지역의 구조조정을 가속화시키는 의도하지 않은 부작용을 가져왔다. 그 결과는 구동독 지역의 높은 실업률이다. 20%에 달하는 높은 실업률은 구동독 지역의 경제재건에 걸림돌이 되고 있다. 또한 결과적으로 노동조합은 자신의 주요 조직적 기반인 정규취업 노동자층을 축소시키는 결과를 초래했다.

2) 독일노총의 구동독 지역으로 조직 확장과 인적 통합

노동조합은 국가와 개별사용자 및 사용자단체에 대해 가입조합원을 대표하여 그들의 이해관계를 대변하는 조직이다. 조직대상인 노동자의 이해관계를 효율적으로 대변하기 위한 노동조합의 조직적 자원은 조직률에 의존한다. 국가와 자본에 대항하는 노동조합의 대항권력은 조직노동자의 수와 실질적인 동원능력에 달렸다. 이러한 이유에서 노동시장은 노동조합에 중요한 의미를 갖는다. 노동시장의 규모와 구조는 노동조합의 조직력에 직접적인 영향을 미치기 때문이다. 따라서 독일노총은 기존의 조직자원을 유지하고, 새롭게 편입되는 노동력인구를 노동조합으로 유인하기 위해 동기를 제공할 필요가 있었다.

노사관계적 측면에서 독일노총의 이러한 연대적 동질화 전략은 상당히 성공적이라고 평가할 수 있다. 물론 통일 이후 구동독 지역의 경제적 개건(改建)이 어려움을 겪은 데에는 연대적 동질화 전략을 추구한 독일 노동조합의 단체교섭 정책(Tarifpolitik)이 크게 작용했다고 비판을 받기도 한다. 그렇다면 단체교섭의 다른 한 축을 구성하고 있는 사용자들은 노동조합의 연대적 동질화 전략을 왜 받아들였을까? 통일 이후 사용자들이 노동조합의 연대적 동질화 전략을 수용할 수밖에 없었던 이유는 통일 이후 구동독 지역의 단체교섭이 경제적 교섭이 아니라 정치적 교섭의 성격이 강했기 때문이다. 즉, 구동독 지역의 단체교섭은 단순히 노사관계적 측면에서 노동과 자본의 생산의 정치(Produktionspolitik)의 성격보다는 사회정치적 안정을 위한 사회정책(Sozialpolitik)의 성격을 더 강하게 띠고 있었다. 따라서 사용자들 역시 단체교섭에서 일방적으로 자본의 이해(Kapitalinteressen)를 관철시키기보다는 사회정치적 안정성(Soziopolitische Stabilitätsinteressen)을 받아들일 수밖에 없었다.[2]

---

[2] 이로 인해 동독의 경우, 임금과 생산성이 연계되지 않는 구조적 문제가 존재하게 되었다. 여기에서 중요한 점은 임금과 생산성의 분리(Abkopplung)를 해결하기 위해 임금감축이나 노동시간 연장이 아니라 생산성을 향상시켜 임금을 따라잡는 방식이 선호되었다는 점이다. 즉, 고부가가치 중심의 성장방식(High Road)을 따르는 라인

통일 이후 구동독 지역의 경제영역에서의 권력구조를 안정화하고 구서독과 유사한 체제로 만들기 위해 사용자단체와 노동조합은 최우선 과제로 구동독 지역의 노사관계 체제 구축이라는 동일한 이해를 갖고 있었다. 즉, 사회적 파트너십(Soziale Partnerschaft)의 유지를 전제로 한 구서독 노사관계 모델의 제도적 이식을 위한 신속한 이행(Transformation)을 최우선적 목표로 삼았다.3) 이를 목적으로 한 독일노총의 조직확장 전략은 위에서 살펴본 연대적 동질화 전략과 긴밀한 관련하에 수행되었다. 독일노총의 조직확장 전략은 크게 두 단계로 나누어 살펴볼 수 있다. 제1단계는 동독의 자유독일노총이 자발적으로 해체되면서 미조직된 구동독 지역의 노동자들을 구서독 독일노총 산하 개별 산별노조로 조직화하는 단계이다. 제2단계는 구동독 지역 경제기반의 해체로 인해 대량실업이 구조화되고, 그 결과 노동조합의 조직력이 급속히 완화되는 단계에서 보여주는 독일노총의 대응과정이다.

(1) 제1단계: 구동독 자유독일노총의 해체와 구동독 지역 내 조직건설

1990년 3월 18일의 총선과 정부 출범 후 화폐·경제·사회통합에 뒤이어 서독식 노동법 및 노사관계 체계가 그대로 동독에 적용되었다. 원래 독일산별총연맹(DGB, 이하 독일노총)은 자유독일노동조합총연맹(FDGB, 이하 자유노총)이 아래로부터의 민주화를 통한 혁신이 이루어진 후에 합병을 원했다. 그러나 사회·경제통합이 신속하게 진행되어감에도 자유노총의 쇄신이

자본주의 모델을 유지하고 있다.
3) 구동독 지역에 서독의 노사관계 체제를 이식하기 위해 통일 이전에 구서독 노사관계에서 중요한 쟁점으로 떠올랐던 생산직과 사무직의 단체교섭 일원화, 개방조항을 통한 단체교섭의 분권화에 대한 논의는 구동독 지역에서는 제외시켰다. 구동독 지역에는 중앙집중적 조직체계의 구축이 당면과제였기 때문이다.

지체됨에 따라 구서독 노조조직 체계의 이식(Übertragung)이라는 신속한 통합방식을 모색하게 되었다(Bergmann, 1996: 257~294; Schröder, 1996: 26).4)

독일노총은 사용자단체와의 협의를 통해 1990년 10월 3일 구동독 지역에도 구서독 지역과 동일한 경제사회질서를 구축하며, 그 일환으로 구서독의 단체교섭 체계를 구동독 지역에 적용한다는 내용의 공동선언을 하게 된다(DGB and BDA, 1990). 1990년 12월 20일 구동독 자유노총도 자체해산을 결의하고, 노동자들은 개인자격으로 독일노총의 해당 산별노조에 가입하는 방식으로 통합이 이루어졌다. 뒤이어 독일노총은 1991년 초 구동독 지역에 5개의 지부(메클렌부르크-포어포메른, 작센, 작센-안할트, 튀링겐, 베를린-브란덴부르크)를 건설했다. 개별 산별노조 차원에서는 금속노조가 가장 먼저 이러한 방식의 조직확장에 나섰다. 1990년 5월 25일 구동독 금속노조는 구서독 금속노조와 1991년 1월 1일을 시점으로 구동독 지역에 구서독 금속노조의 조직체계를 그대로 이식한다는 공동협정서에 합의한다. 구동독 금속노조는 이를 위해 1990년 10월 5일 자체결의를 통해 조직을 해산했다.

이와 동시에 인적 통합과 관련된 구서독 노조의 전략도 바뀌었다. 인적 통합과 관련된 구서독 노조의 전략은 금속노조의 전면적 배제와 화학노조의 부분적 승계로 구분할 수 있다(Schoreder, 1996: 26~27).

첫 번째 유형은 구서독 금속노조를 중심으로 한 기존 구동독 노조 조직의 전면적 배제전략이다. 구서독 금속노조는 구동독 노조의 간부에 대한 엄격한 선별과 배제를 일반적 원칙으로 삼는다. 구동독 금속노조 간부는

---

4) 자유노총이 갖고 있는 구동독 체제와의 연계성과 정당성 문제 등도 독일노총이 합병이 아닌 이식을 선택한 중요한 이유로 작용했다.

새로 조직된 구서독 금속노조의 구동독 지역 조직에 자동적으로 승계되지 않고 엄격한 선별과정을 거치도록 규정을 만들었다. 구서독 금속노조는 1990년 11월 특별 조합원총회를 열어 구동독 지역으로의 조직확장과 이에 따른 상임위원회(Vorstand)에 구동독 지역 위원 6명을 추가하는 결의를 이끌어냈다. 금속노조는 특히 전임자(Hauptamtliches Personal) 선별에 매우 조심스럽게 접근했다. 구동독 권력과의 관계, 이데올로기적 성향 등을 면밀히 고려하여 전임자를 선별하고, 구동독 지역의 금속노조 지부조직을 건설해감에 따라 주로 구서독 출신의 노조간부가 구동독 지역 노동자들의 대표로 선발되었다. 그 결과 금속노조의 구동독 지역 16개 지부사무소의 지부장(1. Bevollmächtigte)은 전부 구서독 출신 노조간부로 충원되었다. 물론 현지 사정을 파악하기 위해 사무총장(2. Bevollmächtigte)은 구동독 출신을 활용했지만, 노조 전임자의 전체적인 인력구성은 거의 대부분 구서독 출신으로 충원되었다(Abromeit, 1993: 281~293).

두 번째 유형은 화학노조의 부분적 승계 전략이다. 화학노조는 구동독 화학노조의 간부를 구동독 지역의 조직확장과 더불어 상당한 정도로 그대로 활용하는 방식으로 조직확장을 도모했다. 실제로 구서독 화학노조는 약 130여 명의 구동독 노조간부를 승계하여 구동독 지역 조직에 배치했다. 볼프강 슈뢰더(Wolfgang Schröder)는 구서독 노조의 조직확장에서 나타나는 이러한 인적 통합전략의 상이함은 구서독 노조의 이데올로기적 정당성과 관련된 사회적 입지와 밀접하게 관련되어 있다고 분석한다(Schröder, 1996: 27). 독일 노조 내 우파에 속하는 화학노조가 좌파에 속하는 금속노조보다 훨씬 이데올로기적으로 자유롭기 때문에 이후에 혹시 발생할지도 모를 노동조합의 정체성과 정당성 논쟁을 우려한 금속노조는 구동독 노조에 대한 엄격한 선별전략을 채택했다고 할 수 있다.[5]

구서독 노조가 어느 유형의 전략을 선택했든 구동독 지역 노조간부의

〈표 4-5〉 독일 직후 독일 노동조합 조직률(100만 명, %)

연도	DGB	DBB	DAG	CGB	전체	조합원 수	조직률
1991	11.800	1.053	0.585	0.311	13.749	33.887	40.6

자료: DGB, Statistisches Amt.

대부분은 구서독 지역에서 이식된 또는 파견된 외부자로 구성될 수밖에 없었다. 승계전략을 채택했던 화학노조의 경우에도 동독 출신 노조간부는 소수로 제한되었다. 이렇게 구동독 지역 노동자들의 이해관계를 대변하는 노동조합 간부가 구서독 출신으로 채워진 데에 대한 노동자들의 태도는 양면적이었다. 사회경제적 이행과정에서 신탁청(Treuhandanstalt)을 중심으로 진행되는 기업의 구조조정에 대해 노동자들은 구서독 출신 노조간부가 상당한 역할을 할 것으로 기대하고 있었다. 그러나 다른 한편으로 현지 사정에 어두운 구서독 출신이 노조간부 대다수를 차지함에 따라 구동독 노동자들의 처지를 제대로 대변할 수 있을지에 대한 회의적인 시각도 존재했다. 이러한 과정을 거치면서 구동독 지역 노동자의 가입으로 독일노조의 조직노동자 수는 상당히 증가했다. 1991년 12월 당시 구서독 지역 조직노동자 수는 790만여 명(67.3%), 구동독 지역 조직노동자 수는 386만여 명(32.7%) 등 총 1,180만 명이 독일노총에 가입해 있었다. 더구나 가입대상 노동자 대비 조직률을 보면 구서독 지역의 경우 32.3%에 불과하지만, 구동독 지역은 50.6%에 달할 정도로 노조가입률이 높았다(Kleinhenz, 1992: 18). 통일 직전 독일노총의 총조합원 수는 약 800만 명 정도였음을 고려할 때, 일 년 사이에 조직조합원이 380만 명 증가한 것이다.[6]

---

5) 독일 노조는 통일노조(Einheitsgewerkschaft) 원칙에 따라 조직되어 있다.
6) http://www.dgb.de/dgb/mitgliederzahlen.htm. 이하 독일노총 조직률 관련 수치는 독일노총이 제시하는 통계이다.

동독 지역의 조직건설과 더불어 독일노총이 제일 먼저 착수한 일은 동독 노동자에 대한 노동상담과 법적 보호였다. 다른 문제에 앞서 노동상담과 동독 노동자에 대한 법적 보호가 독일노총의 최우선 정책이 된 데에는 통일 직후 드러난 구동독 경제의 난맥상 때문이었다. 구동독의 산업은 통독 전의 평가와는 달리 국제경쟁력 측면에서 예측보다 훨씬 더 낮은 상태였으며, 산업구조의 재건을 위한 사회간접자본 역시 부실하기 짝이 없었다. 따라서 동독 경제의 재건과 시장경제 구축을 위한 토대로서 사영화는 경제안정 및 산업생산 재건의 토대로 작용하기보다는 노동시장의 혼란을 불러일으켰다. 통독 과정에서 대략 260만 명이 일자리를 잃었고, 그중 140만 명만이 새로운 일자리를 얻었다. 또한 고용노동자 중 약 200만 명이 단기고용 노동자였다. 따라서 단기간에 대량실업 사태가 발생하게 되었다. 자유노총의 해산 후 대량의 동독 노동자들이 독일노총으로 그대로 옮아간 것은 이러한 과정에서 개별노동자들이 느끼는 불안감도 상당한 정도로 반영되어 있다고 볼 수 있다.

독일노총이 내세운 전략적 원칙은 세 가지였다. 첫 번째는 기업합리화 및 기업 구조조정에 대한 보호 및 노동자의 숙련 향상을 위한 규정을 마련하는 것이다. 당시 독일은 신탁청을 통해 구동독 지역의 국가재산을 사유화하고 있었다. 사유화된 기업이 자본주의적 기업논리에 따라 고용·경영관리를 함으로써 자본주의 기업으로 탈바꿈하게 될 것은 자명한 사실이었다. 따라서 기업합리화 및 기업 구조조정이 광범위한 인력구조조정을 중심으로 이루어지지 않도록 하는 내용의 단체협약을 체결함으로써 대량실업을 방지하고, 동시에 그 반대급부로 구동독 기업 종사 개별노동자의 숙련 향상이라는 인적 자원 개발을 통해 기업의 생산성과 경쟁력을 높이도록 하겠다는 생각이었다. 둘째로는 구동독 지역 노동자의 기준임금을 이른 시일 내에 서독 수준과 동질화하겠다는 원칙이다. 앞에서 분석한 바와 같이 구동독 지역이 구서독 지역의 산업예비군으로 기능하지 않도록 함으로써 임금 덤핑에 의한 전체 노동자의 임금하락을 막기 위한 조치라고 할 수 있다. 셋째로는 주당 노동시간의 단축을 통해 구동독 지역의 노동조건과 실질임금을 구서독 수준과 동질화시킨다는 원칙이다. 상대적으로 긴 노동시간의 단축 없는 기준임금의 동질화는 명목임금의 동질화에 지나지 않으며, 단위시간당 실질임금은 구서독 지역과 구동독 지역 간에 상당한 격차를 보이게 될 것이기 때문이었다. 이 경우 임금의 동질화로 인한 노동자 내부 격차 심화의 방지라는 연대임금정책은 실효성 있게 추진될 수 없게 된다.

독일노총은 이러한 전략적 원칙을 실현시키기 위한 수단으로 단체교섭을 이용했다. 독일노총 수준에서 사용자단체연합과의 협의를 통해서, 그리고 산하 산별노조는 산업별 사용자단체와의 산별교섭을 통해서 전략적 원칙을 실현해나갔다. 독일노총 산하 개별 산별노조는 구동독 지역과 구서독 지역의 동질화를 목표로 단체교섭을 진행했다. 이 과정은 개별 산별노조에 따라 상이하게 추진되었다(Göbe, 1997: 78). 금속노조의 경우에는 1991년 초 소위 단계협약(Stufenabkommen)을 맺어 구동독 지역 노동자의 임금 및 노동조건을 단계적으로 1996년까지 구서독 수준으로 향상시키는 특별협약의 형태로 추진했다. 반면 화학산별노조와 공공산별노조는 매년 체결하는 임금협약에 임금 및 노동조건의 동질화 내용을 포함시켜 추진해나갔다. 특별협약의 단계협약을 맺었을 때 갖게 되는 효과는 다양한데, 노동조합뿐만 아니라 사용자단체의 이해관계와도 일치되는 바가 많고, 더 나아가 국가의 지역정책에도 상당히 긍정적인 영향을 미칠 것으로 기대되었다. 우선 노동조합은 단계협약을 통해 동독 지역에서 많은 노동조합원을 획득할 수 있었다. 구동독 지역 노동자들에게 미리 임금상승에 대한 일정을 제시함으로써 노동조합에 대한 유인동기를 제공할 수 있었다.

높은 임금은 노동자들에게 중요한 요소인데, 현재의 수입증가를 의미할 뿐만 아니라 실업상태에 빠지게 되었을 때 받는 최장 3년까지 주어지는 실업수당 역시 이전 임금에 비례하여 지급되기 때문이다. 사용자단체에 있어 단계협약은 임금비용을 미리 투자계획에 고정비용으로 상계하여 경영전략을 세울 수 있게 함으로써 거래비용을 감소시키는 효과를 갖고 있었다. 더구나 구동독 지역 기업 대부분은 신탁청에서 불하받은 신생기업으로서, 국가로부터 상당한 임금보조금을 받고 있었기 때문에 사용자단체 역시 굳이 노동조합과의 임금분쟁을 무릅쓸 이유가 없었다. 국가적으로 단계협약은 구동독 지역으로부터 구서독 지역으로 인구이동을 막아주고 숙련노동자를 구동독 지역에 붙잡아둠으로써 구동독 지역 경제재건을 촉진시킬 수 있는 지역정책적 효과가 있었다.

(2) 제2단계: 구조조정과 조직률 감소에 대한 대응

노동시장의 혼란과 합리화의 지속적 진행은 독일노총에 부정적 영향을 미쳤다. 합리화에 이은 대량실업의 발생으로 인해 1992년에 들어서자 독일노총의 조직률은 급속하게 감소했다. 동독 지역에서 약 76만여 명(18%)의 노동자가 실업 및 고용불안으로 독일노총에서 탈퇴했다. 이러한 사실은 같은 기간 서독 지역에서는 단지 2만여 명(0.2%)의 노동자 수 감소가 나타났다는 점에서 확인할 수 있다. 조직노동자의 감소를 개별 산별노조로 나누어보면 이미 서독 지역에서 사양산업으로 간주되어 재투자가 이루어지지 않는 산업을 바탕으로 하는 피혁산별(-52.5%)과 섬유 및 의류산별(-43.5%)에서 두드러졌다. 금속산별 역시 이 기간에 약 18만 명의 노조원이 탈퇴했다. 급격한 노조원 감소 속에서 육체노동자의 감소와 사무직노동자의 상대적 증가라는 변화양상 또한 나타났다. 동독 지역에서의 합리화 및 재산업화 과정은 독일노총의 조직노동자 구성 변화를 가져왔다

〈표 4-6〉 독일 노동조합 조직률 변화(100만 명)

연도	DGB	DBB	DAG[7]	CGB	전체	조합원 수	조직률
1991	11.800	1.053	0.585	0.311	13.749	33.887	40.6
1992	11.016	1.095	0.578	0.315	13.005	33.320	39.0
1993	10.290	1.079	0.528	0.311	12.208	32.722	37.3
1994	9.768	1.089	0.521	0.306	11.685	32.301	36.2
1995	9.355	1.076	0.507	0.304	11.242	32.230	34.9
1996	8.973	1.102	0.501	0.303	10.878	32.188	33.8
1997	8.623	1.117	0.489	0.303	10.532	31.917	33.0
1998	8.311	1.184	0.480	0.303	10.278	31.878	32.2

자료: DGB; Statistisches Amt, 각 연도.

고 볼 수 있다. 동독 지역에서 산업화는 합리화를 수반하면서 육체노동자의 급격한 감소를 가져오고 있는 반면 동독 지역의 행정 및 경영조직은 이와 무관하게 계속 증가했고, 따라서 생산노동자보다는 서비스업이나 관련 사무직 고용이 확대된 결과이다.

이러한 현실에 맞서 독일노총은 당연히 동독 지역에서의 실업방지를 위해 다양한 노력을 기울였다. 한편으로는 당면한 동독 지역에서의 작업장폐쇄에 대응했고, 다른 한편으로는 산업구조의 재건에 대한 나름의 정책적 대안을 마련하고자 했다. 독일노총의 이러한 노력과 또 다른 차원에서 개별 산별 역시 산업구조 조정에 대한 정책적 대응을 위해 다양한 시도를 했다. 이러한 노력의 일환으로 작센 주에서는 구조조정에 대한 정책적 자문을 위한 기구가 마련되었고, 독일노총의 동독 지역 지부들은 '동독 재건을 위한 공동사무소(Gemeinschaftswerk Aufschwung Ost)'와 함께

---

7) 독일 사무직 노조 DAG는 2001년에 다른 4개의 기존 독일노총 산하 산별노조와 함께 새로운 서비스 노조인 베르디(Dienstleistungsgewerkschaft, ver.di)에 합류했다.

'재건본부(Aufbaustab)'를 설치해 활동을 시작했다. 이 재건본부에는 독일노총, 사용자연합, 그리고 상공회의소 지역대표들이 함께 활동했다.

독일노총의 통일 직후 구동독 지역에 대한 조직 확장은 노동시장 정책과 연계되어 이루어질 수밖에 없었다. 이 세 가지 원칙은 모두 직간접적으로 고용촉진과 관련이 있기 때문이다. 또한 통독 후 구동독 지역의 최대문제는 실업문제였으며, 실업으로 인한 독일노총의 급격한 조직원율 하락은 심각한 상황이었다. 독일노총은 생산성과 연계되지 않은 임금동질화 정책을 지속적으로 추진하기 위해 국가 및 사용자와 함께 고용촉진을 위한 다양한 정책방안을 제시하는 등 협력적 관계를 유지하고자 했다. 독일노총은 조직자원 확보에 심각한 장애로 작용하고 있는 실업문제를 해결하기 위해 다양한 정책적 대안을 개발하고자 했으나 실효성 있는 대안을 제시할 수 없었다. 독일노총이 제시했던 대안은 연방정부와 주정부에 의한 광범위한 사회간접자본의 확충, 직업훈련 및 고용촉진을 위한 공공재정 보조, 고용안정을 위한 재정 지원 및 사적 투자의 촉진과 같이 국가의 재정지출을 통한 고용창출이나 자본투자를 요구하는 수준에 머물고 있다. 노동시장 정책적 접근을 통한 독일노총의 구동독 지역으로의 조직 확장은 제도적 이식이라는 측면에서만 성공했다고 볼 수 있다. 임금동질화는 정규취업노동자의 삶의 질 확보라는 측면에서는 성공적이라고 볼 수 있지만, 노동생산성이 낮은 구동독 노동자의 임금수준을 단기간 내에 구서독 수준으로 끌어올림으로써 결과적으로는 대규모 실업을 초래하게 되었다. 그 결과 노동조합의 조직자원 감소를 초래했으며, 대규모 실업노동자군의 형성으로 노동자집단 내부의 양극화가 심화되는 결과를 가져왔다고 할 수 있다.

5. 한국에의 함의

이 글이 독일 통일의 과정에서 노조통합에 주목하는 이유는 앞에서 언급한 바 있지만 단순히 노동조합의 조직적 확장을 살펴보기 위한 것이 아니다. 오히려 국가 주도의 정치적 통합과 기업 주도의 경제적 통합이 가져올 사회양극화 및 사회적 갈등을 보완해줄 수 있는 사회통합의 중요한 주체로서 노동조합의 역할을 분석하기 위한 것이었다. 특히 경제적 통합이 시장 중심의 효율성(Effizienz)을 추구하면서 시장의 기준에서 벗어난 개인을 범주적으로 배제(Exklusion)하는 현상이 통일의 과정(Transformation)에서 두드러졌다. 통일 후 수많은 구동독 지역의 산업과 기업이 구조조정을 겪고 노동자들이 경제활동에서 배제되어 국가의 사회정책에 의존하는 경제적 잉여계층으로 전락했다. 이로 인해 야기되는 사회해체(Soziale Desintegration)를 최소화하고 경제영역 내에서 사회성(Sozialiät)을 강화할 수 있는 자율적 주체는 노동조합밖에 없다.

그렇다면 독일 통일과정에서 독일 노조가 보여준 조직확장 및 인적 통합이 노조의 사회통합적 역할과 관련하여 한국 사회에 주는 함의는 무엇일까? 앞에서의 논의에 기초하여 대략 두 가지 함의를 이끌어낼 수 있다.

첫째, 독일 노동조합은 '사회적 통일의 변호사(Anwalt der Sozialen Einheit)'로서 경제적 통합 과정에서 나타날 수 있는 사회적 부작용을 연대적 동질화 전략 같은 사회정책적 개입을 통해 교정하는 역할을 수행했다. 독일 노동조합이 이러한 역할을 수행할 수 있었던 것은 노동조합이 독일의 사회질서를 형성시키는 중요한 주체로서 기능해왔기 때문이다. 그렇다면 한국의 노동조합도 이러한 역할을 수행할 수 있을 것인가? 현재 한국의 노동조합이 처한 상황을 고려하면 상당히 부정적으로 대답할 수밖에 없을 것이다. 한국의 노동조합, 특히 민주노총은 전투적 노동조합주의라는 대외적 평가와 달리 내부적으로는 취약한 조직력이라는 고질적인 문제를 갖고 있다. 이로 인해 기업단위를 넘어 노동자들의 이해관계를 지역별·산업별·업종별로 묶어낼 수 있는 계급적 연대역량이 극히 미미한 수준에 머물러 있다. 따라서 독일 노동조합이 구사했던 연대적 동질화 전략과 같은 사회적 연대전략을 성공시킬 주체적 역량이 취약하다고 할 수 있다.

둘째, 독일 노동조합은 조직통합 및 인적 통합에 있어서 개별·산별노조가 처한 상황에 따라 전면적 배제전략과 부분적 승계전략을 선택적으로 구사했다. 먼저 조직통합은 단절과 구서독 시스템의 동독 이식이라는 방식을 활용했으며, 인적 통합에 있어서는 이데올로기적 배제와 구서독 인적 자원의 전면배치를 통한 조기안정화를 선호했다. 구동독 지역 주요 기업이 신탁청을 통한 사영화(Privatisierung) 방식을 취함에 따라 자본주의적 경영 시스템이 급속히 확산되었다. 이에 맞서 구동독 노동자들의 이해관계를 대변하는 동시에 구서독식 사회적 파트너십을 구축하기 위해 제도적 이행(Institutionelle Transformation)의 일환으로 구서독 노조 시스템을 이식시키는 방식을 선호하게 된 것이다. 그러나 다른 한편으로 노조 조직체계 및 인적 자원 이식으로 발생한 대표성의 한계(Repräsentationslücke)를 기업단위 공동결정 제도가 제공하는 종업원평의회(Betriebsrat)를 통해 보완함으로써 구동독 노동자들의 이해관계가 노동조합 정책에 반영될 수 있도록 했다(<그림 4-2>).

독일 노조는 체제이식과 구동독 노동자의 자율적 대표성을 독일 노사관계의 이원적 시스템을 통해 보원하는 방식으로 조직확장과 인적 통합을 수행해갔다. 이러한 방식이 한국에 주는 함의는 한국의 노동조합에 주어진 전략적 선택의 폭이 매우 좁다는 점이다. 북한에서 노동조합과 유사한 역할을 수행하는 노동자단체로는 직업동맹이 있다. 직업동맹은 원래 노동

<그림 4-2> 이원적 노사관계 시스템과 인적 자원 활용

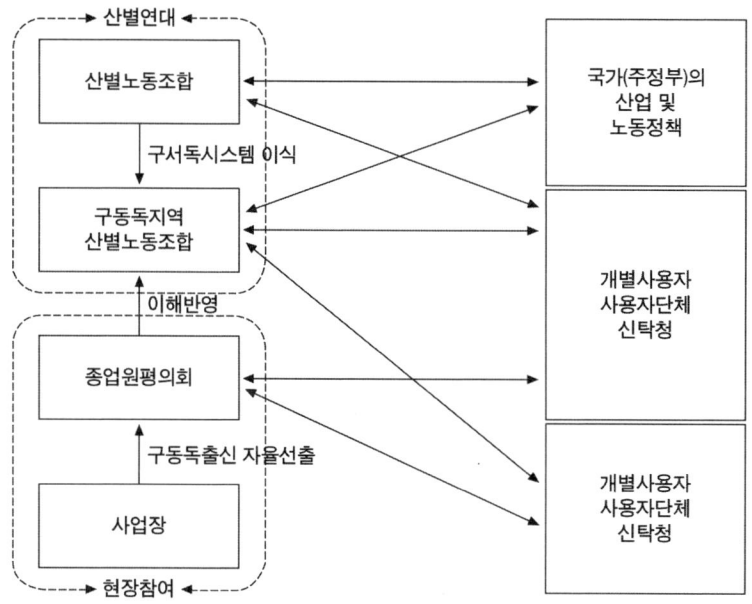

조합의 역할인 단체교섭을 수행하는 조직이었으나 1970년대 단체계약권 및 근로기준과 관련된 기업감시권을 박탈당했다. 그러나 1990년대 이후 외국 투자기업의 북한진출 이후 외국 투자기업에 대한 감독과 통제의 역할을 다시 부여받아 단체계약을 체결할 수 있는 권한을 갖고 있다(최종태·김강식, 2003: 127~133). 그렇지만 북한의 노동체제에서 직업동맹은 당과 근로자계급을 연결하는 고리로서 자율적 노동자조직이라기보다는 노동행정 체계의 일부로 기능하고 있다고 보아야 한다. 따라서 현재의 이데올로기적 상황을 고려하면 남북통일 이후 노동조합의 조직확장 및 인적 통합은 단절과 전면적 배제의 방식으로 이루어질 가능성이 크다. 직업동맹의 인적 자원에 대한 부분적 승계라는 옵션은 한국의 상황에서는 선택할 수 없는 선택지라고 할 수 있다.

<그림 4-3> 통일 후 노조의 조직통합 및 인적 통합

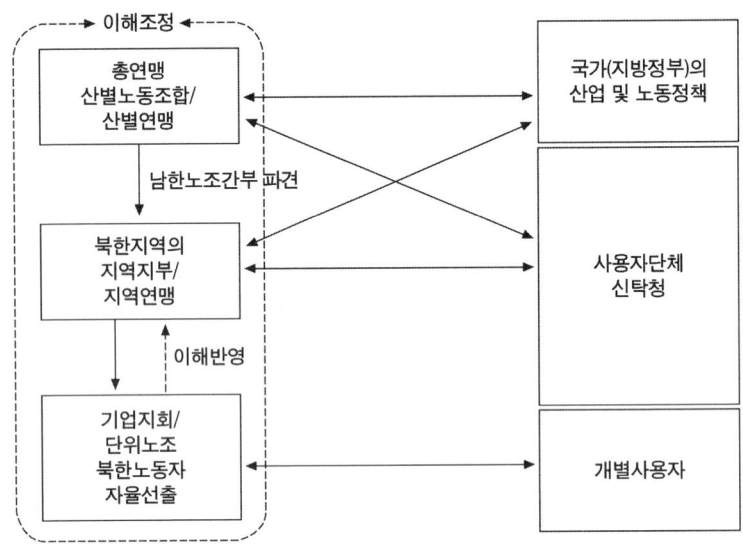

그렇다면 남북통일 이후 조직통합과 인적 통합은 어떠한 방식으로 이루어지게 될 것이며, 북한노동자들의 이해관계를 반영하는 시스템을 구축하기 위한 노동조합의 조직체계와 조직구조는 어떠한 형태를 갖게 될 것인가? 현재의 한국의 노사관계 시스템을 고려하면, 조직확장과 인적 통합의 유기적 보완성은 독일의 사례에서처럼 산별노조와 종업원평의회의 이원구조가 아니라 노동조합 체계 내에서 완결적으로 이루어져야 할 것이다. 즉, 기업별 노조의 전통이 깊은 한국의 노사관계 시스템을 고려할 때 산별노조나 산별연맹의 지역조직은 남한 지역 노조간부의 인적 자원을 활용하게 될 것이며, 개별기업 단위의 노조 현장조직은 북한 노동자들의 자율적 선거에 의해 선출하는 방식이 될 가능성이 높다(<그림 4-3>). 이러한 분권화된 시스템이 갖는 가장 큰 문제는 기업단위에 대한 상급단체의 조정 및 통제가 쉽지 않아 노동자들의 연대형성이 어렵다는 점이다. 특히 통일

이후 일정 기간 북한 지역 산업 및 기업에 대한 구조조정이 시행될 경우 노동조합이 개별 기업단위 조직에 대한 통제력을 행사하기 어려워 사회적 갈등이 심화될 가능성이 크다. 따라서 북한 노동자들의 이해관계를 반영하면서도 동시에 산업 및 업종단위에서 노동조합이 실질적인 주체로서 산업 및 노동정책에 개입할 수 있는 내적 지배구조를 어떻게 만들어갈 것인가와 구조 내의 행위자로서의 북한 지역 인적 자원을 어떻게 확보할 것인가가 중요하다고 할 수 있다.

6. 나오는 말

구동독 지역의 자본주의 체제로의 전환 과정에서 독일노총은 중요한 역할을 수행했다. 첫째, 사회주의적 계획경제에서 자본주의적 시장경제로의 급격한 체제 이행과정에서 고립된 개별노동자들을 조직화하고 집단화하는 동시에 노동시장 정책과 구조조정 정책에 대한 다양한 개입을 통해 노동자의 이해를 대변할 수 있었다. 둘째, 노동자들이 안정적으로 변화과정에 적응할 수 있도록 지역적 고용정책과 직업교육을 시행함으로써 구동독 지역의 사회적·경제적 구조 변화에 상당한 영향력을 행사할 수 있었다. 셋째, 노동시장에 대한 개입을 통해 구동독 지역에 구서독의 노사관계 체계를 성공적으로 이식하고 노동조합의 조직을 커다란 변화 없이 이식할 수 있었다. 이러한 면에서 독일노총은 노동조합이 행사할 수 있는 사회적 권력의 한 주체로서 자신의 정책적 능력을 여실히 보여주었다고 할 수 있다.

앞에서 살펴본 바와 같이 독일노총의 통일 후 구동독 지역에 대한 노동시장 정책의 기본방향은 임금과 생산성을 연계시키지 않고 신속하게 구동독 지역 노동자들의 임금·노동시간·노동조건을 구서독 수준으로 동질화시키는 것이었다. 여기서 이러한 독일노총의 노동시장 통합을 위한 정책은 어떠한 결과를 가져왔느냐는 질문이 던져질 수 있다. 독일노총의 노동시장 정책에 대한 적극적 개입을 통한 조직확장 전략에 대한 평가는 두 가지 방향에서 이루어질 수 있다. 첫째, 노동시장 정책적 측면에서 신속한 구동독과 구서독 지역의 임금 및 노동시간 동질화는 구동독 노동자들의 삶의 질에 어떤 영향을 미쳤는가? 둘째, 독일노총의 조직확장 전략이 가져온 결과는 무엇인가?

우선 첫 번째 질문에 대해서는 긍정적인 측면과 부정적인 측면이 복합되어 노동조합에 새로운 과제를 제기했다고 말할 수 있다. 많은 경제학자가 평가하듯 독일노총의 노동시장 정책은 구동독 지역의 실업률 증가에 직접적으로 부정적인 영향을 미쳤다(Steiner and Wagner, 1997; Zentrum für Europäische Wischaftsforschun, 1997). 생산성과 연계되지 않고 상대적으로 높은 임금이 지불됨으로써 구동독 지역 기업의 경쟁력을 하락시키고, 그 결과 새로운 일자리 창출의 가능성은 봉쇄되고 기존 일자리는 감소하는 결과를 초래한 것이다. 그러나 사회통합적인 측면에서 구동독 노동자의 삶의 질을 상당한 정도로 개선시키는 긍정적 효과가 있었음을 무시할 수 없다. 결국 노동조합은 구동독 지역 노동자의 삶의 질을 확보하면서 고용문제를 해결하는 이중적 과제를 떠안게 되었다.

두 번째 질문에 답하자면, 독일노총은 노동시장 정책적 접근을 통해 통일 후 다양한 활동을 함으로써 구동독 지역에 확고한 조직적 토대를 다졌다고 볼 수 있다. 이러한 활동은 노동자연대라는 원칙에 기초해 있으며, 다른 한편으로는 독일노총의 조직 확대 필요에 의한 것이었다. 그러나 통독 후 독일노총이 경험한 동독 지역의 급격한 조직노동자 증가와 뒤이은 감소는 독일노총이 처한 또 다른 현실을 보여준다. 조직노동자 수의 감소추세와 노동자 구성의 변화는 일시적 현상이라고 보기 어렵다. 자본주의가 고도화되고 기술이 발전하면서 계속되는 산업합리화로 인해 실업은 일반화되고 있다. 선진국에서 보이는 구조적 실업은 이러한 자본주의 발전의 결과라고 볼 수 있다. 독일 역시 이러한 합리화의 지속적인 과정에 있으며, 독일노총의 노동시장적 개입은 이러한 합리화를 가속시킨 하나의 요인으로 작용했다고 볼 수 있다.

참고문헌

김강식. 2003. 『북한의 노동: 제도 및 인적 자원』. 집문당.
선한승·조명철 외. 2000. 『남북협력과 노동정책』. 한국노동연구원.
이승협. 1996. 「변화하는 노사관계와 독일노동조합총연맹(DGB)의 진로」. ≪현장에서 미래를≫, 8호.
＿＿＿. 1995. 「통독 후 구동독 지역에 대한 독일노총의 노동정책」. ≪현장에서 미래를≫, 2호.
최종채·김강식. 2003. 『북한의 노동과 인력관리』. 서울대출판부.

Bach, Hans-Uwe. "Labour Market Trends and Active Labour Market Policy in the Eastern German Transformation Process 1990~1997." *IAB Labour Market Research Topics*, No. 29.

Bergmann, Joachim. 1996. "Industrielle Beziehungen in Ostdeutschland." Bukhart Lutz et al(eds.). *Arbeit, Arbeitsmarkt und Betriebe*. Opladen.

Bird, Schwarze, Johannes Schwarze and Gert Wagner. 1994. "Wage effects of the Move Toward Free Market in East Germany." *Industrial and Labor Relations Review*, Vol 47, pp. 390~400.

Bispinck, Reinhard. 1994. *Zwischen Revision und Angleichung: Der schwierige Spagat der Tarifpolitik in Ostdeutschland im Jahr 1993*, No. 3. WSI-Mittieilungen, S. 154~165.

Bundesamt, Statistisches. 2003. *Datenreprot 2002*. Berlin.

Burda, Michael and Christoph Schmidt. 1997. "Getting behind the East-West Wage Differential." *Discussion Paper, Wirtschaftswissenschaftliche Fakultät*, No. 250. Uni. Heidelberg,

Franz, Wolfgang and Volker Zimmermann. 1997. "Mobilität nach der beruflichen Ausbildung: Eine empirische Studie für Westdeutschland." *Discussion Paper*, No. 97-21. Zentrum für Europäische Wirtschaftsforschung.

Geißler, Rainer. 2002. *Die Sozialstruktur Deutschlands*. Wiesbaden.

Gewerkschaftsbund, Deutscher. 2000. *10 Jahre Aufbau Ost: eine Zwischenbilanz*. Berlin. http://www.dgb.de.

Göbel, Jana. 1995. "Tarifanpassung Ost-West." *Arbeit und Arbeitsrecht*, No. 50, S. 78.

Hund, Jennifer. 1999. "Post-Unification Wage Growth in East Germany." *NBER Working Paper*, No. 6878. National Bureau of Economic Research.

Kädtler, Jürgen and Gisela Kottwitz. 1994. "Industrielle Beziehungen in Ostdeutschland." *Industrielle Beziehungen*, Vol. 1, No. 1.

Kleinhenz, Gerhardt. 1992. "Tarifpartnerschaft im vereiniten Deutschland." *Aus Politik und Zeitgeschichte*, No. 12/92. Bonn.

Krueger, Alan and Jörn S. Pischke. 1995. "A comparative analysis of East and West German labor markets before and after unification." in Freeman and Katz(eds.). *Differences and Changes in Wage Structures*. Chicago.

Ragnitz, Joachim. 2002. "Arbeitsangebot Arbeitsnachfrage und ein Lösungsvorschlag für das ostdeutsche Arbeitsmarktproblem." Diskussionspapiere, Nr. 168. Institut für Wirtschaftsforschung Halle.

Schäfer, Reinhard and Jürgen Wahse. 2002. "Aufholprozess in Ostdeutschland kommt nur schleppend voran." *IAB Werkstattbericht*, Nr. 7.

Schröder, Wolfgang. 1996. *Industrielle Beziehungen in Ostdeutschland: Zwischen Transformation und Standortdebatte*. Aus Politik und Zeitgeschichte, S. 25~34.

Steiner, Viktor and K. Wagner. 1997. "East-West German Wage-Convergence: How far have we got?" *Discussion Paper*. No. 97-25. Zentrum für Europäische Wirtschaftsforschung.

Steiner, Viktor and Lutz Bellmann. 1995. "The East German wage structure in the transition to a market economy." *Labour Review of Labour Economics and Industrial Relations*, Vol. 8, No. 3, pp. 539~560.

Weidenfeld, Werner and Karl-Rudolf Korte(eds.). 1999. *Handbuch zur deutschen Einheit 1949-1989-1999*. Ffm.

제5장

사회주의 지배층

상승과 전환 경험

미하엘 호프만(예나 대학교)

김미경(광주대학교) 옮김

1. 들어가는 말

 구소련 스타일의 소위 인민민주주의 국가들의 사회구조적 발전에는 몇 가지의 평행선이 존재한다. 이 나라들은 부르주아적, 혹은 농경적·봉건적으로 지배되던 이전 구조와 단절했으며, 이 나라들의 사회구조를 결정적으로 각인한 사회주의 지배층을 형성했다. 이 나라들이 자신을 뭐라고 부르든 간에, 인민민주주의 혹은 노동자·농민국가는 인민 대중, 즉 노동자와 농민이 사회주의 지배층과 대립하고 있으며, 이렇다 할 만한 중간 계층이 없는 사회이다. 이 글에서는 동독의 사회적 (구조) 역사에 대해 개괄하고자 한다 (Vester, Hofmann and Zierke, 1995; Müller and Hoffmann, 1997: 237~321). 그러는 가운데 다음의 질문들에 답하면서 구조적 변동에 대해 묘사하고자 한다.

- 사회주의적 지배층은 어떻게 형성되었으며, 구소련 스타일의 인민민주주의 국가는 어떤 사회구조적 특성을 갖는가?

- 동독의 사회적 안정성은 어떤 기반에서 기인하는가?
- 동독에서의 평화적 혁명의 내부적 사회세력과 행위자는 어디에서 유래하는가?
- 1989년 이후 동독에서의 사회구조적 발전에 있어 평화적 혁명의 승자와 패자에 대해 질문하고자 하며, 동독 사회 구조의 서독 사회구조에의 동화에 대해 진단하고자 한다.

사회구조의 탐구에서 가장 큰 문제는 독일민주공화국(DDR)이 사회학적 구조 연구를 극히 일면적으로만 수행했기 때문에 우리는 과거 독일민주공화국 시절에 나온, 그리고 1990~1991년부터 나온 얼마 안 되는 자료에 기초해서 역사적 경과를 재구성해야 한다는 점에 있다. 이 글에서는 사회학적 기본단위로서 계급이나 계층의 개념을 사용하지 않고 '사회환경(soziale Milieus)'이라는 개념을 사용하고자 한다. 사회환경은 비슷한 생활실천과 기본지향을 가진 사람들을 포괄하고, 계급과 계층에 비해 수직적인 상·하 질서뿐만 아니라, 사회집단 간의, 이를테면 전통적인 환경과 전위적 환경 간의 수평적 차이, 즉 문화적 차이도 파악할 수 있는 장점을 갖고 있다.

2. 독일민주공화국의 사회주의 혁명

제2차 세계대전 이후 독일의 소비에트 점령지역에서는 서독에서처럼 바이마르공화국의 부르주아 사회구조를 복원하려는 시도가 일어나지 않았다. 동독에서는 사회구조적으로 봤을 때 실제로 혁명이 일어났다. 구부르주아와 귀족 출신의 기능 엘리트들(기업가, 은행가, 군인, 다수의 학자)은 탈나치화되어 재산을 몰수당하고 추방되었다. 또한 1961년까지 서독으로 간 200만 명의 난민 대부분이 부유층이었으므로 상위 계층의 대손실이 초래되었고, 그에 따라 사회구조적 변화 압력이 크게 일어났다. 1940년대와 1950년대 후반부의 사회변동은 동독에서 주장하듯이 노동자 계급의 해방을 의미하는 것이 아니라, 권력으로부터 이탈된 옛 부르주아 계급을 대체하는 새로운 기능 엘리트의 급속한 배치를 의미한다. 1950년대에서 1960년대 중반까지는 엄청난 교육열망 속에서 새로운 교사, 기술자, 경영자, 고위 행정가, 안전요원, 정치간부들이 양성되었다. 적어도 초기에는 이들 사회주의적 교육상승자들은 대부분 숙련노동자 출신이었다.

교육의 수문을 조기 개방한 것과 책임 있는 직위로의 대량적 상승은 '프롤레타리아 독재' 하에서 독일민주공화국 상층부의 사회적 공간 안에 국가와 당에 충성하는 분위기를 만들었다. 즉, 사회주의 지배층을 만든 것이다. 이 사회주의 지배층은 세 집단으로 이루어졌다. 첫 번째 집단은 권력행정가(지위지향적 환경), 즉 사회주의 법과 마르크스-레닌주의 정치경제학을 공부한 당과 국가의 간부들이다. 두 번째 집단은 기술분야나 경제학을 전공한 사회주의 산업의 지도자(기술관료적 환경)들이다. 마지막으로 세 번째로 교수나 의사, 그리고 문화창조자 부류가 있다(인문주의적 환경). 동독 정부는 문화와 교육에 큰 관심이 있었기 때문에 이 분야의 전공자들에게도 지위상승의 기회가 제공되었다. 사회주의적 지배층은 국가의 지원으로 교육을 통해 지위를 높일 수 있었던 사람들로 구성되었는데, 사회주의가 몰락할 때까지 존재했다. 이들은 주로 1940년대 후반에서 1960년대의 기간에 동독 상층부에 폭넓게 자리 잡았다. 노멘클라투라(Nomenklatura) 라고 하는 이러한 사회주의 지배층 내에는 소련 스타일의 모든 인민민주주의 국가들에서 통일된 정치적 지도력을 발휘하는 기능 엘리트들이 포함된다. 이와 달리 인구의 전통적 부분, 즉 노동자환경과 소시민적 생활세계

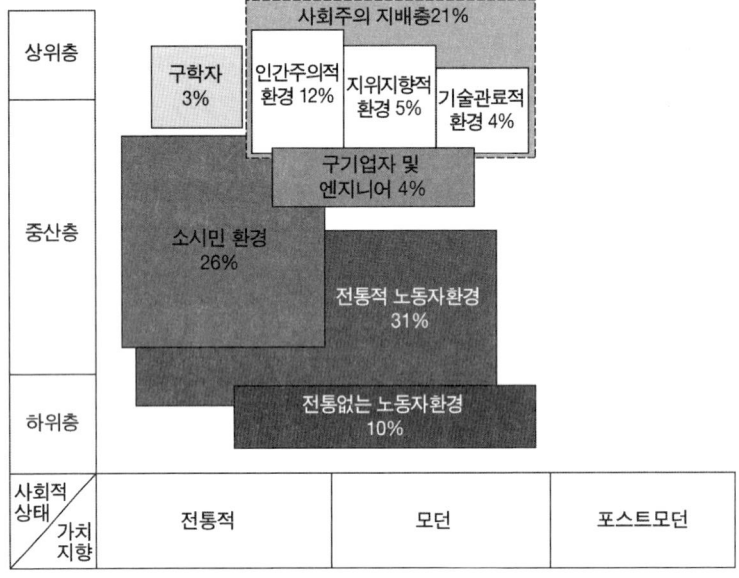

〈그림 5-1〉 1960년 동독 사회환경

역시 동독의 정치상황에 적응해야만 했다. 특히 노동자환경은 변하지 않았다. 마지막까지 동독의 사회적 삶은 이러한 전통적 노동자 생활문화와 소시민적 생활문화에 의해 각인되어 있었다. 초기 동독의 사회구조적 관계는 <그림 5-1>과 같이 도식화할 수 있다.

3. 독일민주공화국의 사회문화적 분화

1960년대 중반 사회주의적 교육혁명이 끝난 후 사회주의 지배층은 자체적으로 충원되었고, 독일민주공화국 후반기에는 마치 연판(Bleiplatte)처럼 전통적 생활세계를 뒤덮었다. 이로 인해 대량적 지위상승이 봉쇄되었다. 사회주의 사회에서 사회적 이동은 1970년대와 1980년대에 현저히 감소했다. 그렇지만 1970년대 동독에서도 근대적 생활세계가 발전했다. 국제적 인정과 호네커의 사회정책을 통해 온갖 제한 속에서도 대중소비와 대중여행, 그리고 무엇보다도 서구 대중문화, 특히 음악문화와의 접점을 유지한 것이다. 이 시절에 사회화된 사람은 생활세계의 근대화에 동참할 수 있었다. 새로운 사회적 환경들이 발생했지만, 정착되기는 어려웠다. 서구의 근대적 사회환경이 걸었던 '제도를 통한 긴 통로'를 동독의 근대는 걸을 수 없었다. 이러한 음악지향적인, 교육지향적인, 혹은 하위문화적인 생활 스타일은 벽감(壁龕, Nischen)에서 자신의 이해관계와 음악을 돌보거

〈그림 5-2〉 1989~1990년 동독의 사회환경

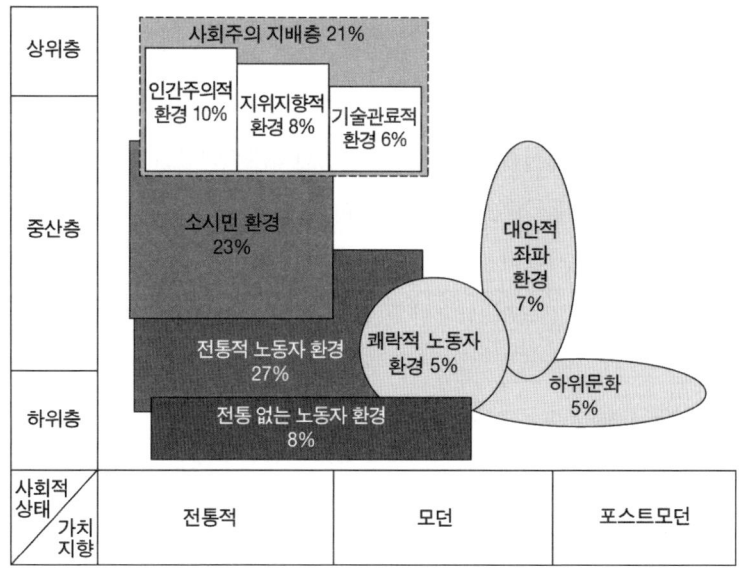

나, 때때로 교회의 지붕 아래에서 동독의 좌파-대안적 계층을 형성하고자 시도한다. 개략적으로 후기 동독의 사회 핵심구조는 사회주의 지배층에 의해 둥글게 덮인 전통적 민중환경이라 할 수 있다. 젊은 숙련노동자와 대안적 지식인들의 근대화된 환경은 이 전통적 민중환경의 좌파 생활환경 주변에서 생겨났다.

평화적 혁명의 행위자는 본질적으로 지난 20년 동안 형성된 새로운 사회환경에서 나왔다. 예를 들어 쾌락주의적 노동자환경에는 독일민주공화국을 떠나고자 출국을 신청한 사람들 대부분이 해당된다. 좌파-대안적 환경은 시민권운동가 환경이라 칭할 수 있다. 그러나 전통적인 민중환경 내에서도 1980년대에는 산업과 도시들의 눈에 띄는 몰락과 함께 체제에 대한 충성이 자주 거부되었고, 심지어 사회주의 지배층 내에서도 개혁가가 나타났다.

4. 분화와 신생: 1990~2004년간 동독에서의 환경변화

1990년대 동독에서는 여러 가지 환경변화가 일어났다. 이 시기에는 사회적 이동이 매우 잦았다. 12개월 사이에 일자리와 직위의 과반수가 바뀌었다. 대다수 사람이 직업적 지위 내지는 직장을 잃었는데, 1993년을 예로 들면 23%가 신분이 상승한 반면 77%가 몰락했다.[1] 몰락한 사람들

---

[1] 이 수치는 Frank Adler and Albrecht Kretzschmar, "Ostdeutschland: Soziallagen im Umbruch"(DFG-Projekt)에서 나온 것으로, 1994년 12월 1일 브레멘에서 열린 워크숍에서의 Gruppe Arbeitsmarkt and Sozialstruktur의 발표문을 참고하기 바람. 이 수치는 Sozialberichterstattung의 최근 자료에 의해 보완되었다. 역시 Thomas Buhlmann, "Sozialstruktureller Wandel", Zapf and Habich(Hrsg.), *Wohlfahrtsentwicklung im*

은 동독의 가장 큰 사회환경인 전통적 노동자환경에 속했는데, 이 산업적 토대가 무너진 것이다. 그런데 전통적 생활환경에 있는 사람들은 구조적 몰락에 대처할 상당한 사회자원과 연계망을 가지고 있었다. 그러나 숙련노동자환경에는 후계자가 거의 존재하지 않았다. 예를 들어 대를 이어 지속되었던 특정한 금속직종의 '숙련노동자 왕국'은 무너지고 말았다. 이런 방식으로 2004년까지의 전환과정에서 전통적 환경은 거의 절반 정도 축소되었다(Hoffmann and RInk, 1993: 25~27).[2] 또한 역사적으로 가장 오래되고 안정된 생활세계, 즉 소시민적 환경 역시 현저하게 축소되었다. 반면 자영업 중간층은 부분적 재활성화를 통해 안정화 경향을 보였다. 그와 반대로 연구자들이 '전통 없는 노동자환경'이라고 부르는 사회환경도 성장했다. 이는 쾌락주의적 환경과 함께 동독의 증대하는 하위층을 구성했으며, 오늘날 동독 인구의 4분의 1을 차지할 정도로 커졌다.

많은 정치적 기대와 공개적 자기서술과 달리 사회주의적 지배층은 전환과정에서 자신의 첫 역사적 증명(Bewährungs-Probe)을 아주 잘 통과했다. 삼차 산업 과정, 즉 근대적 서비스 부문은 그들에게 새로운 재생산 기초를 보장해주었다. 기술관료적 환경의 대표자들은 구동독 산업의 청산과 경제조직적 재구조화에서 중요한 행위자였다. 동독의 창업자 대부분이 기술관료적 환경 출신이었다. 물론 여기에도 몇몇 몰락이 있었는데, 그것은 무엇보다도 정치적 배제(비밀경찰 슈타지의 활동 등)와 관련이 있다. 그렇지 않은 많은 기술관료는 1990년대에 신분 상승을 경험했다. 기술관료적 환경은 지위환경과 근대 부르주아적 환경에서 싹텄다.

---

    vereinten Deutschland(Berlin, 1996), S. 25~49를 참조.

2) 이에 대해서는 Hofmann and Rink, "Die Auflösung der ostdeutschen Arbeitermilieus", *Aus Politik und Zeitgeschichte*(1993), S. 26~27을 참조하기 바람.

지위지향적 환경에서는 전환기 시작단계에서 많은 사람이 목을 자유자재로 돌릴 수 있는 새인 '개미잡이(Wendehälse)'로 낙인찍혔다. 그들이 사회주의 국가 기능에서 대량으로 자본주의적 서비스 기능으로 옮겨왔기 때문이다. 젊고 적응할 준비가 된 상승지향적인 많은 사람이 이 얼어붙은 사회에서 빠른 지위상승을 이룰 수 있는 아주 작은 통로 앞에 대기하고 있었다. 이들은 통독 이후 새로 형성된 노동시장을 지배할 수 있는 가장 최전선에 속하게 되었다. 그리고 모든 정치적이고 도덕적인 의심과 별개로 새로운 행정과 은행·보험의 확립을 위해 그에 상응하는 전제들과 자격들을 가지고 있었다. 확대된 서비스 부문에서의 '좋은 직업' 상당수가 기존 동독 지배층의 대표자들에게 돌아갔다.

사회주의적 교육 부르주아층, 소위 인본주의적 환경에서는 다소 적응의 어려움과 갈등이 있었다. 그 이유는 부분적으로 이 환경이 교육을 통한 신분 상승과 사회적 자기위치를 사회주의적 사회 유토피아의 에토스 또는 계몽 에토스와 밀접히 연관된 것으로 보았기 때문이다. 다른 한편으로 전환은 의학, 문화 또는 교육 분야의 교육지향적 대표자들이 더 나은 지위를 갖도록 도왔다. 노동자와 비교해 눈에 띄게 높아진 대학종사자의 소득은 이러한 동독의 특수한 교육환경 대표자들에게 삶의 차별화를 허락했다. 교육환경은 부르주아화를 열었다고 할 수 있다.

다른 한편으로, 대학과 법률 분야에서 좋은 직장을 얻는 경쟁에서는 주로 서독 엘리트가 승리했다. 여기에서 사회주의적 사회이념의 탈정당화가 부가된다. 그에 따라 동독의 인본주의적 환경에는 두 개의 축이 형성되었다. 이들은 동독에 뿌리를 형성하고, 자신의 계몽주의적이고 사회주의적인 에토스를 통합 이데올로기로서 고집하는 지배층의 대표집단으로서 일종의 '환경당(Milieupartei)'을 나타낸다.

환경의 다른 한쪽 극에서는 생활세계가 안정화되고 있다. 이미 1980년대에 느낄 수 있었던 '소시민화'는 통독 후 더욱 강력하게 나타났다. 사회주의적 교육을 통해 신분 상승한 대표자들은 새로운 행동확실성을 얻어 동독의 본원적인 해석 엘리트가 되었다. 이들은 물론 자신의 사회경험에 기초해서 서독의 특수한 민주주의 경험과 자유경험에 대해 거리를 유지하기도 하는 한편, 정의와 평등에 대해서도 다른 관념을 가졌다.

쾌락주의적 노동자와 하위문화의 근대적 사회환경은 독일민주공화국에서는 별로 통합되지 못했는데, 이 근대적 사회환경은 전환기에 폭넓은 발전의 여지를 발견했다. 대부분 동독 산업의 핵심에서 일했던 쾌락주의적 노동자는 폭넓은 소비세계와 미디어 세계에서 새로운 터전을 발견했다. 그들은 청소년 (음악) 무대와 청소년 문화와 융합하여 쾌락주의적 환경을 형성했다. 이 쾌락주의적 환경은 모든 중부 유럽 사회에서 발견할 수 있다. 즉, 여기에서는 더 이상 동독의 특수성을 찾아볼 수 없게 된 것이다.

좌파-대안적 환경(독일민주공화국 시민운동 대표자들의 생활세계)에서는 민주적 가능성이 다수파와 소수파 간의 강력한 분화와 양극화를 빚어내고 있다. 다수파는 서독의 68세대처럼 서서히 그러한 환경에서 벗어나 오히려 기술관료적 혹은 자유주의-부르주아적 생활세계로 성장하고 있고, 소수파는 자신의 대안적 생활양식을 고집한다. 종합하자면 사회구조적 결과들은 다음 두 가지 차원으로 요약할 수 있다.

① 전통적 생활세계의 수축
② 생활세계의 세분화와 근현대화(동독 사회환경의 대부분은 그동안 근대적 생활세계가 되었다)

사회적 공간은 폭파되었다. 수직적(빈곤-부) 차원에서뿐만 아니라 수평적(전통적-근대적) 차원에서 사회적 차이가 더 벌어졌다. 동독 지역의 사회

<그림 5-3> 2000년도 동독의 사회환경

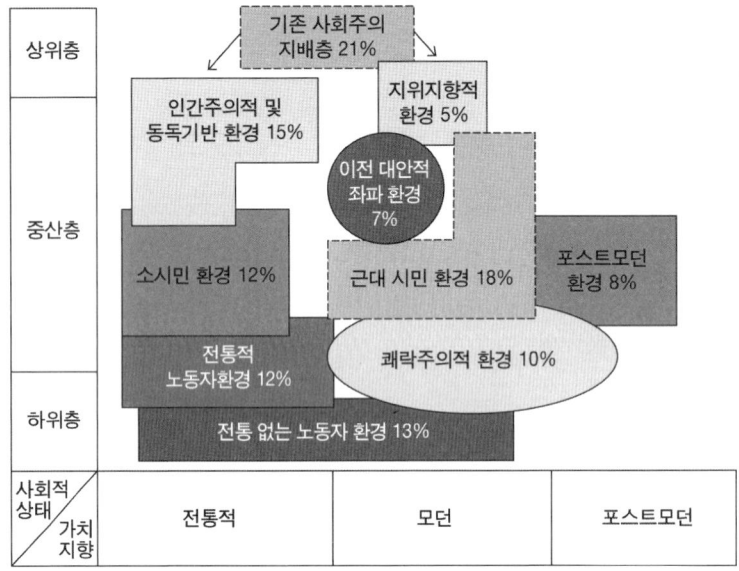

자료: Burda Advertising Center(Hg.), *Typologie der Wünsche. Die Sinus Milieus in Deutschland*(Offenbach, 2000)에 기초하여 동독의 사회적 환경을 작성

적 공간 역시 더 작아졌고 세분화되었다. 이제 더 이상 전 인구의 1/4을 포괄하는 거대한 환경이 존재하지 않았다. 대신에 소규모 환경의 수가 많아졌다. 그 규모는 9개에서 11개로 늘어났다. 동독 지역의 사회적 중간층 내에서의 간극 역시 가시화되었다. 무엇보다도 강력한 중간층이 결여되었다. 서독에서는 예를 들어 근대적(능력중심의) 노동자환경이 그 간극을 메웠는데, 그것은 동독 근대적 부르주아 환경의 두 배에 해당한다. 마지막으로 <그림 5-3>에서는 하위층(특히 전통 없는 노동자환경과 쾌락주의환경으로 이루어진)을 분명히 볼 수 있다.

1990년에서 2000년의 결정적인 10년 동안의 결과는,

① 전통적 생활세계가 58%에서 39%로 축소되었다. 또한 최대의 신분하락과 지위상실이 발생했다. 동독의 전통적 민중환경은 절반으로 감소했다.
② 구동독의 기능 엘리트, 즉 사회주의 지배층은 사회변동 속에서 자신을 지키는 데 성공했다. 전체적으로 볼 때 동독에서의 이러한 환경변화는 사회관계의 전복을 의미하지는 않는다. 상층부는 상층부에, 하층부는 하층부에 여전히 머물러 있다. 다만 그들 간의 간격이 벌어질 뿐이다.
③ 체제 전환기에 동독 지역에서도 소위 포스트모던이라는 새로운, 무엇보다도 쾌락주의적인 환경이 나타났다. 이 새롭고 젊은 사회집단은 정착이라는 어려운 과제를 안고 있는 근대적 중산층의 자녀들로 이루어졌다. 그들은 신분 상승, 음악, 그리고 소비를 추구하는 젊은이들이며, 교육기관과 재벌들의 신분 상승에 대한 약속을 맹목적으로 믿지 않는다. 이 환경은 모든 서구 사회에서 발생했으며, 동독 지역에서는 특히 강력하게 성장했다.

5. 나오는 말

독일 통일은 사회의 상층영역에서 가장 잘 이루어졌다. 사회주의 지배층은 사회주의 이후 사회의 현대적 상층부로 도약에 성공했다. 그러나 부르주아나 숙련노동자층의 경직된 사회환경은 수축과 세분화 과정을 겪었다. 물론 동독에서도 근대적 중산층이 생겨났지만, 그들은 아직 힘이 없고 사회환경의 40%(서독은 60%)만을 포괄하고 있다. 서독과 마찬가지로

동독도 포스트모던적 생활문화의 실험실이 되었다. 이러한 종류의 빠른 사회변동 과정은 동독 지역의 사회적 분위기와 심성에 영향을 미친다.

동독을 거론할 때, 지금까지는 무엇보다도 전통적 환경에서의 방어, 지위하락, 수축에 대한 투쟁에 대해 언급했다. 동독 사회는 아직도 노동자와 소부르주아로 구성된 좀 더 전통적인 독일 사회로 이해되고 있다. 이는 사회문제들이 전통적 환경에 집중되어 있기 때문이다. 유약한 근현대적 중산층은 동독 지역의 사회적 핵심구조와 거리가 멀다. 구조적으로 봤을 때 동독 지역은 근대적 중간 사회에 도달하지 못했다. 또한 서독 중간 사회로의 동화 역시 발생하지 않을 것이다. 동독 지역에서의 사회변동은 '따라잡지 않고 추월'하기를 받아들이는 것으로 보인다.

주목할 만한 결과는 동독에서 새롭고 강력한 포스트모던적 환경과 생활세계가 성립했다는 것이다. 이러한 생활문화는 문화적 향유와 직업적 혼란을 견뎌내는 전략을 보호한다. 이는 일정 정도 위기로부터 미덕을 만들어 낸다. 여기에서 생활경험과 패치워크 전략이 발생한다. 안전과 정착의 가능성이 희박한 상황에서 이 전략에 의해 생존이, 그리고 무엇보다 생활 향유가 시험된다. 이러한 생활세계로부터 전혀 새로운 동독적 색깔이 나올 수 있기를 기대해본다.

참고문헌

Adler, Frank and Albrecht Kretzschmar. 1994. *Ostdeutschland: Soziallagen im Umbruch*. DFG-Projekt.

Adler, Frank. Ferchland Rainer and Albrecht Kretzschmar. 1997. "Zum Wandel sozialer Ungleichheitin Ostdeutschland seit 1989~1990. Analysen zu Verteilungsmustern von Dimensionen/Indikatoren ungleicher Lebenslagen, ihrer Veränderung und Bewertung in der Bevölkerung der ehemaligen DDR. Endbericht des DFG-Projektes." *Ostdeutschland: Soziallagen im Umbruch*. Berlin.

Buhlmann, Thomas. 1996. "Sozialstruktureller Wande." Zapf and Habich(Hrsg.). *Wohlfahrtsentwicklung im vereinten Deutschland*. Berlin, S. 25~49.

Burda Advertising Center(Hg.). 2000. *Typologie der Wüunsche. Die Sinus Milieus in Deutschland*. Offenbach.

Hofmann, Michael and Dieter Rink. 1993. "Die Auflösung der ostdeutschen Arbeitermilieus." *Aus Politik und Zeitgeschichte*, S. 26~27, 93.

Müller, Hofmann, 1997. "Rink: Diachrone Analysen von Lebensweisen in den neuen Bundesländern: Zum historischen und transformationsbedingten Wandel der sozialen Milieus in Ostdeutschland." Hradil, Stefan and Eckart Pankokssse(Hrsg.). *Aufstieg für alle?* Opladen. S. 237~321.

Vester, Michael. Michael Hofmann and Irene Zierke(Hrsg.). 1995. *Soziale Milieus in Ostdeutschland: Gesellschaftliche Strukturen zwischen Zerfall und Neubildung*. Köln.

제6장

통일의식의 변화와 권력 엘리트의 영향*

전태국(강원대학교)

1. 들어가는 말

한국은 건국 이래 60년이 지난 오늘까지도 분단과 대립 상황에 처해 있지만, 급속한 사회발전과 함께 사회성격이 크게 변화하고 있다. 동구 공산권의 몰락과 함께 반공주의의 이데올로기 곤봉이 한국 사회에서 힘을 잃었고, 국제적으로는 1995년에 경제협력개발기구(OECD) 회원국이 되었으며, 2010년 1월 1일 자로 '개발원조위원회(the Development Assistance Committee)'의 24번째 회원국이 됨으로써 원조공여국의 지위를 갖게 되었다.[1] 정보통신

---

* 이 글은 원래 2009년 9월 18일의 학술회의에서 발표한 원고를 보완하여 동년 12월에 영문으로 발표한 "Changing Unification Consciousness of Koreans", *Korean Journal of Sociology*, Vol.43, No.6(2009. 12), pp. 1~24를 수정·보완한 것이다.

1) 한국이 2010년 1월 1일 자로 24번째 회원국이 된 '개발원조위원회(DAC)'는 24개국으로 구성되어 있다: 그리스, 네덜란드, 노르웨이, 뉴질랜드, 덴마크, 독일, 룩셈부르크, 미국, 벨기에, 스웨덴, 스위스, 스페인, 아일랜드, 영국, 오스트리아, 이탈리아,

기술의 발달로 최첨단의 정보사회를 구가하고 있고, 탈북자와 외국인이 쇄도하여 다문화사회로 진입하기 시작했다. 오랜 분단을 겪는 가운데 한국인들은 독일이 통일을 달성한 것에 부러워했고, 또 통일 후 독일이 겪고 있는 어려움을 보고 한국 통일에 대해 냉정히 생각하게 된 것으로 보인다. 더구나 최근의 북한의 핵무기 위협에 직면하여 한국인들은 그동안 북한에 대해 가졌던 민족적 동정과 연대의 느낌을 많이 잃어버린 것으로 보인다.

이 글은 이러한 급격하게 변화하는 내적·외적 조건 속에서 분단국민으로서 한국인들이 통일에 대해 가진 생각과 의견이 어떤 변화를 보이고 있는가를 기존의 여러 조사자료에 의거하여 밝히고자 한다. 여기서 중심 문제는 한국인의 정신적 지평이 세계화 추세에 따라 더 이상 분단된 나라의 국경에 가두어지지 않고 세계로 확장됨에 따라, 범주적 통일의식으로서 냉전적 반공주의가 한국 사회에서 힘을 잃은 가운데 어떤 유형의 통일의식이 지배적인 것으로 대두하고 있는가, 그리고 어떤 전망이 가능한가 하는 점이다.

여기서 한가지 중요하게 고려해야 할 점은 권력 엘리트의 영향이다. 국민 통일의식의 형성에 있어서 권력 엘리트의 영향은 결코 무시할 수 없다. 비록 외적 결정인자에 구속되어 엘리트가 할 수 있는 일이 강제에 저항하든가 아니면 그것에 따르든가 하는 선택으로 환원된다 하더라도, 권력 엘리트의 영향력은 미약한 것으로 볼 수 없다. 통일의식의 형성은 권력 엘리트의 특수한 이해와 연결되어 있기 때문이다. 엘리트들은 정권의 유지 혹은 획득을 위해 특정한 이데올로기와 선입견을 유포시키고자

일본, 캐나다, 포르투갈, 프랑스, 핀란드, 한국, 호주, 유럽위원회(the European Commission)가 그 구성원이다. 그리고 세계은행(the World Bank), 국제통화기금(IMF), 유엔개발계획(UNDP)이 영구적 옵서버로서 참여한다.

한다는 점에서 국민의 통일의식 형성에 결정적 역할을 수행한다고 볼 수 있다. 여기서 마르크스가 『독일 이데올로기』에서 제시한 '지배 이데올로기 명제'가 여전히 타당성을 갖는다고 볼 수 있다.

> 지배계급의 사상은 어느 시대에서나 지배적 사상이다. 정신적 생산을 위한 수단을 결여하고 있는 사람의 사상은 지배계급의 사상에 복종하고 있다 …… 지배계급은 사상의 생산자로서도 지배하며, 그 시대 사상의 생산과 분배를 규제한다. 따라서 그들의 사상은 그 시대의 지배적 사상이다(Marx, MEW 3: 46).

마르크스의 명제에서 지배계급을 권력 엘리트란 말로 대체하면, 권력 엘리트는 통일의식의 생산자로서 이 시대 통일의식의 생산과 분배를 규제한다고 할 수 있다. 그렇지만 대중은 오직 권력 엘리트의 영향에만 노출된 수동적 존재가 아니다. 위로부터 권력 엘리트가 현실에 대해 내세우는 '요구'와 아래로부터 대중들이 실제 생활에서 경험하는 '현실' 간의 공공연한 불일치는 대중의 마음속에 지배 이데올로기에 대한 반대사상을 생성시키는 비옥한 토양이 되기도 한다. 더구나 민주화 과정에서 일어나는 빈번한 권력교체는 이전의 권력 엘리트에게 유례없는 수모를 안겨 주었다. 이전의 권력 엘리트에 대한 신뢰는 땅에 떨어지고, 그동안 내세워졌던 국가이념과 정책은 국민으로부터 부정될 수밖에 없었다. 이 글은 한국 사회에서 이렇게 불신을 받고 있는 권력 엘리트가 국민의 통일의식 형성과 변화에 어떠한 영향을 미치고 있는가를 살펴보고자 한다.

2. 민주화, 부패, 저신뢰의 덫

한국 사회의 급격한 발전은 극명한 양가적(Ambivalent) 성격에 의해 특징지어진다. 긍정적인 면은 무엇보다도 30~40년이라는 짧은 기간에 경제발전과 민주화를 성공적으로 달성한 점이다. 한국인이 과거에 권위주의 체제하에서 빈곤하고 억눌린 삶을 살았다면, 지금은 경제적 부와 사회적·정치적 자유를 향유하고 발전된 정보통신 기술이 일상생활을 지배하는 현대적 삶을 살고 있다고 국제적으로 인정받고 있다.

먼저 한국의 민주화 성취는 국외 자료들에 의해 증언된다. 2010년 1월 12일에 발표한 ≪2010 세계의 자유(Freedom in the World 2010)≫에 따르면, 2009년은 세계적으로 '지구적 자유'가 쇠퇴를 겪은 해였으며, 강력한 권위주의 체제들이 인권옹호자와 민주주의 행동가들을 강력하게 억압함으로써 '자유의 부식'이 일어난 해였다. '자유국'은 전 세계 국가의 46%를 차지하며, 10년 전인 1999년에 비해 2% 증가하는 데 그쳤다. 한국은 조사가 시작된 1972년에 '비자유국'으로 분류되었고, 1987년까지 '부분자유국'의 지위를 벗어나지 못하다가 1988년 이후에 '자유국'으로 분류되기 시작했다. 한국은 16년 만에 비자유국에서 자유국으로 도약한 것이다. 아시아의 다른 경쟁국들을 보면, 대만은 한국보다 8년 늦은 1996년부터 자유국의 지위를 갖기 시작했으며, 싱가포르는 아직도 부분자유국에 머물고 있다. 한국의 민주화의 성취는 또한 언론자유의 면에서도 확인될 수 있다. 프리덤하우스가 해마다 발표하는 ≪언론자유(Freedom of Press)≫에 의하면, 2009년 현재 언론자유국은 전 세계 국가의 36%를 차지하고, 부분자유국은 31%, 비자유국은 33%를 차지하고 있다. 한국은 이전까지만 해도 비자유국 혹은 부분자유국에 머물고 있다가 1989년부터 언론자유국으로 분류되고 있다. 아시아의 다른 경쟁국들과 비교해보면, 타이완은 1993년까지 부분자유국에 속했고, 한국보다 5년 늦은 1994년부터 자유국으로 상승했다. 싱가포르는 줄곧 비자유국으로 분류되고 있다. 또한 유엔개발계획(UNDP)이 발표하는 ≪인간개발보고서(Human Development Report)≫에 의하면, 한국의 인간개발지수(Human Development Index)는 1975년에 0.713이었는데, 이후 꾸준히 상승하여 1985년 0.785, 1995년 0.861, 2005년 0.921을 나타내었으며, 2007년 현재 0.937로서 세계에서 26위를 차지하고 있다. 아시아에서 한국보다 앞선 나라는 일본 10위, 싱가포르 23위, 홍콩 24위이다.

그렇지만 이러한 화려한 외면적 발전이 무색하게도 한국은 내부적으로는 '부패국가'의 어두운 면을 짙게 풍기고 있다. 뇌물과 관료의 강탈이 정치와 기업, 일상생활에서 제거되지 않고 있는 것이다. 국제투명성기구(Transparency International, TI)의 ≪2009 세계부패보고서(Global Corruption Report 2009)≫에 따르면 2008년에 한국은 부패인지지수(Corruption Perceptions Index)가 10점 만점에 5.6으로, 180개국 중에서 40위를 차지하고 있다. 이는 10년 전인 1999년에 부패인지지수가 3.8로서 50위였던 것에 비해 크게 향상한 수치이다. 부패인지지수는 공무원과 정치인 사이에 부패가 어느 정도로 존재하는지에 대한 인식의 정도를 말한다. 그간 우리나라는 15년간의 조사에서 4점대를 벗어나지 못하다가, 지난 10여 년간 「부패방지법」의 제정과 투명사회협약 체결 등 제도적 노력으로 2005년에 5점대로 진입할 수 있었다. 그러나 아시아의 다른 경쟁국인 일본, 홍콩, 대만, 싱가포르와 비교하면 한국의 부패수준은 매우 높다. 2007년에 일본은 부패인지지수 7.5로 세계 18위를 차지했고, 싱가포르는 9.3으로 4위, 홍콩은 8.3으로 14위, 대만은 5.7로 34위를 차지했다.

한국이 '부패국가'라는 점은 국내의 여러 조사에서 증명되고 있다. 무엇보다도 국민 스스로 정치인과 공무원이 부패와 연관되어 있다고 인식하고 있다. 2006년 ≪한국종합사회조사≫에 의하면, 부패와 연관이 거의 없는 정치인은 0.6%, 공무원은 3.3%에 불과한 것으로 여겨지고 있다(한국사회과학자료원, A1-2006-0003). 또한 2006년에 한국개발연구원이 시행한 조사에 따르면, 국민 70%가 '공직자의 절반은 부패하다'라고 생각하는 것으로 나타났다.2) 그리고 2007년에 투명사회협약실천협의회가 시행한 조사에 의하면, 국민은 사회지도층을 부패와 연결시키고 있다. 일반 국민에 비해 사회지도층이 더 부패했다는 응답이 67.5%였다. 사회지도층의 가장 심각한 부패행위로 뇌물수수(48.5%), 탈세(33.5%), 청탁 및 압력행사(33.1%), 부동산투기(26.8%), 불건전한 재산증식(26.6%), 학연지연 챙기기(17.3%), 병역기피(11.9%) 순으로 나타났다.3) 한국 사회에서 고위 공직자의 비리와 부패는 언론에 단골로 등장하는 주제이다. 이를테면 ≪조선일보≫의 최근 사설은 대통령 친인척과 최측근들이 줄줄이 교도소로 향한 것을 상기하고 있다. "임기 말에 이르러선 대통령 아들·형님·동생·처남·동서·친사촌·처사촌·처삼촌 등의 친·인척 그리고 끝내는 대통령의 오른팔·왼팔로 불리던 최측근들이 줄줄이 교도소로 향하는 일이 주기적으로 되풀이됐다."4) 또 다른 언론은 한국 사회를 '뇌물공화국'으로 고발한다. "'뇌물폭탄'이 도처에서 터지고 있다. 정치인부터 전직 청와대 보좌관, 전직 국세청장, 현직 공기업 사장, 기업체 최고경영자(CEO), 체육지도자까지 전방위적으로 뇌물이 살포되었다. 가히 '뇌물공화국'이다."5)

이렇게 부패집단으로 인식되는 사회지도층에 대해 국민이 신뢰를 가질

---

2) ≪서울신문≫, 2006년 12월 27일 자.
3) ≪노컷뉴스≫, 2007년 11월 28일 자.
4) ≪조선일보≫, 2010년 3월 8일 자.
5) ≪헤럴드경제≫, 2008년. 11월 7일 자.

리 만무하다. 최근 몇 년간 시행된 여러 조사는 한결같이 한국 사회가 '저신뢰의 덫'에 걸려 있음을 증명한다. 사회통합위원회가 최근 전국 20세 이상 남녀 2,012명을 대상으로 공공기관 신뢰도를 조사한 결과 국회와 정당을 신뢰한다는 비율은 3.0%, 정부는 19.6%, 법원은 16.8%로 나왔다. 국회를 신뢰하지 않는다고 응답한 비율은 80.4%, 정부와 법원을 신뢰하지 않는다는 비율도 각각 41.8%와 40.8%에 달했다. 가히 헌정위기의 징후라고 염려하는 목소리가 높다.[6] 2007년의 한 조사는 한국 사회의 주요기관 및 사회지도층에 대한 신뢰도가 전반적으로 낮으며, 특히 정치인, 입법부, 정당, 고위 관료, 정부기관장, 대통령이 국민의 깊은 불신을 받고 있음을 보고하고 있다.[7] 2006년의 조사도 국민들이 국회, 정당, 정부, 지방자치단체와 같은 힘 있는 공공기관을 생면부지의 사람보다도 믿지 못하고 있음을 보여주었다.[8] 그리고 2003년부터 매년 실시된 「한국종합사회조사」에 의하면, 국회에 대해서 국민의 70% 이상이 신뢰하지 않는 것으로 나타났다. <표 6-1>을 보면, 2004년에는 그 비율이 80%를 상회했다. 한편 신뢰의 비율은 2003년에는 20% 정도였는데, 시간이 지날수록 조금씩 증가하여 2008년에는 26%를 상회하고 있다. 말하자면, 국민의 절대다수가 국회를 불신하고 있는 것이다.

또한 국민들이 사회지도층을 신뢰하는 비율도 매우 낮다. 투명사회협약실천협의회가 실시한 조사에 의하면 이 비율은 2007년 19.5%이었고, 2006년 15.8%, 2005년 17.1%이었다.[9] 2005년의 조사는 국민 5명 가운

---

[6] "입법·행정·사법부 신뢰 폭락은 헌정위기의 씨앗", ≪조선일보≫, 2010년 3월 22일자 참조.
[7] 연합뉴스, 2007년 4월 11일 자.
[8] "지평선: 사회적 자본", ≪한국일보≫, 2006년 12월 27일 자.
[9] ≪세계일보≫, 2006년 12월 6일 자; ≪노컷뉴스≫, 2007년 11월 28일 자.

〈표 6-1〉 국회에 대한 신뢰도(2003~2008)

	매우 신뢰	다소 신뢰	거의 신뢰하지 않음	모름·무응답
2003	1.4	19.1	75.7	3.7
2004	1.1	16.5	80.5	1.9
2005	1.1	18.7	76.0	4.2
2006	1.4	23.9	71.7	3.1
2007	2.5	22.4	73.8	1.3
2008	3.2	23.3	71.7	1.8

질문: 국회를 이끌어가는 사람들에 대해 귀하는 얼마나 신뢰하십니까?
자료: 한국사회과학자료원(A-2003-0006; A-2004-0001; A-2005-0001; A1-2006-0003; A1-2007-0026; A1-2009-0009).

데 4명 이상이 사회지도층을 신뢰하지 않고 있음을 말하고 있다. 응답자의 82.1%가 사회지도층을 신뢰하지 않는다고 응답했으며, 특히 지도층에 대한 신뢰가 전혀 없다는 응답이 전체의 66.6%에 달했다.[10] 2004년의 조사에서도 국회의원, 장관, 지방의원에 대한 신뢰도는 평균 신뢰도보다 현저하게 낮은 것으로 조사되었다.[11] 그리고 2004년의 한 조사에 의하면, 정부에서 일하는 사람들이 옳은 일을 한다고 신뢰할 수 있다는 의견에 찬성한 사람은 22.5%에 불과했다. 그리고 정치인 대부분이 자기 자신만을 위해서 정치를 한다는 의견에 68.7%가 찬성했다. 즉, 국민 대부분은 정치인들이 사리만 추구한다고 보는 것이다(한국사회과학자료원, A-2004-0001).

불신은 사회지도층에 대해서뿐만 아니라, 일반인 상호간에도 높다. 「한국종합사회조사」에 의하면 '일반적으로 사람들을 신뢰할 수 있다'고 응답한 사람은 <표 6-2>에서 보는 바와 같이 2005년을 제외하면 절반에 미치지 못하고 있다. 말하자면 한국인의 '보편적 불신'이 경험적으로 증명

---

10) ≪중앙일보≫, 2005년 11월 22일 자.
11) ≪대자보≫, 2005년 2월 24일 자.

〈표 6-2〉 일반인들에 대한 신뢰도(%)

	2008	2007	2006	2005	2004	2003
신뢰할 수 있다	40.1	46.1	46.4	53.1	36.3	39.5

질문: 귀하는 일반적으로 사람들을 신뢰할 수 있다고 생각하십니까, 아니면 조심해야 한다고 생각하십니까?

자료: 한국사회과학자료원(A-2003-0006; A-2004-0001; A-2005-0001; A1-2006-0003; A1-2007-0026; A1-2009-0009).

되고 있는 것이다. 이러한 '저신뢰의 덫'은 최근의 현상으로만 볼 수 없다. 일찍이 막스 베버는 『유교와 도교』에서 중국인의 생활태도를 "인습적 부정직"과 "만인에 대한 만인의 보편적 불신"(Weber, RS 1: 523)이라 특징지었고, 이러한 "중국인 상호 간의 전형적인 불신"(Weber, RS I: 518)은 "신뢰가 언제나 근친관계, 또는 근친적 인간관계에 근거"(Weber, RS 1: 523)했던 유교문화에서 기인한다고 진단한 바 있다. 그리고 『힌두교와 불교』에서 한국을 "중국의 창백한 모사"(Weber, RS II: 294)라고 특징지었다. 말하자면 베버가 1세기 전에 관찰한 '보편적 불신'이 자본주의화되고 민주화된 시대에도 계속 존재하고 있는 것이다.

이러한 불신은 특히 사회지도층이 병역이나 납세 같은 국민의 기본적 의무를 이행하지 않고 권리라는 과실만을 누리고 있다는 국민들의 부정적 인식과 밀접하게 결합된 것으로 보인다. 사회지도층 인사는 병역이나 납세와 같은 국민의 기본적 의무를 얼마나 실천했다고 보느냐는 질문에 실천하지 않았다는 응답이 2006년 조사에서 83.1%이었고,[12] 2005년 조사에서는 82.1%이었다.[13] 실제로 국가 고위직 인사 중 병역을 기피한 자가 적지 않고, 심지어는 한국전쟁 동안에 병역을 기피하고 국외로 도피

---

12) ≪세계일보≫, 2006년 12월 6일 자.
13) ≪중앙일보≫, 2005년 11월 22일 자.

한 자가 후에 국가 고위직이 된 경우가 드물지 않았다. 더욱이 현 정부의 고위직 인사들 가운데서 병역의무를 마치지 않은 인사가 유달리 많다. 언론보도로는 이명박 대통령을 위시하여 정운찬 국무총리, 김황식 감사원장, 원세훈 국정원장, 정정길 대통령실장이 모두 군 경험이 없다. 또한 장관 중에서도 상당수가 병역을 마치지 않았다. 윤증현 재정부 장관, 정종환 국토부 장관, 이만의 환경부 장관 등이 그러하다.[14] 물론 병역을 이행하지 못할 정당한 사유가 있었겠지만, 국민의 눈에는 그 사유가 교묘하게 고의를 은폐한 합리화로밖에 인식되지 않는다. 그리고 자신의 자녀가 한국에서 어떤 학교에도 다녀보지 않아 한국 사회 학부모의 고통을 공유해본 적이 없는 인사가 교육부 장관이 되기도 했고, 또한 바로 엊그제까지만 해도 전과자였던 자가 국회의원이나 정부의 고위직 인사로 행세하는 희극이 적지 않게 벌어졌다. 이러한 황당한 현실이 지도층에 대한 부정적 인식의 기초가 되고 있다고 할 것이다.

3. 권력 엘리트의 불신과 수모

이러한 사회지도층에 대한 불신은 마침내 권력 엘리트에게로 확대된다. 여기서 권력 엘리트란 "국가정책에 개인적·정규적으로, 그리고 실질적으로 영향을 미칠 수 있는 위치에 있는 사람"(Merkel, 1997: 10), 즉 국가정책을 결정하거나 결정에 영향을 미치는 대통령과 그 측근을 가리킨다. 「한국종합사회조사」에 의하면, 권력 엘리트 기관인 청와대에 대해 국민의 절반 가량이 신뢰하지 않고 있는 것으로 나타났다.[15] <표 6-3>에서 보는 바와

---

[14] ≪매일경제≫, 2010년 4월 29일 자.

〈표 6-3〉 청와대를 이끌어 가는 사람들에 대한 신뢰(%)

	매우 신뢰	다소 신뢰	거의 신뢰하지 않음	모름/무응답
2003	5.4	48.3	41.7	4.6
2004	5.1	44.6	46.6	3.7
2005	5.5	45.8	42.1	6.6
2006	6.7	50.2	38.8	4.3
2007	7.4	47.2	42.6	2.8
2008	6.4	43.0	48.5	2.1

자료: 한국사회과학자료원(A-2003-0006; A-2004-0001; A-2005-0001; A1-2006-0003; A1-2007-0026; A1-2009-0009).

같이, 2003년에 신뢰가 52.7%로 불신 41.7%보다 10% 이상 높게 나타났으며, 2006년에는 신뢰가 56.9%로 불신 38.8%보다 무려 20% 이상 높게 나타났다. 그러나 그 이후에는 불신이 계속 증가하여 2008년에는 48.5%나 되었다. 그리하여 신뢰비율과의 차이가 불과 1%로 줄어들었다. 말하자면 청와대에 대한 신뢰도가 점차 약화되어, 현재는 신뢰와 불신의 비율이 각각 절반을 차지하고 있는 것이다.

권력 엘리트에 대한 불신은 격렬한 민주화 과정과 결부되어 있다. 1948년에 서구를 모델로 하여 자유민주주의 체제의 국가를 건설한 남한에서는 역사상 유례를 찾기 어려울 정도의 격렬하고 끈질긴 민주적 저항과 정치적 격변이 계속되었다. 독재권력에 저항하는 대학생들의 시위, 머리에 붉은 띠를 두르고 주먹을 흔드는 노동자들의 파업 모습이 세계인들에게 한국사회의 전형적 이미지로 자리 잡기도 했다. 한국의 민주화 과정에서 권위주의 정권이 학생과 시민의 평화적 시위에 굴복한 사건이 짧은 헌정사에서 두 번이나 있었다. 하나는 1960년 4·19 의거에 의해 이승만 독재정권이 무너진 사건이고, 다른 하나는 군사정권이 1987년에 시민의 민주화 요구

---

15) 조사항목에 청와대가 포함된 것은 2003년부터이다.

에 굴복하여 6·29 선언을 발표한 사건이다. 그리고 격렬한 민주화 과정에서 전직 대통령 중에 무사한 사람이 별로 없다. 첫 번째 공화국의 대통령 이승만은 1960년 4월에 물러나야만 했고, 1960년 4월에 민주당이 정부를 인계하여 수립한 제2공화국은 1961년 5·16 쿠데타로 정권을 잡은 군사정부에 의해 대체되었다. 장기간의 군사독재 체제를 구축한 박정희 대통령이 1979년 10월에 암살된 후에도 군사독재 체제가 이어짐에 따라 대학생들이 중심이 된 격렬한 민주화 투쟁이 계속되었고, 마침내 1987년 6월에 5공 군사정권은 6·29 선언과 함께 새로운 민주개혁을 시행하지 않을 수 없었다. 그리고 전두환 대통령은 깊은 산 속의 한 불교사찰에 유배되었다. 1990년대에 문민정부가 들어선 후에는 두 사람의 전직 대통령이 감옥에 보내졌다. 그리고 2004년에는 현직 대통령이 국회로부터 탄핵받는 초유의 일이 일어났다. 대통령의 권위가 국회에 의해 정지될 수 있다는 것은 이전의 권위주의 시대에는 상상조차 할 수 없었던 일이었다(전태국, 2007: 7). 더구나 그는 퇴임 후 자살하여 온 국민을 비탄에 빠지게 했다. 권력이 바뀔 때마다 이전 정부의 많은 실력자가 뇌물과 부패의 이유로 감옥에 가야만 했고, '깃털 논쟁'이 일어나기도 했다. 한국의 성공적인 경제발전도 유례를 찾기 어렵지만, 이러한 권력 엘리트의 수난사도 세계에서 유례를 찾기 어려울 것이다. 이러한 사건들은 권력 엘리트가 대중에게서 신뢰와 존경을 잃게 하는 결정적 요인이었다.

권력 엘리트에 대한 불신은 엘리트 자신에 의해 저질러지기도 했다. 이의 단적인 예는 '금강산 댐' 사건이다. 권위주의 군사정권은 1986년 10월에 건설부 장관을 통해 '금강산 댐 수공설'을 발표했다. 북한이 저수량 200억 톤의 금강산 댐을 건축할 것이며, 이 댐의 물을 방류할 경우 서울과 중부지방이 물에 잠기는 상상을 초월하는 재해를 가져올 것이라는 내용이었다. 금강산 댐은 수공으로 1988년 서울 올림픽 대회를 방해하기 위한 댐이라는 것이었다. 당시 신문이나 방송에서는 서울의 최고층 건물인 63빌딩이 물에 잠기는 모습의 그림을 보여주었다. 이 발표로 온 국민은 공포와 혼란에 휩싸였고, 연인원 1,000만 명에 달하는 북한 규탄 시위가 일어났다. 한 달쯤 후인 1986년 11월에 국방부·건설부·문화공보부·통일원 장관이 합동담화문을 발표하고 금강산 댐에 대한 대응으로 '평화의 댐'을 건설하기로 했다고 밝혔다. 이에 온 국민은 평화의 댐 건설을 지지하여, 초등학생까지도 성금을 냈다. 국민성금은 600여억 원에 달했다. 그러나 후에 권위주의 군사정권의 뒤를 이어 새로 들어선 문민정부는 1993년에 북한 금강산 댐의 수공위협과 피해예측은 과장된 것이었으며 당시 평화의 댐 건설은 불요불급했다는 점을 조사하여 밝혀냈다. 금강산 댐 수공설은 정권이 국민을 수공의 공포 속에 몰아넣고 반공정서를 극대화하여 국민의 의식 속에 북한을 '적'으로 인식하게 함으로써 정권유지를 획책한 기만 사건인 것으로 밝혀졌다. 이 사건은 권력 엘리트에 대한 불신을 더욱 가중시켰다.

4. 수비대 민족주의와 반공주의

한국인의 통일의식 형성에 작용하는 또 하나의 중요한 요인은 남북대립에 기초한 수비대 민족주의이다. 남북대립의 상황은 당시 국민의 빈곤과 무지, 고루(固陋)와 함께 군사독재 체제의 발전을 위한 온상이었다. 브라운(David Brown)의 '수비대 민족주의(Garrison Nationalism)' 개념은 남한의 군사독재를 잘 설명해준다. 외부 위협의 존재는 "현재의 권위주의 체제와 지도자에 무조건 충성하는 토대 위에서만 생존할 수 있다"는 위기사회 인식을 낳기 위한 구실이었다(Brown, 1995). 남한에서 수비대 민족주의는 안전장치와 북한의 위협잠재력을 권력수단으로 이용했다. 북한 위협과 공산주의자들의 반란을 저지하기 위해 설립된 권위주의의 도구들, 이를테면 「국가보안법」과 중앙정보부가 정당화되었고, 정치적 반대자들이 체계적으로 억압되었다(Shelley, 2005: 56). 민주화 이전에 권력을 장악했던 군사독재자 박정희 장군을 중심으로 한, 그 후에는 전두환 장군을 중심으로 한 권력 엘리트는 일체의 반대를 용인하지 않았다. 중앙정보부와 국군보안사령부의 권력장치는 정치적 권력의 절대적 독점권을 갖고, 일체의 반대는 '그 싹부터 잘라야 한다'는 독재의 교훈에 충실했다. 고분고분하지 않은 야당정치인은 물론, 1960년 4·19 혁명 직후 한국에서 최초로 교원노동조합을 결성한 혁신적인 교사들도 5·16 군사 쿠데타 세력에 의해 감옥으로 보내졌다.

이들 권력 엘리트에게는 독재체제의 현상유지가 최선의 길이었다. 권력 엘리트는 반공 이데올로기 노선에 충실한 통치를 하고 있었고, 그에 따라 국민은 국가폭력을 인내해야만 했다. 권력 엘리트들은 자신의 충만된 권력을 영구적으로 누리고자 제도변경을 수차례 단행하면서, 민주화 요구에 대해서는 무정부의 불안을 야기시킬 것이라는 염려를 구실로 단호히 거부했다. 그러나 이러한 상황은 한국 사회의 발전과 함께 더 이상 지속되기 어려웠다. 급속한 사회·경제적 발전은 '수비대 민족주의'가 가정한 북한 공산주의 위협의 신뢰성을 부식시켰기 때문이다. 변화된 현실, 외국의 영향과 간섭, 그리고 시민의 도덕적 요구는 권력 엘리트와 그들의 교의의 정당성을 위태롭게 하고 파괴하는 데 기여했다.

수비대 민족주의는 권력 엘리트가 남북관계를 적대의 방향으로 몰고 가는 것에 기초했다. 그리하여 남북관계는 대내적인 격변과는 달리 오랫동안 대립관계의 틀을 유지했다. 남북관계를 적대관계로 치달리게 한 결정적 사건은 한국전쟁이었다. 소련 군대가 1948년 12월에 북한에서 철수하고 미국 군대도 1949년 6월에 남한에서 물러나자, 북한군이 1950년 6월에 남한을 침략하여 한국전쟁이 시작되었다. 유엔의 위임하에 미국과 동맹국이 북한의 공격을 물리쳤지만 중국이 북한 편을 들어 개입했다. 1953년 7월에 서명된 휴전협정은 수백만 명의 목숨을 희생시킨 갈등을 종식시켰다. 이 전쟁은 합계 400만 명의 목숨을 앗아갔다. 150만 명의 북한인(100만 명의 시민 포함), 130만 명의 남한인(100만 명의 시민 포함), 100만 명의 중국인, 3만 7,000명의 미군, 3,000명의 기타 유엔군이 희생되었다. 이 전쟁 이후 남북관계는 대립·갈등·적대를 지속해왔다.

그런데 계속적인 남·북한 적대관계는 1980년대 중반 이래 민주화의 성취와 함께 완화되기 시작했고, 이에 따라 수비대 민족주의는 적대관계라고 하는 자신의 중요한 발판을 잃기 시작했다. 이러한 변화는 본질적으로 권력 엘리트 자신들이 추진한 정책들에 의해 가속화되었다. 노태우 정부의 '북방정책', 그리고 김대중 정부의 '햇볕 정책'이 이러한 변화에 근본적으로 기여했다. 노태우 대통령이 1988년 10월에 유엔 총회에서 호소한 북방정책은 1991년 12월에 「남북 사이의 화해와 불가침 및 교류 협력에 관한 합의서(남북기본합의서)」를 채택하는 데까지 나아갔다. 그것은 남북 간 긴장관계를 완화하고 중국, 러시아, 동유럽 국가들을 포함한 사회주의권에 대해 새로운 인식을 가져다주었다. 그 후 김대중 대통령의 햇볕 정책은 2000년 6월 15일 평양에서 열린 남북정상회담을 실현했다. 이 회담은 남북 간 교류와 협력에서 구체적인 결실을 가져왔다. 금강산 관광과 개성 관광이 시행되었고, 북한의 값싸고 질 높은 노동력과 남한의 자본·기술이 합작된 개성 공단이 건설되었다. 이 정책은 현 이명박 정부에서도 근본적으로 부정하기 어려운 상황이다.

그러나 남북관계의 이러한 훈풍은 북한의 핵무기 위협과 핵실험의 찬바람에 일시에 사라질 수 있는 가냘픈 것이었다. 더구나 권력 엘리트에 대한 신뢰와 존경이 땅에 떨어져 있기 때문에, 정부의 통일정책은 국민의 신뢰와 지지를 얻기가 쉽지 않다. 국민들은 권력 엘리트가 통일정책을 정권유지 수단으로 사용하고 있는 것은 아닌지 의혹의 눈을 갖고 있기 때문이다. 또한 수비대 민족주의는 국민이 북한에 대해 부정적 이미지와 이질감을 갖는 것에 기초했다. 북한에 대한 부정적 이미지는 권력 엘리트에 의해 조장·강요되기도 했지만, 민주화 이후에는 특히 북한의 태도에 따라 시민들로부터 자발적으로 형성되고 있는 것으로 보인다. 국가창건자 김일성에 대한 우상화와 함께, 지난 세기말에 동유럽에서 공산주의 국가들이 붕괴했음에도 아무런 체계변화 없이 지속되고 있는 북한 공산주의 체제에 대해 남한 국민은 대체로 부정적 인상을 가진 것으로 보인다. 이 부정적 인상은 통일의식의 형성에 중요한 요인으로 작용하고 있다고 생각된다.

북한에 대한 부정적 인상은 세 가지 계기에 의해 형성되고 있다고 분석된다. 하나는 핵무기 개발이다. 2001년 이래 핵 프로그램의 지속으로 인해 북한은 국제적 관심의 대상이 되었고, 남·북한과 중국, 일본, 미국, 러시아가 참여하는 6자회담을 통해 북핵문제가 논의되고 있다. 북한의 핵무기 개발은 남한 국민에게 전쟁 발발에 대한 우려를 불러일으키고 있다. 두 번째로, 최근의 남북접촉이 오히려 북한 주민에 대한 이질감을 강화시키고 있는 것으로 보인다. 2003년에 대구에서 개최된 유니버시아드 대회 때의 일이다. 그때 응원단으로 온 북한 여성들의 '기이한' 행동은 북한 주민에 대해 커다란 이질감을 갖게 했다. 당시 대회를 축하하기 위해 김대중 대통령과 북한 김정일 위원장의 사진이 인쇄된 현수막이 거리에 내걸렸는데, 그날 마침 비가 왔지만 현수막은 통상적인 방식으로 그대로 걸려 있었다. 그것을 숙소로 돌아가던 북한 여성들이 보게 되었다. 그들은 버스를 타고 숙소로 돌아가는 도중 김정일 위원장이 인쇄된 현수막이 빗속에 방치된 것을 보자마자 버스를 세웠다. 그러고 나서 눈물을 흘리며 높이

〈표 6-4〉 연도별 탈북자 입국 현황

1989	1993	1998	2001	2002	2003	2004	2005	2006	2007	2008	2009	합계
607	34	306	1,043	1,138	1,281	1,894	1,383	2,018	2,544	2,809	2,952	18,009

자료: 통일부 보도참고자료(2009. 8. 27), 2009년 통계는 하태경(2010)을 참조.

걸린 현수막을 떼어내어 소중하게 접어서 버스로 되돌아왔다. 이 광경은 텔레비전을 통해 생생하게 방영되었고, 이 모습은 남한 사람들 사이에 널리 유포된 북한 주민에 대한 부정적 편견을 더욱 강화시키는 계기가 되었다. 바로 '북한 사람은 아직도 국가지도자에 대해 저렇게 맹목적 충성을 보이는 전근대적 시대에 살고 있구나!'라는 경멸적 탄식이다(전태국, 2007: 207). 세 번째로는 탈북자의 쇄도이다. 2000년대에 들어와서 탈북자가 급증하고 있는데, 이것은 북한 주민이 기아와 인권 침해에 시달리고 있음을 말해준다. 2009년 한 해 동안 한국에 온 탈북자가 2,952명이었고, 지금까지 총 1만 8,009명이 입국했다(하태경, 2010: 4). 한국 입국 탈북자 수는 1990년 초반에는 10명 내외로 비교적 적은 인원이었으나 1990년대 중반부터 50명을 웃돌았고, 1990년대 후반에 들어서는 100명 이상으로 급증했다(통일부 통일교육원, 2004: 144). 특히 2001년에는 1,000명을 넘었고, 2006년에는 2,000명을 넘어섰으며, 2009년에는 약 3,000명에 이르고 있다. 현재와 같은 입국추세라면, 국내거주 탈북자는 2010년에 2만 명을 넘을 것으로 예상된다.

이러한 입국추세를 반영하듯 탈북자를 소재로 하는 영화와 드라마가 방영되기도 했고, 우리 주변에서 북한 말씨를 쓰는 사람도 자연스럽게 만나볼 수 있게 되었다. 그러나 탈북자들은 한국 사회에 적응과 정착이 쉽지 않아 여전히 이방인의 신세를 벗어나지 못한 것으로 보인다. 이들을 남한 사회에 통합하는 문제는 언젠가 실현될 통일한국 시대에 북한 주민을 통합할 수 있는 사회통합 능력을 검증하는 시금석이 되고 있다.

한국 사회가 종전의 권위주의 체제로부터 민주적인 개방사회로 발전함에 따라 수비대 민족주의가 사라지면서, 이전에 구속력을 가졌던 의식이 힘을 잃은 것으로 보인다. 그동안 남·북한의 대립관계는 수비대 민족주의 반공주의를 국가이데올로기로서 내세우는 것을 정당화했다. 반공주의는 한국에서 수비대 민족주의보다 더 오랜 전통을 갖고 있다. 그것은 독일과 연합한 일본 파시스트를 통해 일제강점기에 한반도에 처음으로 도입되었다. 일본 제국주의는 1939년에 한반도에 '조선방공협회'를 전국적으로 설립하여 공산주의 사상과 운동을 박멸하는 '사상국방의 완벽'을 기하고자 했다. 이러한 반공주의는 남한의 건국 후 이승만 정권에 의해 만들어진 「국가보안법」을 통해 법률적 기초를 확보했다. 1949년 11월에 제정된 「국가보안법」을 근거로 모든 반대세력에 대한 무자비한 탄압이 시행되었다. 1949년 한 해에 10만 명이 넘는 국민이 용공통비분자로 체포되었다(전태국, 1996: 194). 1961년에 군사 쿠데타로 권력을 장악한 박정희는 자신의 정당성을 반공주의에서 찾았다. 쿠데타를 일으킨 직후, 박정희는 "반공을 국시의 제1의로" 삼는다고 천명했다. 그리하여 "지금까지 형식적이고 구호에 그친 반공태세를 재정비"한다는 명목으로 5·16 군사 쿠데타 세력은 모든 사회운동 세력을 북한의 남침의도에 협력하고 국내의 혼란을 가중시켰다는 죄목으로 잡아 가두고 일체의 정치활동을 금지했다. 급기야는 1961년 7월 3일 「반공법」을 제정·공포하여 이승만 정권의 「국가보안법」을 더욱 강화했다. 그리하여 이승만 시대를 능가하는 반공의 이데올로기적 법률장치가 마련된 것이다. 1960년대 이후 박정희 정권은 자신에 도전하는 세력은 국가의 '석'으로 간주했고, 민주화 운동은 '사회주의'의 혐의를 받았다.

미국을 포함한 세계 자유진영의 어디서도 한국의 수비대 민족주의의 권력 엘리트처럼 국가의 유일한 정당화 기제로서 반공주의의 교의를 그렇게 오랫동안 고수한 엘리트는 없었다. 권력 엘리트의 공명심은 미국보다 더 반공주의적인 나라, 이데올로기적으로 가장 순수한 나라를 만들고자 했다. 반공주의 국가창건 신화에 의해 권력 엘리트는 정당화라는 강력한 도구를 가졌고, 자신의 국민에 대하여 빈틈없는 첩보망을 구축하여 경찰·군사적으로, 그리고 이데올로기적으로 '총력안보' 국가를 건설했다. 반공주의는 시민의 자유로운 정신을 억압하는 '이데올로기 곤봉'이었다. 그리하여 지배 이데올로기와는 다른 생각은 일절 용납하지 않는 전체주의 정치문화가 한국 사회를 오랫동안 지배했다. 정신적 자유는 민주화 운동의 긴 터널을 통과하고서야 실현될 수 있었다. 반공주의가 위력을 잃기 시작한 데에는 무엇보다도 민주화 운동의 결실로서 전두환 정부의 '해금조치'가 결정적이었다. 1987년 10월 19일의 해금조치는 반공주의의 이데올로기 곤봉을 무력화하는 효과를 가져왔다. 이 해금조치에 의해 정부는 월북 작가, 북한 작가 그리고 국내 반체제 인사들의 저작에 대한 금지를 해제했다. 이렇게 국가 창건 이래 금기시되어왔던 마르크스와 엥겔스의 저작을 비롯하여 사회주의 서적들이 봇물 터지듯 쏟아져 나왔고, 분단과 군사독재를 비판하는 이른바 '이념 서적'들이 해금의 주류를 이루었다.16)

이렇게 한국 사회의 발전은 한편에서는 수비대 민족주의, 반공주의, 남·북한 대립관계를 약화시켰지만, 다른 한편에서는 권력 엘리트에 대한 불신, 북한에 대한 부정적 이미지를 강화시킨 것으로 보인다. 여기서 우리는 이전에 남북대립과 수비대 민족주의, 그리고 반공주의가 위력을 발휘하던 시대의 통일의식과 현재의 민주화된 세계화 시대의 통일의식은 본질적으로 상이하다고 합리적으로 가정할 수 있다.

---

16) 반정부 시인 김지하의 시집 『타는 목마름으로』(1982)와 『오적』(1985)은 해금의 혜택을 누린 대표적 도서였다.

5. 통일의식의 특징

여기서 '통일의식'이란 한국인들이 남북통일에 대해 갖는 사상·관념·감정을 말하며, 또한 통일에 대한 의지와 열망을 포함한다. 통일의식은 단일적·통합적·조화적인 것으로 생각할 수 없다. 다양한 유형이 존재할 수 있고 갈등과 긴장을 내포할 수 있다. 한국인들은 분단 한국의 사회체계에 대해 양가적인 태도를 취할 수 있다. 어떤 때는 이 체계와 동일화하는 입장을 보이고, 다른 어떤 때는 그것에 대해 거리를 두고 반대하는 입장에 있기도 한다(Müller, 2007: 182). 또한 통일의식은 현실에서는 충분히 실현할 수 없는 통일국가의 이상이나 도덕적 열망에 뿌리를 두고 있기 때문에 긴장을 내포할 수 있다. 그것은 기존 분단 한국의 사회상태를 범주적 의식으로 정당화하는 것을 목적으로 할 뿐만 아니라, 또한 기존의 사회상태와 갈등하는 심층적인 사회적 가치를 고양하는 것을 목적으로 한다(Calhoun, 1994: 29). 따라서 통일의식은 이러한 양가성과 긴장성에 의해 규정된다고 볼 수 있다.

한국인의 통일의식의 특징은 두 가지 면에서 찾아질 수 있다. 하나는 북한 주민에 대한 감정이나 태도이고 다른 하나는 구성적 내용이다. 먼저 북한 주민에 대한 감정과 태도의 면에서, 남한 사람들의 통일의식은 유사성과 '우리 감정'의 부재를 특징으로 하고 있다고 말할 수 있다. 통일의식은 남북통일을 어떤 것으로 예상하는가에 따라 달라질 수 있다. 통일한국은 정치체제로서뿐만 아니라 '사회적 공간'으로도 생각될 수 있다. 통일한국은 북한 주민의 복지를 향상하는 것을 목표할 뿐만 아니라, 또한 공동체 내에서 생활조건과 노동조건의 유사성 증대를 성취하는 것을 목표로 한다. 한 영토 내에서 동질성은 민족형성을 위한 하나의 중심적인 사회적 토대라는 점은 의심할 여지 없다. 그러나 유사성만으로는 충분하지 않다. 통일은 유사성에 더하여 공동체 의식을 요구한다. 아무리 유사한 국가라도 통일하지 않고 공존할 수 있다. 이전의 체코슬로바키아가 좋은 예이다.

> 체코와 다소 덜 발전한 슬로바키아 간의 사회경제적 차이를 줄이려는 평준화 정책이 수십 년간 행해졌지만, 이것은 공통의 국가가 해체되는 것을 방지하지 못했다. 사회경제적 평등, 유사한 가치는 통일을 정의할 때 제한적 가치를 갖는다(Jan Delhey, 2004: 9).

통일을 위해서는 유사성과 더불어 상호 동정과 '우리 감정'이 필요하다. 통일은 관계적인 것이기 때문이다. 그러므로 생활조건 및 가치의 유사성과 공통의 '우리 감정'은 통일의식의 두 가지 구성요소라고 말할 수 있다.

그렇지만 남·북한은 각기 자본주의와 사회주의의 상이한 사회체계를 발전시켰기 때문에 상호 체계유사성은 존재하지 않는다. 따라서 체계유사성은 기존의 남·북한 어느 한편이 다른 한편에 동화함으로써 달성되거나, 아니면 남·북한이 기존의 양 체계를 지양하고 제3의 국가형태를 형성함으로써 실현될 수 있다. 또한 사고와 행동양식에서도 남·북한 주민 사이에 유사성은 존재하기 어렵다. 전혀 상이한 사회체계 안에서의 사회화로 인해, 북한 주민은 남한 주민과는 전혀 다른 사고방식과 행동양식을 갖고 있다. 그리고 남·북한 주민 간에 '우리 감정'도 존재하지 않는 것으로 보인다. 같은 말을 하고 같은 혈통을 가진 같은 민족이라는 사실이 자동적으로 '우리 감정'을 만드는 것은 아니라는 점은 독일의 통일경험을 통해 잘 알려진 바이다. 하물며 오랫동안 분단되어 전혀 다른 체제 속에서 살아온 북한인들에게서 남한 사람들이 '우리 감정'을 느끼리라 기대하기는 극히 어려운 일일 것이다. 이처럼 한국인의 통일의식 근저에는 북한 주민에 대한 유사성과 '우리 감정' 모두가 상실되어 있다.

또한 구성적 내용의 면에서, 한국인의 통일의식은 반공주의를 특징으로 한다. 사회화에 있어 규범적 통제는 절대적인 것으로 볼 수 없다. 개인은 언제나 자신의 상황을 해석하고 그것에 대해 그 자신만의 의미를 발견할 자유를 갖고 있다는 점은 부정될 수 없지만, 이 자유공간은 한국인들에게 있어서 반공 이데올로기의 레토릭으로 체계적으로 채워져 있다는 데 특징이 있다. 그동안 한국인들은 통일문제에 대해 자유롭게 사고하고 토론할 수 있는 자유공간을 가졌다기보다는 규범적 압력을 설득 및 폭력과 결합시킨 '문화 덫(Culture Trap)'(Kunda, 1992: 224)에 가두어져 있었다고 말할 수 있다. 따라서 한국인의 통일의식은 분단문화의 덫에 갇혀 공유하고 있는 집합적 의식이라고 말할 수 있다. 이러한 집합의식에는 시간을 넘어 유지되는 일련의 특징들이 존재했다. 이 특징들은 남북분단 이후 자본주의 남한과 공산주의 북한 간의 이데올로기 갈등의 역사적·사회적 구성의 산물로서, 반공주의 이데올로기에서 전형적으로 표현되었다.

따라서 한국인의 통일의식은 발생론적으로 "한 사회의 지배적인 사상은 지배계급의 사상이다"라고 하는 마르크스의 '지배 이데올로기 테제'에 의해 설명될 수 있다. 분단상황에서 지배층에 의해 생산된 반공주의 이념이 한국 전쟁과 그 후의 남북관계 경험을 통해 정당화되어 대중의 의식 속에 내면화되었고 남한 사회의 지배적인 사상으로 결정화(結晶化)되었다고 볼 수 있다. 그리하여 한국인은 자신의 사상을 이러한 지배적인 반공주의 이념에 일치시키려는 기본적인 동일화 압력하에서 통일문제에 대해 사고하는 경향을 갖게 되었다. 이런 점에서 반공주의는 한국인의 통일의식을 배후에서 충동하고 조종하는 주술적 권력으로 되었다고 말할 수 있다. 이 주술적 권력은 한국 전쟁과 남북갈등을 통해 강력한 힘을 얻게 되었고, 그리고 「국가보안법」과 중앙정보부는 이 주술화를 제도적으로 관철하는 국가기구였다. 그동안 한국인은 사회적·정치적 세계에서 반공주의 주술이 얼마나 강력한 것이었는가를 여러 정치적 사건을 통해 두려움 속에 실감했다. 많은 정적이 이 주술에 의해 희생되었고, 많은 정치가가 자신의 정치적 의도를 위해 반공주의의 주술을 의식적으로 실천했다. 이런 점에서 반공주의는 한국 사회의 '범주적 통일의식'이라 할 수 있다. 그것은 어떤 가능한 다른 유형의 통일의식을 억압했다.

6. 통일의식의 유형

통일의식은 통일방식과 남·북 관계에 대해 어떻게 생각하고 있는가에 따라 유형이 구별될 수 있다. 먼저 도이치의 고전적인 정치공동체 유형론(Deutsch et al., 1966)에 따라 두 가지 유형으로 구별될 수 있다. 도이치는 정치공동체를 융합공동체(Amalgamated Community)와 다원공동체(Pluralistic Community)로 구별했다. 전자에서는 이전의 독립적인 단위들이 합병하여 하나의 공통정부를 구성하며, 새로운 결정중심이 설립되어 이전의 결정중심들을 대체한다. 이에 비해 후자의 경우에는 단위들이 법률적으로 독립된 상태로 남아 있으며, 어떤 공통의 중심이 설립되지 않는다. 도이치의 이러한 유형론을 한국 통일에 적용해보면, 융합론에서는 남과 북이 기존의 국가형태를 지양하고 제3의 새로운 국가형태로 융합할 수 있다. 이러한 융합을 지향하는 것을 여기서 '융합론적 통일의식'이라고 칭한다. 그리고 다원론에서는 획일적 동질화에 반대하고 북한 주민의 상이한 관습과 가치지향을 인정하고 존중한다. 우리는 이러한 다원성을 지향하는 것을 '다원론적 통일의식'이라 칭한다.

여기에 또 하나의 유형을 부가할 수 있다. 바로 '수렴주의'이다. 그것은 한편이 다른 한편에 동화함으로써 유사성을 실현하는 것을 가리킨다. 마지막으로 통일을 반대하고 우호적 공존을 지향할 수 있다. 이것을 우리는 '공존주의'라고 칭한다. 그것은 남북이 각기 자신의 기존 체계를 발전시키기를 원한다. 따라서 통일의식은 '수렴', '다원', '공존', 그리고 '융합'의 네 가지 유형으로 구별할 수 있다.

1) 수렴주의

수렴주의에는 두 가지 형태가 있다. 하나는 북한이 자신의 사회주의 체제를 버리고 남한의 사회체계에 적응하는 것이고, 다른 하나는 남한이 자신의 자본주의 체계를 해체하고 북한 사회주의 체계를 채택하는 것이다. 그러나 후자의 형태는 생각하기 어렵다. 탈북자의 쇄도가 증명하듯이 북한은 인권유린과 굶주림의 나라로 인식되고 있기 때문이며, 더욱이 남한 사람들은 오랫동안 반공주의의 주술에 걸려 있다. 따라서 수렴은 오직 전자의 형태만을 의미한다. 남·북한 주민들에게 가치와 행동의 유사성을 확립하는 것을 목적으로 하는 수렴주의는 북한 주민이 자신의 독특한 문화유산을 버리고 남한의 문화규범에 전적으로 동화할 것을 기대한다. 그것은 기존 남한 체계를 이상화하고, 북한에 대해 부정적 태도를 취한다.

2) 다원주의

다원주의는 통일을 북한이 남한 체계에 통합되는 것으로 본다는 점에서 수렴주의와 같다. 그러나 통일은 북한 주민의 문화적 유산 등을 유지하는 것을 허락하고 격려하는 것이어야 한다고 본다는 점에서 수렴주의와 차이가 있다. 그것은 북한 사람들이 통일 후 남한 지배문화의 공적 제도에 참여하면서도 자신의 옛 관습을 유지하고, 이러한 실천을 유지하기 위해

서로 결합할 자유가 있어야 한다는 점을 광범하게 인정하려 한다. 그것은 북한 주민이 자신의 관습을 유지하고 결합하는 것을 '비애국적' 혹은 '비한국적'인 것으로 간주하려는 일방적인 동화주의적 태도를 지양하고자 한다. 이렇게 다원주의는 동화를 거부하지만, 하나의 독립적인 평행적 사회를 건설하는 것에는 반대한다. 그것은 북한 주민이 남한 사회의 지배적인 가치관과 관습과는 다른 것을 가졌다고 해서 배제되고 주변화되는 것을 방지하는 것에 역점을 둔다.

3) 공존주의

공존주의는 통일에 반대한다는 점에서 다원주의와 구별된다. 그것은 기존 분단상태의 유지를 바라며, 다만 남북의 자유왕래와 소통을 중시한다. 독일과 오스트리아 관계처럼 같은 민족이고 같은 언어를 사용하는 두 개의 나라로서 남·북한의 우호적 공존을 지향한다. 그것은 북한에서 사회주의 체계가 현재의 독재와 전근대성을 탈피하고 인권을 존중하고 굶주림을 해결하는 성숙한 사회주의 사회로 발전하기를 기대한다. 선의의 경쟁을 통해서 남·북한이 각각 자본주의와 사회주의의 성숙한 모습을 세계에 과시하기를 기대한다.

4) 융합주의

융합주의는 앞의 세 가지 유형과는 달리 남·북한이 기존의 사회체계를 지양하여, 남한의 자본주의 체계도 아니고 북한의 사회주의 체계도 아닌 제3의 유형으로 융합하기를 기대한다. 통일한국의 가능한 대안적 모델로서 오스트리아나 스위스와 같은 중립국 형태를 주장하는 것도 융합주의의

〈표 6-5〉 남·북한 체제에 대한 입장

		남한 체제	
		고수	반대
북한 체제	인정	다원주의/공존주의	-
	거부	수렴주의	융합주의

한 예이다.

이상의 네 유형은 <표 6-5>에서 보는 바와 같이, 기존의 남·북한 체계에 대해 수용과 배척의 상이한 입장에 있다.

수렴주의는 남한 체제를 강력하게 고수하고 북한 체제를 강력하게 거부하는 입장이며, 다원주의는 남한 체제를 강력하게 고수하고 북한 체제를 어느 정도 인정하며, 공존주의는 남한 체제와 북한 체제 양자를 인정하는 입장이다. 그리고 융합주의는 남한의 자본주의 체제도 북한의 사회주의 체제도 강력하게 거부한다. 따라서 상기 유형에서 수렴주의, 다원주의, 공존주의는 남한 체제를 고수하기를 원하며, 융합주의만이 남한 체제의 고수를 반대한다. 수렴주의를 제외한 나머지 세 유형은 냉전과 반공주의의 주술에서 해방된 것이고, 수렴주의만이 반공주의의 주술에 걸려 있다.

7. 한국인의 변화하는 통일의식의 일곱 가지 명제

지금까지 다양한 기관들에 의해 시행된 많은 조사는 한국인의 통일의식에 뚜렷한 변화가 일어나고 있음을 보여준다. 이 변화는 다음의 일곱 가지 명제로 요약될 수 있다.

첫째, 통일방식에 대해서 이전에 지배적이었던 '수렴주의'가 최근에 급격히 쇠퇴하고 있고, 또 이전에 무시 못 할 비중을 차지했던 '융합주의'

〈표 6-6〉 통일방식에 대한 의견(2005)

남한식 체제로 통일해야 한다	35.3%
북한식 체제로 통일해야 한다	0.8%
각각의 체제를 유지하면서 공존하는 방식으로 통일해야 한다	52.9%
남한식도 북한식도 아닌 제3의 체제로 통일해야 한다	8.3%
모름/무응답	2.7%

자료: 한국사회과학자료원(A-2005-0012).

와 '다원주의'도 극소수 의견으로 쇠락한 데 반해, 이전에 소수의견이었던 '공존주의'가 지배적 형태로 등장하고 있다.

통일의식을 구성하는 중요한 부분 중 하나는 통일방식에 대한 의견이다. "남한과 북한이 통일할 경우 어떻게 통일을 해야 한다고 생각하십니까?"라는 질문은 바로 이러한 부분을 알아보려는 것이다. 이 질문에 대해 "남한식 체제로 통일해야 한다", "각각의 체제를 유지하면서 공존하는 방식으로 통일해야 한다", "남한식도 북한식도 아닌 제3의 체제로 통일해야 한다"의 세 가지 견해가 있다. 첫 번째 견해는 수렴주의를, 두 번째 견해는 공존주의를, 세 번째 견해는 융합주의를 의미한다고 볼 수 있다. 2005년 조사결과를 보면, <표 6-6>에서 보는 바와 같이, 과반수 이상(52.9%)이 공존주의를 지지했고, 수렴주의는 35.3%에 그쳤으며, 제3의 새로운 통일국가를 추구하는 융합주의는 8.3%에 불과했다.

이 결과를 이전의 조사와 비교하여 보면 통일의식에서 커다란 변화가 일어났음을 알 수 있다. 10년 전인 1995년의 조사에서 "통일 후 어떤 체제가 바람직하다고 생각하십니까?"라는 질문에 자본주의 체제의 유지를 지지하는 수렴주의가 63.8%에 달했고, 사회주의 체제를 선호한 사람은 2.8%로 극소수에 불과했다. 그리고 자본주의와 사회주의의 혼합체제를 지지하는 융합주의가 33.4%에 달했다. 즉, 국민의 3분의 1 정도가 현

〈표 6-7〉 통일 후 바람직한 체제(%)

	1992	1995
자본주의 체제	54.6	63.8
사회주의 체제	5.7	2.8
자본주의와 사회주의의 혼합체제	39.7	33.4

질문: 통일 후 어떤 체제가 바람직하다고 생각하십니까?
자료: 통일연구원(1995).

체제의 지속보다는 분배구조의 개선을 소망하여 제3의 융합주의를 지지한 것이다. 1990년대 초에 소련과 동구 사회주의 국가가 붕괴하여 세계적으로는 자본주의 체제만을 유일한 대안으로 보는 '역사의 종언'이 주장되기도 했지만, 한국인들은 자본주의 체제만이 통일한국의 바람직한 체제라고 생각했던 것은 아니었다는 점이 흥미롭다. 1992년과 비교해보면, 3년이 지난 시점에서 통일 후 체제로서 자본주의 체제를 선호하는 수렴주의가 크게 증가했고, 혼합체제를 선호하는 융합주의는 약간 감소했음을 보여준다. 그리고 직접적으로 공존주의를 나타내는 "통일보다는 현재 상태를 유지하는 것이 좋다"든가 "현 상태로 남·북한이 공존하면 된다"는 의견은 1995년에 7.7%에 불과했으며, 1999년에 7.5%에 그쳤다. 즉, 공존주의는 1990년대에 소수의견에 지나지 않았다(통일연구원, 1995; 1999).

또한 1990년에 다른 기관에서 실시한 조사에 의하면, "통일이 된다면 어떠한 체제가 가능하겠습니까?"라는 질문에 자유민주주의 체제를 주장하는 수렴주의가 49.6%를 차지했고, 자유민주주의와 공산주의가 공존하는 체제를 주장하는 공존주의가 21.6%, 그리고 제3의 영구중립국을 주장하는 융합주의가 14.1%를 차지했다(한국사회과학자료원, A-1990-0003). 1988년부터 1990년까지 시행된 다른 조사들도 북한 체제를 반대하는 수렴주의가 이 시기에 매우 강력했음을 말하고 있다. <표 6-8>에서 '동질성 회복'은 남한 체제로의 수렴을 의미하는 것이기 때문에 '북한의 체제

〈표 6-8〉 바람직한 통일방식(%)

	1990	1989	1988
북한의 체제를 수용하더라도 빨리 통일하는 것이 좋다	8.0	8.1	19.3
여건이 성숙되기를 기다리며 동질성 회복에 노력해야 한다	63.6	59.9	75.5
북한의 체제를 자유민주주의로 변화시켜 통일해야 한다	22.9	26.0	-
현재의 분단상태도 괜찮다	3.3	3.7	3.6
관심이 없다	2.2	2.2	1.6

질문: 귀하께서는 통일문제에 대하여 어떻게 생각하십니까?
* 1988년도 조사에서는 응답의견이 약간 다르게 제시되었다. '조속한 통일'은 "어떠한 대가를 치르더라도 가능한 빨리 통일하는 것이 좋다"로, '점진적 통일'은 "통일을 서두르기보다 여건이 성숙되기를 기다려야 한다"로 질문되었다. 그리고 "북한의 체제를 자유민주주의로 변화시켜 통일하는 것이 좋다"라는 의견은 제시되지 않았다.
자료: 한국사회과학자료원(A-1990-0002; A-1989-0001; A1-1988-0002).

를 자유민주주의로 변화'시키는 것과 같이 수렴주의를 의미한다고 볼 수 있다. 따라서 수렴주의는 1988년에 75.5%, 1989년에 85.9%, 1990년에 86.5%라는 압도적 비중을 차지하고 있다고 볼 수 있다. 이에 비해 통일에 반대하고 현재의 분단상태 유지를 주장하는 공존주의는 1980년대 말에 매우 미약했다. 1988년 조사에서 "현재의 분단상태도 괜찮다"고 보는 공존주의 견해는 3.6%에 불과했다. 이러한 경향은 1989년과 1990년의 조사에서도 비슷하게 나타났다(각각 3.7%와 3.3%). 그리고 북한 체제를 수용해도 좋다고 하는 다원주의는 1988년에 19.3%를 차지하여 무시 못 할 비중을 차지했지만, 1990년에는 8%로 급격히 감소했다. 즉, 다원주의는 올림픽이 개최되어 공산권 국가들에 대해 비교적 개방적이었던 1988년에는 무시 못 할 비중을 갖고 있었지만, 그 후 곧 약세를 면하지 못한 것이다.

따라서 1988년부터 2005년까지 17년 동안 통일방식에 대해 의견이 크게 변화했음을 볼 수 있다. 첫째, 남한식 체제로의 수렴을 주장하는 수렴주의가 1980년대 말에 압도적으로 지배적이었는데, 이후 대폭 감소하여 2005년 현재 지배적 지위를 상실했다. 둘째, 1980년대 말에 극소수 의견이었던 공존주의가 최근에 와서 국민의 과반수의 지지를 받는 지배적 의견으로 대두했다. 셋째, 1992년에 40% 가까운 지지를 받았던 융합주의가 이후 대폭 감소하여 2005년 현재 극소수 의견으로 쇠락했다. 넷째, 1980년대 말에 무시 못 할 비중을 차지했던 다원주의가 1990년대에 들어와서 급격히 감소하여 소수의견으로 전락했다. 여기서 수렴주의가 지배적 지위를 상실하고 그 대신 공존주의가 지배적 형태로 대두했다는 것은 우리 사회에서 정부수립 이래 국민의 정신을 구속했던 반공주의의 '문화적 덫'이 최근에 와서 힘을 잃었다는 것을 뜻한다.

둘째, 통일의 필요성에 대해 국민 대다수가 절감하고 있지만, 최근에 올수록 이 필요성을 부정하는 태도가 증가하고 있으며, 조속한 통일보다는 점진적 통일이 국민 대다수의 지지를 받고 있다. 그리고 통일보다는 현재가 낫다고 보는 공존주의는 2003~2004년 절정에 달했다가 이후 감소하는 경향을 보이고 있다.

이처럼 분단 60년이 흘러, 분단 1세대 이산가족의 아픔도 기억 속에서 사라질 상황이지만, 그래도 대다수 국민은 여전히 통일의 필요성을 절감

〈표 6-9〉 남북통일의 필요성(%)

	매우 필요	다소 필요	별로 필요 없음	전혀 필요 없음	모르겠다/ 무응답	합계
2008	33.0	38.9	22.6	4.6	0.9	100.0
2007	35.8	37.9	21.5	4.5	0.3	100.0
2006	35.1	37.8	22.0	3.9	1.2	100.0
2003	37.6	40.7	17.1	3.4	1.2	100.0
1994	91.6	-	8.4	-	-	100.0

질문: 귀하는 남북통일이 어느 정도 필요하다고 생각하십니까?
자료: 한국사회과학자료원(A-2003-0006; A1-2006-0003; A1-2007-0026; A1-2008-0009).
　　　통일연구원(1994).

하고 있는 것으로 보인다. <표 6-9>에서 보는 바와 같이, 통일의 필요성을 절감하고 있는 응답자가 2008년 현재 70% 이상을 차지하고 있다. 그러나 이 비율은 1994년의 91.6%에 비해 20% 이상 감소한 수치이며, 점점 약화되고 있다. 이에 비해 통일의 필요성을 부정하는 태도는 1994년에 8.4%였는데 그 후 계속 증가추세를 보여, 2008년에는 22.6%로서 세 배 가까이 증가했다. 통일의 필요성에 대한 이러한 높은 인식은 통일속도에서 조속한 통일을 지지하는 것과 결부된 것은 아니었다. 1995년 조사에서 "통일비용을 부담하더라도 통일은 빠를수록 좋다"는 의견에 응답자의 70%가량이 찬성했다(통일연구원, 1995). 그러나 그 후 조속한 통일에 대한 지지율은 점차 하락했다. <표 6-10>에서 보는 바와 같이, "경제사정이 나빠지더라도 통일은 빨리 이루어지는 것이 좋다"는 의견에 1996년의 찬성비율은 44.1%이었는데, 2003년에는 32.8%로 내려갔다. 이에 상응하게 반대비율은 1996년 29%이었는데 2003년에는 45.7%로 늘어났다. 즉, 최근에 올수록 조속한 통일에 대해 반대 비율이 높아져 2003년에는 반대가 찬성보다 훨씬 더 높게 나타났다.

그리고 2005년에 오면 '조속한 통일'의 지지는 더욱 감소하여 17.4%에 그쳤다. 이에 반해 "여건을 봐가며 속도를 조절해야 한다"는 점진적 통일의 의견이 54.6%의 지지를 받았으며, "통일을 서둘 필요가 없다"(19.6%)

〈표 6-10〉 조속한 통일에 대해 찬성과 반대(%)

	매우 반대	약간 반대	그저 그렇다	약간 찬성	매우 찬성	합계
1996	12.0	17.0	26.9	25.0	19.1	100.0 (N=1760)
2003	19.8	25.9	21.5	17.6	15.2	100.0 (N=1197)

질문: 경제사정이 나빠지더라도 통일은 빨리 이루어지는 것이 좋다는 의견에 어느 정도 찬성 또는 반대하십니까?
자료: 한국사회과학자료원(A1-1996-0003; A-2003-0001).

〈표 6-11〉 공존주의의 추이(%)

	통일은 하루빨리 이루어져야 한다	통일은 점진적으로 이루어져야 한다	통일보다는 현재가 낫다	기타	모름/무응답
2009	17.2	63.9	12.2	6.6	0.2
2008	14.9	68.4	10.8	5.9	0.1
2007	20.8	55.9	18.5	2.5	2,3
2006	14.6	60.7	18.5	6.2	-
2005	11.7	64.2	18.9	5.2	0.7
2004	6.4	50.1	40.1	3.3	0.1
2003	15.1	53.7	30.8	-	0.4
2002	12.8	61.6	24.8	-	0.9
2001	15.6	67.5	14.2	2.4	0.3
1999	6.3	82.6	7.5	-	3.7
1988	19.3	75.5	3.6	1.6	-

자료: 민주평화통일자문회의, 「국민통일여론조사보고서」, 2001~2009(2004년 조사는 3차 조사자료임), 통일연구원(1999), 한국사회과학자료원(A-1988-0002).

든가, "굳이 통일할 필요가 없다"(7.9%)고 하는 유보적 입장도 적지 않은 지지를 얻었다(한국사회과학자료원, A-2005-0012).

<표 6-11>은 1988년부터 2009년까지 20년이 넘는 기간에 '조속한 통일', '점진적 통일', '공존주의'가 받은 지지가 어떻게 변화했는지를 보여준다. 전체 기간에 대다수 국민은 점진적 통일을 압도적으로 지지하고 있으며, 조속한 통일에 대한 지지는 대체적으로 20% 미만 수준에 머물고 있다. 2000년과 2007년에 남북정상회담이 있었을 때 일시적으로 약간 높게 나타났지만, 그 후 열기가 곧 식었다. 여기에 권력 엘리트의 영향이 일시적인 것에 그치고 있음을 알 수 있다. 점진적 통일은 대체로 60% 이상의 지지를 받고 있다. 이 경향은 다른 조사에서도 나타났다. 가능한 한 빠른 통일보다는 여건이 성숙되기를 기다려야 한다는 의견에 대해 2008년에 65.8%가 동의했다(서울대학교 통일평화연구소, 2008). 이러한 점진적 통일의 지지는 2000년대 이전이 이후보다 더 높았다. 그것은 1999년에 82.6%이었고, 1988년에는 75.5%이었다.

흥미 있는 점은 조속한 통일에 대해 반대의견이 높아지면서, 통일에 반대하는 공존주의가 강력한 증가세를 보여주었다는 점이다. 공존주의는 2003년에 30%를 넘었고 2004년에는 40% 이상으로 나타나 절정에 이르렀다가, 2005년 이후에 다시 18%대로 내려갔고, 최근에는 12.2%로 더욱 줄어들었다. 통일에 반대하는 공존주의가 절정에 달했던 2003년과 2004년에 점진적 통일의 지지는 53.7%, 50.1%로서 다른 해에 비해 상대적으로 낮게 나타났다. 공존주의가 이처럼 2003~2004년에 절정에 이르렀다가 그 후 다시 감소한 까닭은 무엇인가? 여기에는 두 가지 이유가 있다. 하나는 독일 통일이고 다른 하나는 북한의 핵무기 위협이다. 먼저 공존주의의 증가에는 무엇보다도 독일 통일의 영향이 컸던 것으로 보인다. 독일이 통일 후 많은 어려움을 겪고 있는 것을 알게 된 한국인들이 한국 통일에 대해서도 냉정하게 되돌아보기 시작한 것이다. 또한 국제사회의 여론을 무시한 북한의 핵무기 개발은 한국인에게 한반도 전쟁 발발 위험에 대한 우려를 증대시켰다. 북한이 전쟁을 일으킬 위험성에 대해 2002년에는 60.7%가 가능성이 없다고 보았는데(민주평화통일자문회의, 2002), 2004년에는 50.3%로 감소했다. 즉, 국민의 절반가량이 전쟁발발 가능성을 우려한 것이다(한국사회과학자료원, A-2004-0004). 그러나 최근에 와서는 전쟁 발발의 우려가 매우 심각하게 표현되고 있다. 2008년 조사에서 북한의 핵보유 선언과 미사일 발사 등으로 북한의 군사적 위협에 많은 국민이 우려를 나타내고 있다. 위협적이라고 느낀 응답자는 73.8%였고, 2009년 조사에서는 우려된다는 응답이 70.3%였다(민주평화통일자문회의, 2008; 2009).

이와 같은 전쟁 발발의 우려의 증가는 전쟁발생 방지를 한반도 통일의 주요 이유로 인식하게 했다고 보여진다. 1993년의 조사에서 통일이유로서 전쟁발생 방지를 든 사람은 9.9%에 불과한 데 비해, 2003년과 2005년에는 26.8%, 20.4%를 차지했다(통일연구원, 1993; 2005).

〈표 6-12〉 북한에 대한 인식(%)

	지원대상	협력대상	경계대상	적대대상	기타/무응답
2008	19.2	35.2	33.4	10.5	1.7
2007	20.5	39.5	28.5	9.7	1.7
2006	18.0	37.3	31.7	10.5	2.5
2005	16.4(23.1)	42.8(41.8)	26.7(20.9)	9.1(10.2)	5.0(4.0)
2004	19.9	38.8	30.0	8.3	3.0
2003	20.8(16.2)	36.6(38.2)	29.5(28.6)	9.1(12.5)	4.0(4.5)
1999	19.3	32.6	28.7	8.2	11.3
1998	12.4	24.8	40.6	13.8	3.3
1995	11.7	25.2	43.7	15.9	3.5
1994	39.2	20.4	30.7	7.1	2.6
1993	50.8	28.7	-	14.3	6.1

질문: 귀하는 북한이 우리에게 어떤 대상이라고 생각하십니까?
* 통일연구원의 1993년 조사에서는 경계대상의 항목은 없었고, 경쟁대상(5.7%)의 항목이 있었다.
* 2003년과 2005년의 괄호 안 수치는 통일연구원(2005)에 의거함.
자료: 한국사회과학자료원(A-2003-0006; A-2004-0001; A-2005-0001; A1-2006-0003; A1-2007-0026; A1-2008-0009), 통일연구원(1993; 1994; 1995; 1998; 1999; 2005).

셋째, 북한에 대한 인식에서 과거에 지배적이었던 수렴주의가 최근에 오면서 쇠퇴하고 반면에 공존주의가 증가하여 지배적 형태로 대두하고 있다. 정권의 교체와 더불어 수렴주의가 부침하는 데서 권력 엘리트의 영향이 나타나고 있다.

통일의식의 유형은 또한 북한을 어떻게 보는가에 따라 구분될 수 있다. 수렴주의 시각에서는 북한은 경계대상 혹은 적대대상으로 나타나고, 공존주의 시각에서 북한은 지원대상 혹은 협력대상으로 나타난다. 여러 조사는 북한을 경계대상이나 적대대상으로 보는 수렴주의가 쇠퇴했음을 보여주고 있다.

<표 6-12>는 국민이 북한을 어떤 대상으로 인식하고 있는가를 1993

년부터 2008년까지 15년간의 변화를 통해 보여주고 있다. 통계자료가 2003년과 2005년의 경우처럼 조사기관에 따라 약간의 차이를 보이기도 하지만, 대체적인 경향을 파악하는 데는 어려움이 없다. 1993년에는 국민의 절반 이상(50.8%)이 북한을 도와주어야 할 대상으로 보고 있었고, 대등한 협력대상으로 보는 비율도 28.7%를 차지했다. 이에 반해 북한을 적대대상으로 보는 사람은 14.3%에 불과했고, 더욱이 경쟁대상으로 보는 사람은 5.7%에 불과했다. 말하자면 국민의 절대다수가 공존주의를 지지하고 있었고 수렴주의는 미약했다. 그러나 이러한 공존주의의 지배는 이후 조금씩 약화되어 1994년에 북한을 지원대상으로 보는 비율이 국민의 39.2%로 줄어들었고, 협력대상의 비율도 20.4%로 줄어들었다. 이러한 공존주의의 감소추세는 1995년에 이르러 절정에 달했다. 갑작스럽게 북한이 경계대상으로 부상(43.7%)했고, 적대대상으로 보는 비율도 15.9%로 급증한 반면, 지원대상은 11.7%로 급감한 것이다. 즉, 수렴주의가 급부상하고 공존주의가 쇠약해진 것이다. 이는 당시 대북 쌀 지원 과정에서 보여준 북한의 비상식적인 돌출행동으로 인해 남북관계가 갑작스럽게 경색된 데서 기인한 것으로 보인다. 1998년에도 북한을 여전히 경계대상 혹은 적대대상으로 보는 부정적 인식이 강하게 나타났는데, 이것은 잠수정 침투사건과 로켓 발사 시험 등과 같은 북한의 군사적 위협에 대한 인식이 작용했기 때문이라고 보인다.

한편 북한을 협력대상으로 보는 비율은 1994년 이후 계속 증가하는 추세를 보였다. 특히 2005년에 42.8%로 정점에 이르렀으며, 2008년에는 35.2%를 차지하고 있다. 또한 지원대상의 비율도 1995년에 11.7%로서 가장 낮은 비율을 보였다가, 이후 계속 증가하는 추세를 보였다. 2003년과 2007년에는 20%를 넘어섰으며, 2008년에는 19.2%를 차지하고 있다. 그리고 1995년에 절정에 달했던 수렴주의는 1999년 김대중 정부 시절에

〈표 6-13〉 북한관

	2004	2005	2006	2007	2008	2009
포용하고 함께 살 상대	34.5	55.8	47.9	34.8	55.3	47.3
적이지만 함께 살 상대	50.1	25.4	32.3	49.4	28.8	30.9
대치하는 적	9.1	9.1	8.8	7.2	9.7	10.7
무관심	6.1	8.5	11.0	3.8	4.8	8.1
모름/무응답	0.0	0.0	0.0	4.9	1.5	3.0

자료: 민주평화통일자문회의, 2009년도 국민통일여론조사보고서.

들어와서 급격히 쇠퇴했다. 경계대상이 28.7%, 적대대상이 8.2%였다. 수렴주의의 약세는 그 후 노무현 정부 시기 동안에 거의 그대로 유지되었다가 이명박 정부가 들어선 2008년에는 약간의 증가세를 보였다. 말하자면 정권의 교체와 더불어 수렴주의적 인식이 부침하고 있는 것이다. 이러한 부침은 정권의 대북 정책과 입장의 상이에 따라 국민의 의식도 달라졌다는 사실을 뜻한다. 즉, 국민의 통일의식 변화에 권력 엘리트의 영향이 지대했음을 알 수 있다. 공존주의의 우세는 다른 조사에서도 확인된다. <표 6-13>에서 보는 바와 같이, 북한을 '대치하는 적'으로 보는 수렴주의는 10% 미만에 그치고 있고, 북한을 '함께 살 상대'로 보는 공존주의가 지배적이다. 여기서 공존주의를 북한을 적으로 보고 경계를 유지하려는 소극적 공존주의와 북한을 포용하고 함께 살려는 적극적 공존주의의 두 가지 유형으로 구분해보면, 적극적 공존주의가 대체로 우세를 보이고 있음이 드러났다. 이와는 대조적으로 2004년에 소극적 공존주의가 우세를 보였는데, 이것은 당시 새로운 긴장관계에 들어간 남북관계를 반영한 것이라 볼 수 있다. 2000년 남북정상회담을 통해 남북관계가 새로운 전기를 맞으며 종전의 적대적 긴장관계가 본질적으로 해소되는 상황을 보였는데, 2004년에 이르러서는 6자회담의 중단, 북한 핵 문제로 인한 경수로사업 중단, 부시 미 대통령의 북한인권법안 서명 등 외적 조건이 남북관계를 상당한 경색국면에 빠지게 했다. 더욱이 북한 경비정의 잦은 서해 NLL 침범, 서해 NLL에서 남북군함의 대치 등은 북한을 '적'으로 보는 소극적 공존주의의 강력한 대두에 결정적으로 기여했다고 볼 수 있다.

넷째, 수렴주의의 이데올로기적 기초인 반공주의가 종전의 주술적 권력을 본질적으로 상실했다. 수렴주의의 쇠퇴는 수렴주의의 이데올로기적 기초인 반공주의가 종전의 주술적 권력을 상실한 데에 기인하는 것이라 볼 수 있다. 반공주의는 오늘날 한국 사회에서 국가이념으로서 가치를 잃고 있다. 2005년의 한 조사(<표 6-14>)에 의하면, 반공을 국가이념으로 삼아야 한다는 냉전주의적 사고는 21.6%에 불과했고, 반공이념에 반대하는 응답자는 30%가량 되었다. 그리고 반공을 국가이념으로 삼는 데는 반대하지만, 그것의 가치를 인정하는 사람이 43.2%로 가장 많았다. 이 결과는 한국인들이 반공주의의 주술로부터 완전히 해방된 것은 아니지만, 반공주의가 국민들 사이에 지배 이데올로기로서 강력한 힘을 이미 상실했다는 점을 말해준다.

이러한 '탈반공주의' 경향은 '수비대 민족주의'의 법률적 도구인 「국가보안법」에 대해 개정을 주장하는 데서 표현되었다. <표 6-15>는 1989년부터 2005년까지 「국가보안법」 개정 또는 폐지에 대한 의견의 변화를

〈표 6-14〉 반공 이념의 필요성(2005)

북한의 위협이 계속되므로 대한민국의 국가이념으로	21.6%
국가이념으로 삼지는 않더라도 중요한 가치로 지킬 필요가 있다	43.2%
냉전시대에는 필요했지만 지금은 필요 없다	15.4%
남북화해를 저해하고 인권탄압의 명분이기에 시대착오적	14.0%
모름/무응답	5.8%

질문: 대한민국은 '반공'을 중요한 국가이념으로 삼아야 한다는 주장이 있습니다. 이에 대한 귀하의 의견은 다음 중 어느 것에 가장 가깝습니까?
자료: 한국사회과학자료원(A-2005-0012).

〈표 6-15〉 국가보안법에 대한 의견(%)

	2005	2004	1993	1990	1989
더욱 강화하는 것이 좋다		-	5.1	-	-
현재대로 계속 유지해야 한다	10.7	7.5	16.7	12.2	16.1
부분적으로 내용을 보완해서 유지해야 한다	44.1	49.1	38.1	49.2	47.9
국가보안법은 없애되 다른 법을 대신 만들어야 한다	25.9	33.4	22.4	24.1	20.5
전면적으로 폐지되어야 한다	12.9	8.6	10.4	14.5	15.6
모름/무응답	6.4	7.5	7.3		

질문: 현재 국가보안법을 없애자고 하는 요구가 제기되고 있습니다. 이 주장에 대해 귀하는 어떻게 생각하십니까?
자료: 한국사회과학자료원(A-2005-0012; A-1990-0002; A-1989-0001), 민주평통자문회의(2004), 통일연구원(1993).

〈표 6-16〉 공산권 국가들과의 접촉에 대한 의견(1988)

우리의 적이므로 절대 접촉해서는 안 된다	1.3%
경계를 해야 하며 가능한 접촉을 피해야 한다	5.8%
경계를 하며 접촉해야 한다	52.4%
다른 국가와 마찬가지로 자유로이 접촉해야 한다	38.5%
모르겠다	1.9%

질문: 공산권 국가들에 대해 귀하는 어떻게 생각하십니까?
자료: 한국사회과학자료원(A-1988-0002).

〈표 6-17〉 공산권국가와의 교류(1988, %)

	적극 지지	지지	반대	적극 반대	합계
경제교류	26.7	70.1	3.0	0.2	100.0 (N=1493)
정치외교적 관계 수립	21.8	73.3	4.6	0.3	100.0 (N=1489)

질문: 공산주의 국가와의 교류에 대하여 어떻게 생각하십니까?
자료: 한국사회과학자료원(A-1988-0002).

보여준다. 1989년은 동유럽 공산권 국가가 붕괴하기 시작한 시점이며, 서울 올림픽이 치러진 다음 해이다. 바로 이러한 시점에서 「국가보안법」 개정의 주장이 40%대로 지배적인 의견으로 나타났고, 다음으로 많은 의

〈표 6-18〉 동구권 사회 변화에 대한 견해(1989)

사회주의체제가 자본주의체제와의 경쟁에서 패배했다	48.8%
더 성숙한 사회주의 체제를 이루기 위해 자기개혁의 진통일 뿐이다	51.2%
합계	100.0%(N=1504)

질문: 최근 소련과 동유럽 사회에는 커다란 변화가 일어나고 있습니다. 이 변화들에 대한 다음 견해 중 어떤 견해에 동의하십니까?
자료: 한국사회과학자료원(A-1989-0001).

견은 새로운 법으로 대체할 것을 주장하는 의견으로서 20%대로 나타났다. 그리고 전면폐지의 의견과 그대로 유지하자는 의견이 각각 10%대의 소수 의견에 그쳤다. 이러한 경향은 2005년에도 그대로 유지되고 있다.

한국 사회에서 반공주의의 주술적 구속에서 벗어나는 첫 발걸음은 올림픽 게임이 치러진 1988년에 시작되었다고 보인다. 이 해에 시행된 조사에서 공산권 국가에 대해 어떻게 생각하는가의 질문에 90% 이상이 접촉할 것을 주장했고, 접촉기피를 주장한 사람은 7.1%에 불과했다. 반공주의가 국민에게 접촉기피를 강력하게 주입했지만, 1987년 6·29 선언 이후 전반적 의식변화가 일어난 것이다. 같은 조사는 공산권 국가와의 교류에 대해서도 국민들이 적극적으로 지지했음을 보여주었다. 공산권 국가와의 경제교류 및 외교관계 수립에 반대한 사람은 극소수에 불과했고, 90% 이상의 국민이 지지했다. 더욱이 공산권 국가가 몰락하기 시작한 1989년에 국민들은 자본주의의 승리를 확신하기보다는 오히려 사회주의 체제의 발전을 기대하고 있었다. <표 6-18>에서 보는 바와 같이, 소련과 동구의 급격한 사회변화를 더 성숙한 사회주의 체제를 이루기 위한 자기 개혁의 진통으로 보고 있었던 것이다.

이러한 인식은 공산주의와 자본주의 중에서 맹목적으로 자본주의를 택하려는 냉전적 시각에서 벗어났음을 말한다. 1990년 조사(<표 6-19>)는 국민이 자본주의든 공산주의든 인간을 위한 것이 아닐 때에는 반드시

〈표 6-19〉 공산주의와 자본주의에 대한 의견(1990, %)

	찬성	반대	합계
자본주의와 공산주의의 싸움에서는 자본주의가 꼭 이겨야 한다.	69.2	30.8	100.0 (N=1461)
자본주의와 공산주의는 항상 공존하면서 서로 도와야 한다.	74.8	25.2	100.0 (N=1471)
자본주의든 공산주의든 인간을 위한 것이 아닐 때에는 반드시 거부하여야 한다.	90.9	9.1	100.0 (N=1491)

질문: 공산주의와 자본주의에 대한 다음과 같은 의견에 대해 귀하는 어떻게 생각하십니까?
자료: 한국사회과학자료원(A-1990-0002).

거부해야 한다는 '인간주의적' 견해를 절대적으로 지지했음을 보여주고 있다. 따라서 한국인들의 탈반공주의는 이미 1980년대 말에 본격적으로 나타나기 시작했다고 말할 수 있다. 이러한 의식의 변화에 1987년에 단행된 정부의 해금조치가 결정적으로 기여했다고 볼 수 있다.

다섯째, 북한 주민에 대한 민족연대감과 상이감의 양가적 감정이 강력하게 존재하고 있다. 공존주의 북한관의 우세는 북한 주민에 대한 강력한 민족적 연대의식에 기초하고 있다. 2005년의 한 조사(<표 6-20>)에 의하면, "평소에 북한 주민에 대해 어떻게 생각하십니까?"라는 질문에 '우리'라고 응답한 사람이 30.5%로 가장 많고 다음으로는 '형제'가 25.2%, '이웃'이 21%였다. '남'으로 인식하는 사람은 10%에 불과했으며, '적'으로 보는 사람은 8%에 그쳤다. 즉, 과반수 이상의 국민이 북한 주민을 형제로 인식하고 있는 것이다.

이러한 강력한 연대감은 재외교포와의 비교에서도 확인된다. 북한 동포를 다른 재외교포들에 비해 같은 국민으로 보는 비율이 높게 나타나고 있다. <표 6-21>에서 보는 바와 같이, 미국, 일본, 중국, 러시아에 살고 있는 교포에 대해서 남이라고 느끼는 비율이 모두 25% 이상이었다. 특히 러시아에 사는 교포에 대해서는 30%가 넘었다. 이에 비해, 북한 주민에

〈표 6-20〉 북한 주민에 대한 견해(2005, %)

우리	형제	이웃	남	적	무관심	모름/무응답
30.5	25.2	21.0	10.0	8.0	4.5	0.8

질문: 평소에 북한 주민에 대해 어떻게 생각하십니까?
자료: 한국사회과학자료원(A-2005-0012).

〈표 6-21〉 재외교포에 대한 의견(2005, %)

	재미교포	제일교포	중국 조선족	러시아 고려인	북한 주민
완전히 남이다	4.9	4.4	2.7	4.2	2.6
남에 가깝다	22.7	22.7	22.6	26.4	19.1
대한민국 국민에 가깝다	39.0	37.3	41.9	38.3	39.9
대한민국 국민이다	29.2	31.0	28.3	24.0	33.6
모름/무응답	4.1	4.7	4.6	7.2	4.8

질문: 귀하께서는 외국에 살고 있는 다음 동포에 대해 얼마나 가깝게 느끼십니까? 보기 중에서 하나를 골라 주십시오.
자료: 한국사회과학자료원(A-2005-0012).

대해서 남이라고 느끼는 비율은 21.7%에 그치고 있고, 같은 국민으로 느끼는 비율이 73.5%에 달하고 있다. 그만큼 민족적 연대감을 느끼고 있다고 말할 수 있다. 이러한 결과는 우리들의 애초의 가정을 반박한다. 오랫동안 전혀 다른 체제 속에서 살아온 북한 사람들에게서 '우리 감정'을 남한 사람들이 느끼리라 기대하기는 극히 어려울 것이라고 가정했는데, 조사결과는 한국인이 북한 주민에 대해 강력한 '우리 감정'을 갖고 있음을 말해준다.

다른 한편, 우리는 한국인의 통일의식의 또 하나의 특징으로 유사성의 부재를 가정했는데, 조사 결과는 이러한 가정을 사실로서 확증해주고 있다. 북한 주민에 대해 강력한 우리 감정을 갖고 있다고 해서 동질감을 느끼는 것은 아니었다. 남한 주민은 북한 주민에 대해 큰 이질감을 느끼고

〈표 6-22〉 남·북한 주민 간의 차이(2005)

매우 크다	대체로 크다	대체로 작다	매우 작다	모름/무응답
36.0	55.2	7.0	0.5	1.2

질문: 귀하께서는 북한 사람의 사고방식이 남한 사람과 차이가 크다고 생각하십니까, 작다고 생각하십니까?
자료: 한국사회과학자료원(A-2005-0012).

있음이 나타나고 있다. 2005년의 한 조사(<표 6-22>)는 "북한 사람의 사고방식이 남한 사람과 차이가 얼마나 크다고 생각하십니까?"라는 질문을 제기했는데, 이 질문에 대해 차이가 작다고 보는 사람은 7.5%에 불과했고, 90% 이상이 북한사람은 남한사람과 다르다고 인식했다.

이보다 10년 전인 1995년에 실시된 한 조사는 국민들이 북한 주민에 대해 이질화를 어느 정도 느끼고 있는가를 알아보았는데, <표 6-23>에서처럼 북한 주민에 대해 모든 분야에서 이질화를 크게 느끼고 있는 것으로 나타났다. 특히 언어, 직장생활, 여가생활에서 차이를 크게 느끼고 있고, 가족생활과 풍습에서는 비교적 덜 느끼고 있다. 이 경향은 1993년의 조사에서도 동일하게 나타났다. 즉, 식생활과 전통관습에서는 동질적이라고 생각하는 경향이 비교적 강했다. 그러나 교육, 문학, 예술, 여가에서는 차이를 크게 느끼고 있다. 즉, 국가이데올로기가 강력하게 작용하는 영역에서는 이질화를 크게 느끼고 있는 것이다.

〈표 6-23〉 남·북한 이질화 정도(1995, %, N=1500)

	매우 크다	약간 크다	차이 없다	무응답
언어	34.8	54.2	8.6	2.4
가족생활	30.7	38.9	21.8	8.6
직장생활	46.9	33.9	9.1	10.1
여가생활	54.2	27.9	5.1	12.8
풍습	29.0	42.1	18.8	10.1

질문: 남·북한 간 이질화가 어느 정도라고 생각하십니까?
자료: 통일연구원, 1995년도 통일문제 국민여론조사.

〈표 6-24〉 남·북한 이질화(1993, %, N=1500)

	매우 비슷	다소 비슷	다소 다름	매우 다름	모르겠다
언어	9.1	40.3	40.0	10.5	0.1
전통관습	7.6	41.1	39.1	11.8	0.4
식생활	8.1	37.3	38.3	15.4	0.8
교육내용	0.7	3.8	40.0	54.7	0.9
문학,예술	0.7	15.3	47.1	36.3	0.6
여가생활	1.1	4.1	34.5	59.3	1.1

자료: 통일연구원, 1993년도 통일문제 국민여론조사.

이러한 이질감은 최근의 남북접촉을 통해 더욱 강화되고 있는 것으로 보인다. 더욱이 독일 통일의 경험은 같은 혈통, 같은 국경, 같은 화폐가 통합된 시민을 만드는 것은 아니라는 사실을 말해주고 있다(Mushaben, 2008: 2). 오랫동안 분단되어 전혀 다른 체제 속에서 살아온 북한 주민들에게서 가치와 행동의 유사성을 느끼는 것은 극히 어려운 일이라는 점을 조사는 사실로서 입증해주고 있다.

여섯째, 주변국 중에서 통일지원 국가는 미국이고 가장 큰 통일방해 국가는 북한이라고 보는 전통적 시각이 최근에 와서 크게 흔들리고 있다. 수렴주의의 쇠퇴와 탈반공주의 의식의 발전은 주변국에 대한 인식에서도 커다란 변화를 동반하고 있다. 미국을 한국 통일의 지원국으로 보는 것은 한국인에게 오랫동안 뿌리박힌 전통적 시각이었다. 이러한 전통적 시각이 오늘날에도 국민의 의식 속에 여전히 강력하게 존재하고 있음을 많은 조사가 증명하고 있다. 이를테면 2004년의 조사(<표 6-25>에서 한반도의 평화정착과 통일에 도움이 되는 나라로 미국을 꼽는 비율이 55.1%로 가장 높았다. 반대로 통일을 방해하는 나라로 북한이 50.8%로서 가장 높다. 말하자면 국민의 과반수가 통일지원국가는 미국이고, 통일방해국가는 북한이라고 생각하고 있는 것이다. 2005년의 조사에서도 한반도 통일을 달성하기 위해서 협력관계를 유지해야 할 가장 중요한 나라로서 미국이

〈표 6-25〉 통일방해국가와 지원국가(2004, %)

	매우 방해	약간 방해	어느 쪽도 아니다	약간 도움	매우 도움	모름/무응답
미국	7.9	17.7	19.2	44.7	10.4	0.0
일본	7.0	28.2	39.5	23.7	1.5	0.0
러시아	4.2	23.5	54.5	16.3	1.4	0.2
중국	6.9	29.1	38.0	23.0	2.9	0.1
북한	16.9	33.9	28.7	17.0	3.3	0.1

질문: 앞으로 한반도의 평화 정착과 통일을 위해 다음 각 국가와의 관계가 얼마나 방해가 되거나 도움이 된다고 생각하십니까?
자료: 한국사회과학자료원(A-2004-0004).

58.5%로 단연 1위이었고, 다음으로는 중국이 35.6%이었다. 그리고 일본과 러시아는 각각 3.8%, 2.1%이었다. 이 결과는 10년 전인 1995년의 조사에서도 동일하게 나타났다. 즉, 미국과 중국이 각각 38.8%, 24.9%로서 1위와 2위를 차지했다(통일연구원, 1995; 2005).

탈냉전적 흐름은 미국에 대한 전통적인 호의적 시각에 영향을 미쳤을 것이라고 기대될 수 있다. 왜냐하면 미국은 냉전의 한 축이기 때문이다. 그러나 미국에 대한 호의적 시각은 탈냉전적 흐름에 의해서도 별로 영향을 받지 않은 것으로 보인다. 2001년의 조사(<표 6-26>)에서 가장 좋아하는 나라로 미국이 여전히 1위를 차지했다.

<표 6-27>에서 보는 바와 같이, 미국에 대한 우호적 태도는 2003년

〈표 6-26〉 가장 좋아하는 나라와 가장 싫어하는 나라(2001, %)

	가장 좋아하는 나라 (총응답자 1,518명)			가장 싫어하는 나라 (총응답자 1,515명)	
1	미국	22.1	1	일본	45.5
2	호주	18.6	2	북한	17.2
3	캐나다	10.2	3	미국	8.3
4	스위스	8.9	4	아프가니스탄	7.4
5	중국	6.7	5	중국	3.2

질문: 귀하가 가장 좋아하는 나라와 가장 싫어하는 나라는 어디입니까?
자료: 한국사회과학자료원(A-2001-0001).

〈표 6-27〉 가장 친밀하게 느끼는 국가(%)

	미국	일본	북한	중국	러시아	모름
2008	50.7	10.2	22.3	9.4	2.3	5.0
2007	49.1	9.0	28.0	8.0	1.5	4.3
2006	49.9	5.9	27.9	10.7	1.3	4.2
2005	46.4	6.3	27.7	11.3	1.0	7.4
2004	42.7	8.8	29.0	12.0	1.5	6.0
2003	44.0	10.5	26.5	9.4	0.7	8.8

질문: 귀하는 미국, 일본, 북한, 중국, 러시아 중 어느 나라를 가장 가깝게 느끼십니까?
자료: 한국사회과학자료원(A-2003-0006; A-2004-0001; A-2005-0001; A1-2006-0003; A1-2007-0026; A1-2008-0009).

이후 매년 시행된 조사에서도 확인되었다. 가장 가깝게 느끼는 나라로 미국을 든 사람이 44%로 가장 높았고 다음으로는 북한이었다. 미국에 대한 이러한 우호적 태도는 계속 증가하여 2008년에는 과반수를 차지했다. 다른 기관에서 실시한 조사에서도 동일한 경향이 나타났다(한국사회과학자료원, A-2003-0001; 서울대학교 통일평화연구소, 2008). 미국산 쇠고기 수입에 대해서는 격렬히 반대했지만(촛불시위 등), 한국인은 미국을 가장 가깝게 느끼고 있는 것이다.

다른 한편, 북한 정권을 통일 방해요인으로 보는 시각은 한국인들의 오래된 전통적 시각이다. <표 6-28>에서 보는 바와 같이, 20여 년 전인 1988년에도 국민의 과반수가 북한 정권을 통일 방해요인으로 보았다. 이러한 의견은 1990년 조사에서도 변함이 없었다. 통일의 가장 큰 장애요인으로 북한 지도층을 지적하는 비율이 50%가량 되었다. 북한을 으뜸가는 통일 방해요인으로 보는 데는 북한 당국에 대한 불신이 기초로 깔렸다. 1993년의 조사에서 북한 당국을 얼마나 신뢰하느냐는 질문에 신뢰한다는 응답은 7.2%(조금 신뢰 6.1%, 매우 신뢰 0.1%)로 극히 미미했고, 74%가 불신을 나타냈다(매우 불신 33.6%, 조금 불신 19.5%, 통일연구원: 1993). 북한

〈표 6-28〉 통일 방해요인(%)

	1988	1990
북한의 정권담당자가 통일을 원하고 있지 않다	55.3	49.3
정부가 통일정책을 세우는데 미온적이다	26.1	13.6
미국이나 일본이 한반도의 통일을 원하고 있지 않다	14.0	13.6
소련이나 중공이 한반도의 통일을 원하고 있지 않다	4.6	5.4
기타		12.4
무응답		2.6

질문(1988): 다음 중에서 어느 것이 통일을 가로막고 있는 가장 중요한 요인이라고 생각하십니까?
질문(1990): 현재 통일의 가장 큰 장애요인은 무엇이라고 생각하십니까?
자료: 한국사회과학자료원(A-1988-0002; A-1990-0003).

〈표 6-29〉 김정일 위원장에 대한 신뢰(%)

	신뢰할 수 있음	신뢰할 수 없음	모름/무응답
2001년 12월	18.3	75.8	5.9
2003년 12월	14.3	82.7	3.0
2008년	6.6	93.4	-

자료: 민주평화통일자문회의, 2003 통일여론조사보고서; 서울대학교 통일평화연구소, 2008 통일의식조사.

당국에 대한 불신은 무엇보다도 북한 지도자 김정일에 대한 불신이다. <표 6-29>에서 보는 바와 같이, 북한의 김정일 위원장에 대한 신뢰도는 2001년에 18.3%였다가 2003년에 14.3%로 감소했다. 이는 6·15 선언의 효과로 인해 김정일 위원장에 대한 신뢰가 상대적으로 높았다가 시간이 지나면서 약화되었던 것이다. 이에 반해 불신의 비율은 2001년 75.8%에서 2003년 82.7%로 증가했다. 2008년 조사에서는 불신이 93.4%에 이르고 있다.

한 가지 흥미 있는 점은 북한을 으뜸가는 통일 방해국가로 보는 전통적 시각이 2005년에 들어오면 급격하게 흔들린다는 점이다. <표 6-30>에서 보는 바와 같이, 미국이 북한을 제치고 가장 으뜸가는 통일 장애 국가로 등장한다. 미국을 통일 장애 국가라고 보는 국민이 43.6%로 가장 많았고,

〈표 6-30〉 통일 장애 국가(2005)

남한	북한	미국	러시아	일본	중국	기타	모름/무응답
1.1	28.1	43.6	2.3	9.6	8.7	0.8	5.8

질문: 통일에 가장 큰 장애가 되는 나라는 어디라고 보십니까?
자료: 한국사회과학자료원(A-2005-0012).

〈표 6-31〉 통일 우호국(%)

	어느 나라도 한반도 통일을 바라지 않는다	미국	일본	중국	러시아	모름
2005	49.0	23.2	3.8	15.8	8.2	-
1999	49.7	26.3	4.3	5.8	1.0	12.8
1993	30.7	38.5	4.1	11.7	4.9	10.2

질문: 한반도 주변 4국 중 어느 나라가 한반도 통일에 가장 우호적이라고 생각하십니까?
자료: 통일연구원, 1993, 1999, 2005년도 통일문제 국민여론조사.

다음으로는 북한이 28.1%였다. 이는 국민들이 부시 정부의 대북 강경책이 한반도에 적지 않은 부정적 영향을 끼칠 것으로 우려하고 있음을 뜻한다. 2008년도에 오면 또 하나의 커다란 변화가 일어난다. 북한을 포함한 한반도 주변 4국 중에서 한반도 평화에 가장 위협적인 나라로 일본을 꼽은 것이다. 일본은 34.1%를 기록함으로써 북한의 33.6%보다 더 높게 나타났다는 점이다. 이는 전년에 25.8%였던 것과 비교해 8.3% 증가한 것으로, 독도 문제로 인해 일본에 대한 부정적인 인식이 증가했기 때문으로 보인다(서울대학교 통일평화연구소, 2008).

한편 한반도 주변 4국 모두 한국의 통일을 원하지 않는다는 '냉정한' 인식이 국민들 사이에 팽배해 있다. <표 6-31>에서 보는 바와 같이, 어느 나라도 한반도 통일을 바라지 않는다는 인식이 1993년에는 30.7%에 불과했는데, 1999년에는 50%에 육박했고, 2005년에도 49%로 나타났다. 2008년에 오면 이러한 냉정한 인식은 더욱 강하게 나타나고 있다. 일본, 중국, 러시아가 남·북한 통일을 원한다고 생각하는 응답률이 순서대로 각각 10%, 13%, 15%에 불과했고, 남·북한 통일에 가장 우호적이라고 믿어졌던 미국도 27%에 그쳤다. 이제 한국인은 통일문제를 다룸에 있어 외국에 대해 신뢰를 하지 않는 상태에 도달했다고 말할 수 있다.

일곱째, 국민은 남북정상회담과 같은 권력 엘리트의 돌출적 행동에 기대와 희망이 출렁이기도 했지만, 정부의 대북 정책에 대해 긍정적이기보다는 부정적이다. 그리고 국민 통일의식의 변화에서 권력 엘리트의 영향은 별로 크지 못한 것으로 보인다. 국민의 통일에 대한 희망과 기대감은 구체적인 정치적 사건과 밀접하게 연관되어 출렁였다. 남북정상회담은 국민의 통일희망을 부채질했다. 이를테면 2000년 6월 15일 김대중 대통령과 김정일 위원장이 평양에서 가진 남북정상회담은 통일이 실현될 것이라는 기대감을 높였다. 남북정상회담 직후 한 달간 전국 초·중·고·대학생과 교사 2,621명을 대상으로 시행한 '통일의식 변화에 대한 설문조사'는 통일이 실현될 것이라는 기대감이 높게 나타났음을 보여준다. 전체 응답자의 76.1%는 '통일은 이루어질 것'이라고 응답했다. 그리고 북한 지도층에 대해 '싸워야 할 적'이라고 답한 비율은 전년도 말 조사의 52.7%에 비해 16.5%로 크게 낮아졌다. 그리고 "통일을 반드시 해야 하느냐"는 질문에는 전체의 71.2%가 '그렇다'고 응답해 지난해 말 설문 때의 59%보다 긍정적인 반응이 많아졌다(≪중앙일보≫, 2000년 8월 10일 자). 그러나 6·15 남북정상회담 일 년 후인 2001년의 조사에서 현 정부의 햇볕 정책에 어느 정도 만족하느냐는 질문에 만족을 표현한 사람은 26.3%에 불과했고,

〈표 6-32〉 햇볕 정책에 대한 만족도(2001)

	매우 불만	약간 불만	보통	약간 만족	매우 만족
100.0	13.1	26.4	34.2	23.7	2.6

질문: 귀하는 현 정부의 햇볕 정책에 어느 정도 만족하십니까?
자료: 한국사회과학자료원(A-2001-0001).

〈표 6-33〉 대북 정책에 대한 지지도(%)

	지지한다	지지하지 않는다	모름/무응답
2000년 12월	68.6	28.5	2.9
2001년 12월	54.2	41.4	4.4
2002년 9월	51.3	39.6	8.1
2003년 12월	43.4	53.3	3.3

* 2000년 조사에서는 질문이 '잘하고 있다', '잘못하고 있다'로 제시됨.
자료: 민주평화통일자문회의(2003).

불만을 표현한 사람이 39.5%에 달했다. 햇볕 정책에 대해 국민 세 사람 중 한 사람 이상이 불만을 느꼈던 것이다.

<표 6-33>은 햇볕 정책에 대한 국민 태도의 변화를 보여준다. 6·15 정상회담이 실현되었던 2000년에는 68.6%로 압도적 지지를 받았지만, 이후 시간이 지나면서 지지율은 감소하여 2003년에는 43.4%였고, 이에 반해 지지하지 않는다는 의견이 53.3%로서 부정적 입장이 더 많았다.

2007년 남북정상선언도 통일가능성에 대한 기대를 증대시켰다. "귀하는 2007년 남북정상선언으로 인해 통일의 가능성이 얼마나 높아졌다고 생각하십니까?"라는 질문에 높아졌다고 생각하는 긍정적인 의견이 79.4%로 부정적인 의견 8.1%에 반해 월등히 우세하게 나타났다. <표 6-34>에서 보는 바와 같이 최근 3개년간 비교분석을 하면, 2006년까지는 부정적 의견이 지배적이었는데, 남북정상회담 후 2007년에는 긍정적 견해가 압도적 다수를 차지한 것이다.

이는 국민들의 통일에 대한 희망과 기대가 권력 엘리트의 돌출적 행동에 의해 춤추었음을 보여준다. 그러나 남북정상회담은 국민들의 북한에 대한 인식을 변화시키지 못한 것으로 보인다. 2001년의 조사에서 "작년 6·15 남북정상회담 이후 북한에 대한 선생님의 인식은 어떻게 변화되었습니까?"라는 질문에 응답자의 절반가량이 '변화 없다'고 응답했다(민주평화

〈표 6-34〉 통일의 가능성 대한 견해(%)

	많이 높아졌다	조금 높아졌다	조금 낮아졌다	많이 낮아졌다	모르겠다
2007	12.7	66.7	7.2	0.9	12.5
2006	5.7	25.3	57.0	9.5	2.5
2005	8.5	36.3	48.8	4.5	1.9

자료: 민주평화통일자문회의, 2007년도 일반국민통일여론조사보고서.

통일자문회의, 2001). 햇볕 정책에 대한 국민의 불만이 높고, 지지도가 내려 갔으며, 남북정상회담이 있었음에도 북한에 대한 국민의 인식이 변하지 않은 것은 국민적 합의가 없었고 정책투명성이 부족했기 때문이라고 볼 수 있다. 더욱이 국민들은 민주화 과정에서 권력 엘리트에 대해 강한 불신을 갖고 있다.

남북정상회담이 있었던 2000년의 조사에서도 국민들은 성공적인 대북 정책을 위한 전제로서 '국민합의 형성'을 가장 중시했고(43.8%), 다음으로는 정부의 일관성 있는 대북 정책을 들었다(24.7%, 민주평화통일자문회의, 2000). 2005년의 조사에서도 '국민적 합의 부족'이 정부 대북 정책의 가장 큰 문제점으로 지적되었다. 또한 '정책투명성 부족'도 강력하게 지적되고 있다. 이 두 가지 '부족'을 합하면 50%에 이른다. 과도한 대북지원도 주요 문제점으로 지적되고 있지만, 국민들은 구체적 문제보다 대북 정책의 추진과정을 가장 큰 문제점으로 인식하고 있는 것이다.

그리고 <표 6-36>에서 보는 바와 같이, 응답자의 60% 이상이 국민의

〈표 6-35〉 정부의 대북 정책의 문제점(%)

	국민적 합의 부족	과도한 대북 지원	정책투명성 부족	안보문제 소홀	한·미 공조 부족
2005	26.4	26.0	22.4	13.3	9.1

자료: 통일연구원(2005).

〈표 6-36〉 국민의견의 통일정책 반영도(2005, %)

매우 많이 반영된다	대체로 반영된다	별로 반영되지 않는다	전혀 반영되지 않는다
6.1	33.2	47.4	13.3

질문: 국민의 의견이 정부의 통일정책에 어느 정도 반영되고 있다고 생각하십니까?
자료: 통일연구원(2005).

의견이 정부의 통일정책에 반영되지 않는다고 생각하고 있다. 국민적 합의가 부족하고 투명성이 부족하고 국민의 의견이 반영되지 않는 정부의 통일정책은 권력 엘리트의 돌출행동으로 여겨질 수밖에 없고, 따라서 국민의 지지를 받기 어렵다. 2007년의 남북정상회담에 대해서도 동일한 점을 지적할 수 있다. 정상회담이 있었던 2007년의 조사에서 "2007년 남북정상선언으로 인해 통일의 가능성이 얼마나 높아졌다고 생각하십니까?"라는 질문에 '조금 높아졌다'는 의견이 66.7%, '많이 높아졌다'가 12.7%로서 긍정적인 의견이 79.4%에 달했다. 그러나 이러한 긍정적 평가는 일 년 후 상당히 감소했다. 2008년의 조사에서 현 정부의 대북 정책에 대해 지지한다는 긍정적 견해가 49.8%였고, 지지하지 않는다는 부정적 견해는 46.4%이었다. 긍정적 견해와 부정적 견해가 엇비슷한 수준이었다(민주평화통일자문회의, 2008).

그리고 남북정상선언이 있은 직후의 2007년 조사에서 "귀하께서는 차기 정부가 2007 남북정상선언과 남북총리회담의 합의에 대해 어떻게 해야 한다고 생각하십니까?"라는 질문에 '합의를 지켜야 한다'는 의견이 44.6%에 그쳤고, '정권이 교체되면 합의 내용을 재조정해야 한다'는 의견이 35.2%, '정권이 교체되지 않더라도 합의 내용을 재조정해야 한다'는 의견이 9.0%였다. '합의를 지켜야 한다'는 의견이 과반수의 지지를 얻지 못하고 있는 것이다(민주평화통일자문회의, 2007). 국민적 합의 형성이 없는 권력 엘리트의 돌출행동에 대해 국민은 상당히 거리를 두고 있다고 말할

<표 6-37> 역대 정부에 대한 평가(2005, %)

	이승만	박정희	전두환	노태우	김영삼	김대중	노무현
매우 긍정적인 영향을 미쳤다	2.2	5.7	1.1	0.3	0.9	33.7	6.4
대체로 긍정적인 영향을 미쳤다	14.2	19.7	12.2	16.3	29.1	50.0	50.4
대체로 부정적인 영향을 미쳤다	38.0	41.3	50.4	49.1	44.6	8.8	26.5
매우 부정적인 영향을 미쳤다	29.0	25.7	27.6	25.8	17.8	5.5	9.8
모름/무응답	16.6	7.6	8.7	8.5	7.5	1.9	7.0

질문: 다음의 역대 정부들이 남북화해에 미친 영향에 대해 어떻게 평가하십니까?
자료: 한국사회과학자료원(A-2005-0012).

수 있다.

<표 6-37>은 역대정부에 대한 평가를 보여준다. 역대정부가 남북화해에 어떠한 영향을 미쳤다고 평가하느냐는 질문에 국민들은 이승만 정부로부터 김영삼 정부에 이르기까지의 모든 정부가 남북화해에 부정적 영향을 미쳤다고 평가했다. 특히 전두환 정부와 노태우 정부가 가장 부정적으로 평가되었다. 이에 반해 김대중 정부와 노무현 정부는 긍정적 평가를 받고 있다. 특히 김대중 정부에 대해서는 83.7%가 긍정적 평가를 했다.

다른 조사에서도 김대중 정부는 긍정적 평가를 받고 있다. <표 6-38>에서 1990년대와 2000년대의 자료는 각기 다른 기관에 의해 조사된 것이어서 직접적으로 비교하기는 어려우나, 대체적 경향을 파악하는 데는 무리가 없다. 김영삼 정부 시절인 1995년에 긍정적 평가는 약 20%에 불과했고, 부정적 평가는 33%에 달했다. 즉, 부정적 평가가 훨씬 더 많았다. 김대중 정부에서는 긍정적 평가가 부정적 평가보다 더 높게 나타났다. 특히 1999년에는 긍정적 평가가 30%로서 부정적 평가보다 5% 이상 더 많았다. 그리고 노무현 정부에서는 2003년에 긍정적 평가가 18% 정도에

〈표 6-38〉 정부의 대북 정책에 대한 평가(%)

	1995	1998	1999	2003	2004	2005
매우 잘하고 있다	2.5	3.3	2.4	2.0	2.9	4.3
다소 잘하고 있다	17.3	23.6	28.4	16.3	20.4	23.4
보통이다	47.1	40.1	38.3	43.4	40.1	37.3
다소 잘못하고 있다	26.5	19.4	20.2	24.0	21.6	20.6
매우 잘못하고 있다	6.5	6.7	4.1	8.8	9.8	7.3
모르겠다	-	6.9	6.7	5.5	5.3	7.1

질문: 현 정부가 대북 정책을 얼마나 잘 수행하고 있다고 생각하십니까?
자료: 한국사회과학자료원(A-2003-0006; A-2004-0001; A-2005-0001), 통일연구원(1995; 1998; 1999)

불과했고, 부정적 평가가 32%를 넘었다. 그러나 그 이후에는 긍정적 평가가 크게 증가하여 2005년에는 27.7%에 달했고, 반면에 부정적 평가는 약간 감소하여 약 28%이었다. 그리하여 부정과 긍정이 비슷한 강세를 보였다. 현 이명박 정부의 대북 정책도 국민들로부터 긍정과 부정의 상반된 평가를 받고 있는 것으로 보인다. 2008년의 조사에 의하면, 현 정부의 '상생과 공영의 대북 정책'에 대해 국민의 47.1%가 '공감한다', 44.1%가 '공감하지 않는다'고 응답해 긍정과 부정의 두 견해가 팽팽하게 맞서고 있음을 보여준다(민주평화통일자문회의, 2008).

8. 나오는 말

이 글은 통일의식의 유형화를 시도하고 시대의 변화에 따라 어떤 유형이 지배적인 것으로 등장하고 또 어떤 유형이 쇠퇴했는가를 분석하고자 했다. 한국 사회가 수비대 민족주의로부터 민주적 개방사회로 나아가는 것과 궤를 같이하여, 한국인의 통일의식도 큰 변화를 보이고 있기 때문이다. 그 변화는 다음과 같이 요약될 수 있다.

첫째, 범주적 통일의식으로서 반공주의가 자신의 본거지를 잃음에 따라 반공주의 문화 덫에 사로잡혀 있던 수렴주의도 지배적 지위를 상실했고, 새로운 제3의 국가를 지향하는 융합주의는 완전히 쇠락했다. 또한 통일은 북이 남에 통합되는 것이어야 하지만 북한 주민이 자신의 문화적 유산의 다양한 측면들을 유지하는 방식으로 실현되어야 한다는 다원주의도 극소수 의견으로 전락했다. 통일에 반대하고 현재의 분단상태 유지를 바라는 공존주의가 지배적 형태로 대두하고 있다.

둘째, 북한에 대한 인식에서도 북한을 경계대상 혹은 적대적 대상으로 보는 수렴주의가 쇠퇴하고 북한을 지원대상 혹은 협력대상으로 간주하는 공존주의가 지배적 형태로 부상했다. 이러한 변화추세는 북한 주민에 대해 강력한 민족연대감과 이질감의 양가적 감정에 기초하고 있다.

셋째, 반공주의와 부정적 북한관의 관계가 새로운 양상을 보이고 있다. 과거에는 북한에 대한 부정적인 인식, 반공주의, 수렴주의 간에 강한 일치관계가 존재했지만, 현재는 비록 북한에 대한 부정적인 인식은 여전히 그대로 유지되고 있지만 반공주의는 쇠퇴했다. 이 점은 양자 간에 인과관계가 없다는 점을 의미한다. 반공주의 쇠퇴는 권위주의 정권에 대항하는 민주화 운동의 결실이다. 민주화의 성취와 함께 권위주의 정권이 몰락함에 따라 권위주의 정권의 도구로서 반공주의도 힘을 잃었다.

넷째, 통일과 관련하여 주변국에 대한 인식은 최근에 와서 커다란 변화를 보이고 있다. 북한을 통일의 주요 방해국가로 보고, 미국을 통일 협력국가로 보는 전통적 시각이 최근에 와서 크게 흔들리고 있다. 특히 미국은 최근에 으뜸가는 통일 방해국가로 인식되고 있다. 이는 미국의 대북 강경책이 한반도 통일에 부정적 영향을 끼칠 것이라 국민들이 우려하고 있음을 말한다. 그리고 한반도 주변국 중에서 어느 나라도 한국의 통일을 원하지 않는다고 보는 냉정한 인식이 최근 국민들 간에 팽배해 있다.

　다섯째, 남북정상회담에 대한 국민들의 기대와 희망이 출렁이기도 했지만, 국민적 합의와 투명성이 부족한 정부의 통일정책은 권력 엘리트의 돌출행동으로 여겨질 수밖에 없고, 더욱이 불신의 덫에 걸려 있는 국민으로부터 지지를 받기 어렵다.

참고문헌

전태국. 2007. 「사회통합을 지향한 한국통일의 개념전략: 변화를 통한 접근」. 한국사회학회. ≪한국사회학≫, 제41집 6호, 204~239쪽.

_____. 2007. 「세계화 시대 한국 사회의 내적 성숙의 모색: 사회국가와 인정의 정치」. 한국사회학회. ≪한국사회학≫, 제41집 1호, 1~25쪽.

_____. 1996. 「세계화 시대의 통일문제」. 강원대학교 사회학과 엮음. 『한국 사회의 이해』. 강원대학교 출판부, 185~203쪽.

통일부 통일교육원. 2004. 「통일문제 이해」.

하태경. 2010. 1. 29. 「탈북자 2만 명 시대의 정책과제」. CFE Report, No. 112. 자유기업원.

Baden, Christian. 2002. "Elitenwende. Die Rolle der Eliten im Wendeprozess der DDR im Vergleich zu Polen und der Tschechoslowakei."

Böhnke, Petra. 2004. "Perceptions of social imtegration and exclusion in an enlarged Europe, European Foundation for the Improvement of Living and Working Conditions." Dublin.

Brown, David. 1995. "Democratization and the Renegotiation of Ethnicity." in Daniel A. Bell, David Brown, Kanishka Jayasuriya and David martin Jones. *Towards Illiberal Democracy in Pacific Asia*. New York: St Martin's Press.

Callhoun, Craig. 1994. "Social Theory and the Politics of Identity." in Craig Calhoun(ed.). *Social Theory and the Politics of Identity*. Oxford UK & Cambridge USA: Blackwell.

Delhey, Jan. 2004. "European Social Integration. From convergence of countries to transnational relations between peoples. February 2004, Wissenschaftszentrum Berlin für Sozialforschung." WZB.

Deutsch, K. et al. 1966. *International Political Communities*. New York: Anchor Books edition, Garden City.

Jeon, Tae Kook. 2009. "Changing Unification Consciousness of Koreans." in: *Korean Journal of Sociology*, Vol. 43 No. 6, pp. 1~24.

Kunda, Gideon. 1992. *Engineering Culture*. Philadelphia: Temple University Press.

Marx, Karl. *MEW 3: Die Deutsche Ideologie*. Berlin.

Merkel, Wolfgang. 1997. "Die Rolle von Eliten und Massen beim Übergang von autokratischen zu demokratischen Herrschaftssystemen." Jan Wielgohs and Helmut Wiesenthal(Hrsg.). *Einheit und Differenz: Die Transformation Ostdeutschlands aus vergleichender Perspektive*. Berlin.

Müller, Birgit. 2007. *Disenchantment with Market Economics. East Germans and Western Capitalism*. New York/Oxford: Bergham Books(Orginally published as *Die Entzauberung der marktwirtschaft. Ethnologische Erkundungen* in Ostdeutschen Betrieben by Campus in 2002).

Mushaben, Joyce Marie. 2008. *The Changing Faces of Citizenship. Integration and Mobilization among Ethnic Monorities in Germany*. New York and Oxford: Berghahn Books.

Shelley, Becky. 2005. *Democratic Development in East Asia*. London and New York: Routledge Curzon.

Weber, Max. 1988. (RS I): *Gesammelte Aufsäze zur Religionssoziologie I, Konfuzianismusm und Taoismus*. J.C.B.Mohr(Paul Siebeck) Tübingen.

_____. 1988. (RS II): *Gesammelte Aufsäze zur Religionssoziologie II, Hinduismus und Buddhismus*. J.C.B.Mohr(Paul Siebeck) Tübingen.

참고조사자료

민주평화통일자문회의. ≪국민통일여론조사보고서≫, 2000~2009년까지(2004년도 조사는 2004년도 3차 조사).

서울대학교 통일평화연구소. 2008. 「통일의식조사」.

한국사회과학자료원.

A1-2008-0009: 성균관대 서베이리서치센터. ≪한국종합사회조사≫, 2008 코드북.

A1-2007-0026: 성균관대 서베이리서치센터. ≪한국종합사회조사≫, 2007 코드북.

A1-2006-0003: 성균관대 서베이리서치센터. ≪한국종합사회조사≫, 2006 코드북.

A-2005-0001: 성균관대 서베이리서치센터. ≪한국종합사회조사≫, 2005 코드북.

A-2005-0012: EAI·중앙일보 국가정체성 여론조사

A-2004-0004: 서울대학교 사회발전연구소. 「광복 60주년 국민의식 조사」. 2004.

A-2004-0001: 성균관대 서베이리서치센터. ≪한국종합사회조사≫, 2004 코드북.

A-2003-0006: 성균관대 서베이리서치센터. ≪한국종합사회조사≫ 2003 코드북.

A-2003-0001: 서울대학교 사회발전연구소「국민의 가치관과 의식에 대한 조사」. 2003.

A-2001-0001: 서울대학교 사회발전연구소「2002년 일류국가를 향한 국민의식조사」, 2001.

A1-1996-0003: 서울대학교 사회발전연구소「전환기 한국 사회 국민의식과 가치관에 관한 조사연구」. 1996.

A-1990-0003: 서울대학교 사회과학연구소「21세기를 향한 국민의식 성향 조사」. 1990.

A-1988-0002: 서울대학교 사회과학연구소,「전환기 한국 사회조사 4: 국민의식 조사연구」. 1988.

통일연구원. ≪통일문제 국민여론조사≫, 1993; 1995; 1999; 2005.

|부록|

1. 독일연방공화국 편입에 대한 인민회의 결의 선언문
2. 독일 통일 달성을 위한 독일연방공화국과 독일민주공화국 사이의 조약(통일조약)

⟨부록 1⟩

독일연방공화국 편입에 대한 인민회의 결의 선언문
1990년 8월 23일

　독일민주공화국 인민회의는 1990년 10월 3일을 기해 독일연방공화국 기본법 23조에 의거해 독일연방공화국에 편입될 것을 선언한다. － 독일연방공화국 기본법의 유효범위 내로 편입 －

　이를 위한 후속 조치는 다음과 같다.
- 통일조약에 대한 심의는 이 시점(10월 3일)을 기해 완료한다.
- 2+4 회담은 독일 통일에 대한 대내외적 조건을 마무리하는 수준까지 추진한다.
- 주(州) 구성은 1990년 10월 14일에 주의회 선거가 치러질 수 있을 정도로 추진한다.

　상기 결의안은 1990년 8월 23일 제30차 회의에서 독일민주공화국 인민회의에 의해 의결되었다.

독일민주공화국(DDR) 인민회의 의장
베르그만-폴

〈부록 2〉

※ 다음은 독일 통일 당시의 통일조약(Einigungsvertrag)을 번역한 것이다. 통일 조약 원본은 연방법무부에서 제공하는 원본서비스 홈페이지(http://www.juris.de)에서 다운로드한 판본을 사용했다.

독일 통일 달성을 위한 독일연방공화국과 독일민주공화국 사이의 조약(통일조약)

전문의 형식

독일연방공화국과 독일민주공화국은 평화스럽고 자유롭게 국제사회의 정당한 일원으로 자유로운 자결권을 행사할 수 있는 통일독일을 이룩할 것을 결의했으며, 법치국가에 속하고, 민주적이고 사회적인 연방국가에서 평화롭고 자유롭게 함께 살아가기를 바라는 두 독일 국민들의 소망에 따라, 평화적 방법으로 자유를 향한 약진을 돕고, 통일독일의 달성을 동요 없이 지지하고 완성해 간 분들에게 경의를 표하며, 독일 역사의 지속성을 인식하고, 인권과 평화를 존중해야 할 의무를 갖는 독일의 민주적 발전을 위해 우리의 지난 과거로부터 비롯된 특별한 책임감을 갖고, 독일 통일을 통해 유럽 통합과 국경으로 구분되지 않고 모든 유럽 국가들이 신뢰하며 공존할 수 있는 유럽의 평화적 질서 구축에 기여할 수 있도록 노력할 것이며, 유럽 내의 모든 국가의 국경, 영토상의 통합성과 주권이 갖는 불가침성을 평화를 위한 기본 전제 조건으로 인식하면서, 통일독일의 달성에 관한 조약을 다음 규정에 따라 체결할 것에 합의했다.

제I장

편입의 효력

제1조 주(Länder)

(1) 브란덴부르크, 메클렌부르크-포어포메른, 작센, 작센-안할트 및 튀링겐 주는 기본법 23조에 따라 독일민주공화국의 독일연방공화국 편입 발효와 동시에 1990년 10월 3일부터 독일연방공화국의 주가 된다. 각 주의 성립과 경계에 대해서는 1990년 7월 22일에 제정된 독일민주공화국에 속한 주의 성립에 관한 헌법 규정인 주편입법(GBl. I Nr. 51 955쪽) 부록 II에 따른다.

(2) 베를린 주는 베를린의 23개 구(Bezirke)로 구성된다.

제2조 수도, 독일 통일의 날
(1) 독일의 수도는 베를린이다. 의회와 행정부의 위치는 통일독일의 달성 이후에 결정한다.
(2) 10월 3일은 독일 통일의 날이며 법정 공휴일이다.

제II장

기본법

제3조 기본법의 효력개시
1983년 12월 21일 법적으로 최종적으로 개정되어 연방관보 제III부목록번호 100-1에 공표된(BGBl. I 1481쪽) 독일연방공화국 기본법은 아래 제4조에 명시된 개정조항을 포함하여 이 조약에서 별도로 규정하지 않는 한 편입의 효력발효와 동시에 브란덴부르크, 메클렌부르크-포어포메른, 작센, 작센-안할트, 튀링겐 및 지금까지는 효력이 적용되지 않던 베를린 주의 일부 지역에 효력을 갖는다.

제4조 기본법의 편입관련 개정사항

독일연방공화국의 기본법은 다음과 같이 개정된다.

(1) 전문은 다음과 같이 수정된다.

"독일국민은 신과 인류에 대한 책임을 인식하고, 통합유럽의 정당한 일원으로서 세계평화에 공헌한다는 의지를 갖고 이 기본법의 헌법적 힘에 권한을 부여했다. 바덴-뷔르템베르크, 바이에른, 브란덴부르크, 브레멘, 함부르크, 헤센, 메클렌부르크-포어포메른, 니더작센, 노르트라인-베스트팔렌, 라인란트-팔츠, 자를란트, 작센-안할트, 슐레스비히-홀슈타인 주와 튀링겐 주에 속하는 국민은 자유로운 자기결정권을 행사하여 독일의 통일과 자유를 달성했다. 이로써 이 기본법은 모든 독일 국민에게 적용된다."

(2) 제23조는 폐지된다.

(3) 기본법 제51조 제2항은 아래와 같이 수정된다.

"(2) 각 주는 최소한 3장의 투표권을 가지며, 200만 명 이상의 주민을 갖는 주들은 4장, 600만 명 이상의 주민을 갖는 주는 5장, 700만 명 이상의 주민을 갖는 주는 6장의 투표권을 갖는다."

(4) 기존 제135a조는 제1항으로 수정된다. 제1항 뒤에 다음의 제2항이 새로 첨가된다.

"(2) 제1항은 연방, 주 및 지방자치단체에 양도되는 독일민주공화국의 재산가치와 관계되어 있는 독일민주공화국과 산하 법인, 그리고 연방과 공법상의 기타 법인 및 기관의 채무에 적용되며, 독일민주공화국 및 그에 속한 법인의 채무에 관련된 조치에도 적용된다."

(5) 기본법에는 다음의 제143조가 신설된다.

"제143조

(1) 통일조약 제3조에 언급된 지역의 법률은 1992년 12월 31일까지는 다양한 상황에 따라 이 기본법의 규정에 완전히 적응할 수 없는 경우에는 예외적으로 인정될 수 있다. 단, 이러한 예외적 적용은 기본법 제19조 제2항에 위배되어서는 안 되며 제79조 제3항에 명시된 기본 원칙과 일치해야 한다.

(2) 기본법 제II절, 제VIII절, 제VIIIa절, 제IX절, 제X절 및 제XI절의 규정과 상이한 법적 조항은 1995년 12월 31일까지만 인정된다.

(3) 제1항 및 제2항과는 무관하게, 통일조약의 제41조와 그 이행규정은 동 조약 제3조에 명시된 지역의 재산권 침해조치에 대해 원상회복이 불가능한 것으로 판단될 경우에는 유효하다."

(6) 제146조는 다음과 같이 수정된다.

"제146조

독일의 통일과 자유가 달성된 후 전체 독일국민에게 적용되는 이 기본법은 독일국민의 자유로운 의사에 따라 의결된 새 헌법이 효력을 발생하는 날부터 그 효력을 상실한다."

제5조 차후의 헌법개정

조약의 체결 당사자인 양국 정부는 통일독일의 입법기관에 2년 이내에 독일 통일과 관련하여 제기된 문제의 해결을 위해 기본법을 개정 및 보충할 것을 권고한다. 특히,

- 1990년 7월 5일에 공표된 두 독일 총리의 공동결의안에 상응한 행정부

와 각 주 사이의 관계 정립
- 기본법 제29조의 규정에 맞지 않지만 관련 주들의 합의에 의하여 예외적으로 인정되고 있는 베를린/브란덴부르크 지역의 새로운 구획 가능성과 관련된 문제
- 새로운 국가목표와 관련된 규정을 기본법에 추가할 것인가에 대한 고려
- 기본법 제146조의 적용과 이에 따른 국민투표의 문제

제6조 예외규정

기본법 제131조는 조약 제3조에 명기된 지역에는 당분간 적용되지 않는다.

제7조 재정법률

(1) 독일연방공화국의 재정법률은 이 조약에 달리 규정되어 있지 않은 한 제3조에 명시된 지역에도 적용된다.

(2) 제3조에 명시된 지역의 연방, 주 및 기초자치단체(기초자치단체 협의체)에 조세수입을 분배하는 데에는 기본법 제106조와 함께 다음 기준이 적용된다.

① 1994년 12월 31일까지 제3항 4호 및 제4항은 적용되지 않는다;
② 1996년 12월 31일까지 각 주의 소득세 수입 중 기초자치단체 할당액은 기본법 제106조 제5항에 따라 지방자치단체 주민들의 소득세 재정수입에 따라서가 아니라 지방자치단체 인구수에 따라 정해진다;
③ 1994년 12월 31일까지는 기본법 제106조 제7항이 적용되지 않고 공동세 총수입 중 각 주의 몫과 주 세금의 총수입 중 최소 20%, 제5항 1호에 따라 '독일 통일' 기금에서 배당된 주 몫에서 최소 40%를 매년 기초자치단체(기초자치단체 협의체)에 배분한다.

(3) 기본법 제107조는 조약 제3조에 명시된 주에 다음의 사항을 적용한다. 1994년 12월 31일까지는 독일연방공화국의 주와 제3조에 언급된 주 사이에 제1항 4호의 규정이 적용되지 않으며, 전체 독일 주에 대한 재정의 조정과 결산(기본법 제107조 제2항)이 행해지지 않는다. 매출세 중 독일 전체 주에 대한 할당액은 독일민주공화국과 독일연방공화국지역에 분배되는데 브란덴부르크, 메클렌부르크-포어포메른, 작센, 작센-안할트 및 튀링겐 주의 인구당 평균 매출세액은 바덴-뷔르템베르크, 바이에른, 브레멘, 헤센, 함부르크, 니더작센, 노르트라인-베스트팔렌, 라인란트-팔츠, 자를란트 및 슐레스비히-홀슈타인 주의 인구당 평균 매출세액의 1991년 55%, 1992년 60%, 1993년 65%, 1994년 70%로 조정된다.

베를린 주의 몫은 주민 수에 따라 미리 계산된다. 이 항의 규정은 1993년에 상황을 고려하여 재검토한다.

(4) 조약 제3조에 언급된 주는 동 조약에 따라 1991년 1월 1일부터 기본법의 제91a조, 제91b조, 제104a조 제3항과 제4항 및 이번에 발표된 시행규칙의 적용을 받는다.

(5) 독일 통일 달성 이후 독일 통일기금의 연간배당은 다음과 같다.

① 브란덴부르크, 메클렌부르크-포어포메른, 작센, 작센-안할트, 튀링겐 주 및 베를린 주에는 일반 재정수요를 채우기 위해 특별 원조금 85%가 지원되며, 주민 수를 고려하여 각 주에 할당되며, 서베를린은 주민 수에 관계없이 할당된다.

② 15%는 주 지역을 위한 연방 공공지출을 위해 사용된다.

(6) 근본적인 상황 변화 시에 조약 제3조에 명시된 주에 대한 추가적 재정지원 여부를 연방과 주가 공동으로 심의한다.

제III장

법률통합

제8조 연방법의 과도기적 적용

편입과 동시에 제3조에 명시된 지역에는 독일연방공화국의 특정 주나 지역에 관한 적용범위가 제한되어 있지 않거나, 동 조약상, 특히 부록 I에서 달리 규정하고 있지 않은 한 연방법이 적용된다.

제9조 계속 적용되는 독일민주공화국법

(1) 기본법상의 권한규정에 따른 주법에 해당되고, 동 조약 조인 시 유효한 독일민주공화국의 법령은 제143조를 제외한 기본법과 조약 제3조에 명시된 지역에 발효되는 연방법 및 해당 유럽공동체법에 어긋나지 않거나 조약상 별도 규정이 없는 한 계속 유효하다. 기본법의 권한규정상 연방법에는 해당되나 연방 전체에 걸쳐 단일하게 규정된 대상과 관련되지 않는 독일민주공화국법은 연방 입법부의 입법 조치가 있을 때까지는 제1호의 조건 내에서 주법으로 여전히 효력을 갖는다.

(2) <부록 II>*에 수록된 독일민주공화국 법령은 동 조약과 관련된 기본법과 즉시 적용 가능한 유럽공동체법에 어긋나지 않는 한 유효하다.

(3) 동 조약 조인 후 공포된 독일민주공화국법령은 양 조약 당사자 간의 합의하에 계속 효력을 발휘한다. 제2항은 그대로 유지된다.

(4) 제2항과 제3항에 따라 계속 유효한 법률이 연방의 배타적 입법사항의 대상인 한에 있어서는 여전히 유효하다. 상기 법령이 경합적 입법사항

---

* 조약의 <부록 I>, <부록 II>, <부록 III>은 이 책에 수록하지 않았다.

이나 개괄적 입법사항과 관련되어 있는 한에서, 상기 법령이 기본법의 기타 효력범위 내에서 연방법에 따르는 분야에 관한 것일 경우에 그 한도 내에서 연방법으로 계속 효력을 갖는다.

(5) <부록 II>에 따라 독일민주공화국에 의해 시행되던 교회세는 제1조 1항에 명시된 주에서 주법으로 계속 효력을 갖는다.

제10조 유럽공동체법

(1) 편입과 더불어, 유럽공동체에 관한 제 조약과 변경사항, 보충사항, 국제합의사항, 국제조약 및 결의사항은 조약 제3조에 명시된 지역에 적용된다.

(2) 유럽공동체에 관한 조약에 근거하여 제정된 법령은 유럽공동체의 해당 기구에서 예외규정을 두지 않는 한 독일민주공화국의 편입과 함께 조약 제3조에 명시된 지역에 적용된다. 동 예외규정은 행정적 필요에 부합되어야 하며, 경제적 어려움을 최소화하는 데 기여해야 한다.

(3) 각 주의 소관으로 집행 또는 시행되는 유럽공동체 법령은 주법의 규정에 따라 집행 또는 시행된다.

제IV장

국제조약 및 협정

제11조 독일연방공화국의 기존 체결 조약

국제조직 및 국제기구 회원으로서 체결한 조약을 포함하여 독일연방공화국의 제반 국제조약 및 협정은 계속 유효하며, <부록 I>에 언급된 예외조약을 제외한 모든 권리와 의무사항은 조약 제3조에 언급된 지역에도 적용된다. 개별적으로 조정이 필요할 경우에는 전 독일 정부가 해당 조약 상대방과 협의한다.

제12조 독일민주공화국의 기존 체결 조약

(1) 조약의 양 당사자들은 독일 통일의 과정이 진행 중인 현재 독일민주공화국이 체결한 기존 국제조약을 신뢰보장, 관계국들의 이해관계, 독일연방공화국 측의 조약상 의무의 관점 및 자유·민주·법치국가적 기본 원칙에 따라, 그리고 유럽공동체의 권한을 존중하면서 조약체결 당사자들과 논의를 거쳐서 효력의 계속, 조정 또는 상실 여부를 결정 또는 확인하기로 한다.

(2) 통일독일은 독일민주공화국이 체결한 국제조약의 이행과 관련된 입장을 조약 당사자들 및 관련된 범위 내에서는 유럽공동체와도 협의 후 결정한다.

(3) 독일민주공화국은 가입되어 있으나 독일연방공화국은 가입되어 있지 않은 국제기구나 다자간 조약에 통일독일이 가입하려고 할 경우에, 모든 당사국, 그리고 유럽공동체의 권한과 관련된 경우에는 유럽공동체와 협의한 후 결정한다.

제V장

공공행정과 사법

제13조 시설의 이양

(1) 조약 제3조에 언급된 지역의 행정기구와 공공행정 및 사법 시설은 공간적으로 위치해 있는 주정부의 관할이 된다. 개별 주 단위를 넘어서 업무를 수행하는 시설은 관련된 주의 공동관리로 이양된다. 특정 시설이 고유한 업무를 자율적으로 수행할 수 있는 여러 하위 시설로 구성되어 있는 경우, 각 하위 시설 단위는 당해 시설이 위치한 주정부의 관할에 속한다. 주정부는 각 시설 업무의 폐지 또는 양도를 결정한다. 1990년 7월 22일에 결정된 주편입법 제22조는 그대로 적용된다.

(2) 편입의 효력 발효 시까지, 제1조 제1항에 규정된 시설 또는 하위 시설이 기본법상의 권한 배분 규정에 따라 연방 직무에 속하는 업무를 수행하는 한, 당해 시설은 연방기관의 관할에 귀속된다. 연방기관은 각 시설 업무의 양도 또는 폐지를 결정한다.

(3) 다음의 시설은 제1항 및 제2항에 해당되는 시설이다.
① 문화, 교육, 학술 및 체육기관
② 공영 라디오 및 방송국

제14조 주의 공동기관

(1) 독일민주공화국 편입효력의 발생 시까지 주 기본법의 권한규정에 의거하여 업무를 수행했던 시설 및 산하기관은 효력 있는 최종 규정이 확정될 때까지 제1조 제1항에 언급된 주의 공동시설로 계속해서 운영된다. 이러한 사항은 과도기적인 업무수행이 주의 과업을 완수하는 데 불가

결한 경우로 제한된다.

(2) 주의 공동시설은 주지사 선출 시까지 주정부 책임자의 관할하에 놓이며, 선출 이후에는 주지사 관할에 속한다. 주지사는 관계 장관에게 감독권을 위임할 수 있다.

제15조 주행정에 대한 경과 규정

(1) 조약 제1조 제1항에 언급된 각 주의 대표자와 각 지역 행정책임자는 편입효력 발생 시부터 주지사 선거 시까지 연방정부의 책임하에 있는 동안 연방정부의 책임하에 지금까지 담당해온 업무를 수행한다. 주대표자는 주의 권한대행으로서 주의 행정을 관리하고, 위탁업무의 경우 주의 각 지역 행정당국과 함께 시와 각 구역 및 주의 관할 지역에 대해서도 명령권을 가진다. 제1조 제1항에 언급된 주에서 주 권한대행으로 임명될 경우, 편입효력 발생 시까지 제1문과 제2문에 언급된 임무와 주대표자로서의 권한을 동시에 갖는다.

(2) 다른 주와 연방은 독일민주공화국의 주행정부 구축을 행정적으로 지원한다.

(3) 이 조약 제1조 제1항에 언급된 주정부의 주지사들의 요청에 따라 독일연방공화국의 주정부 및 연방정부는 특정한 자문역의 수행을 최대한 1996년 6월 30일까지 행정적으로 지원한다. 다른 주정부 및 연방정부 소속 관료들이 전문영역의 자문을 수행하기 위해서라면, 주지사는 이들의 지휘명령권을 인정해야 한다.

(4) 연방이 주성부에 대해 전문직 업무수행을 지원할 시에는 업무수행에 필요한 재정적 자원을 제공하며, 이에 사용된 재정비용은 '독일 통일' 기금이나 수입매출세 중 각 주가 분담해야 할 몫에서 정산한다.

제16조 베를린 통합 주정부 구성 시까지의 경과 규정

통합 베를린 시 주정부의 구성 때까지 서베를린 시당국(Senat)과 동베를린의 행정국(Magistrat)이 통합 베를린 시 주정부의 역할을 수행한다.

제17조 복권

조약 양 당사자는 모든 정치적 처벌과 법치국가 및 헌법에 어긋나는 판결의 희생자들이 복권될 수 있는 법적 기초가 즉시 마련되어야 함을 강조한다. 사회주의통일당이라는 부당한 정권의 희생자들에 대한 복권은 동시에 적절한 보상규정과 연계되어야 한다.

제18조 법원 판결의 효력 지속

(1) 편입의 효력 발생 이전에 이루어진 독일민주공화국 법원의 결정사항은 제8조에 의거하여 발효된 법률이나 제9조에 의거하여 계속 효력을 갖는 법률의 적용에 따라 지속적으로 효력을 가지며 집행될 수 있다. 이 법률에 따라, 법원판결과 그에 따른 집행이 일치되는지는 법치국가의 원칙에 따라 검토한다. 제17조는 그대로 유지된다.

(2) 독일민주공화국의 형사재판소에서 판결받은 자에 대해서는 본 조약의 부록 I에 따라 법적 효력을 갖는 판결을 파기할 수 있는 별도의 권리가 인정된다.

제19조 공공 행정기관이 기존에 내린 결정사항의 효력 지속

편입효력 발생 이전에 발표된 독일민주공화국의 행정문서는 계속 유효하나, 이 행정문서가 법치국가의 원칙이나 이 조약의 제반규정들과 불일치할 경우에는 폐기될 수 있다. 그 외의 경우, 행정행위의 효력존속에 관한 규정의 적용은 그대로 존속된다.

제20조 공무원의 법적 지위

(1) 편입 시 공무원의 법적 관계는 <부록 I>에 합의된 과도기 규정이 적용된다.

(2) (기본법 제33조 제4항에 규정된 통치권적 권능에 기초한) 공공업무는 가능한 한 빨리 공무원에 의해 수행될 수 있어야 한다. 공무원법은 <부록 I>에 합의된 규정에 의거하여 시행된다. 기본법 제92조는 그대로 유지된다.

(3) 군법은 <부록 I>에 합의된 규정에 의거하여 시행된다.

제VI장

공적 자산과 채무

제21조 행정자산

(1) 특정 업무 수행에 직접적으로 필요한 독일민주공화국(행정자산)은 1989년 10월 1일 현재 기본법에 행정업무상 주로 각 주·시·지역(기초자치단체연합) 및 기타 공공 행정기관이 수행해야 하는 것으로 특정화된 목적의 재산이 아닌 경우에 한하여서는 연방정부 자산으로 귀속된다. 기존 국가보위를 위한 국가안전부의 업무수행에 주로 사용된 행정자산은 앞에서 언급된 시점에 이미 사회적 및 공공적 목적으로 이전되었기 때문에 신탁청에 귀속된다.

(2) 행정자산이 제1항의 규정에 따른 연방자산에 속하지 않는 한에 있어서, 행정자산은 편입과 동시에 기본법에 따라 해당 행정 업무를 수행하는 공공기관에 속한다.

(3) 공법상 다른 법인으로부터 연방정부, 주정부 및 각 기초자치단체(기초자치단체연합)에 무상으로 제공된 자산은 해당 법인이나 법적승계자에게 환원된다. 이전 제국의 자산은 연방자산이 된다.

(4) 제1항부터 제3항까지의 규정에 따라 또는 연방법에 따라 행정자산이 연방자산이 귀속될 경우, 이 자산은 이 조약 제3조에 언급된 지역의 공공업무 수행을 위해 사용된다. 이 규정은 자산매각으로 발생한 수익금의 사용에도 적용된다.

제22조 재정자산

(1) 사회보험의 자산을 제외하고 특정 행정업무에 직접적으로 활용되지 않는 토지 및 임야자산, 부동산 및 동산을 포함하여, 이 조약 제3조에 언급된 지역에 위치한 법인의 공공자산은 신탁청에 양도되거나 혹은 신탁법 제1조 1항 2절 및 3절에 의거하여 법률로서 위임되지 않는 한에서는 편입과 더불어 연방정부의 신탁관리하에 놓인다. 재정자산이 기존 국가안전부의 직무수행에 주로 사용된 경우 신탁청에 귀속된다. 재정자산이 1989년 10월 1일 이후 이미 사회적 및 공공적 목적으로 사용된 경우에는 신탁청에 귀속되지 않는다. 연방법에 의거하여 재정자산은 연방정부와 이 조약 제1조에 언급된 주들이 각각 총 재산의 1/2을 보유한다. 기초자치단체는 각 주에게 분배된 몫 중에서 적당한 몫을 배분받는다. 이에 따라 연방정부가 배당받는 자산은 이 조약 제3조에 언급된 지역들에서의 공공업무 수행을 위해 사용되어야 한다. 전체 주에 배당된 재산의 개별 주로의 분배는 편입 시작과 동시에 서베를린을 제외하고는 각 주의 인구수에 비례하여 시행된다. 이 조약 제21조 제3항은 준용된다.

(2) 연방 재무부 장관이 연방 자산관리청을 통해 관리를 양도받지 않는 한 새로운 규정이 제정될 때까지 기존 관리청이 재정자산을 관리한다.

(3) 제1항과 제2항에 언급된 지역법인은 각 지역법인 상호 간에 자산의 법적 및 실질적 관계가 명확하지 않거나 분쟁 중인 자산가치에 관한 기록을 담고 있는 토지등기부, 토지대장 및 기타 기록문서에 대한 열람과 이에 관한 정보제공을 요청할 권리를 갖는다.

(4) 1항은 주택공급을 위해 사용된 주택경제부문의 국민기업을 운영하는 공적 자산관리자에게 귀속되어 있는 국민자산에는 적용되지 않는다. 마찬가지로 이미 주택공급의 대상으로 구체적인 시행계획에 놓인 국민자산에도 적용되지 않는다. 이 자산은 편입의 효력 발생과 동시에 채무의 일정비율을 포함하여 지방자치단체에 양도된다. 지방자치단체는 사회적 요구를 고려하여 보유주택을 단계적으로 시장경제원리를 따르는 주택경제로 전환한다. 이때, 민영화는 개별적 주택소유를 촉진할 수 있도록 이루어져야 한다. 국가기관의 보유 국민주택에 관해서는 21조에 해당되지 않는 한에 있어서 1항이 그대로 적용된다.

제23조 채무규정

(1) 편입효력 발효 시까지 누적된 독일민주공화국 재정의 총부채는 권리능력을 상실한 연방의 특수자산으로 간주된다. 이 특수자산은 부채상환 의무를 갖는다. 이 특수자산은 다음의 경우에 신용대부권을 부여받는다.

① 특수자산의 채무상환

② 이자 및 차입비용의 변제

③ 시장조성을 위한 특수자산의 채무명의 구입

(2) 특수자산은 연방 재무부 장관이 관할한다. 특수자산은 재무부 장관 명의로 법률행위 및 소송행위를 할 수 있다. 특수자산에 대한 일반 재판소는 연방정부 소재지에 위치한다. 연방은 특수자산의 부채를 책임진다.

(3) 편입의 효력발효부터 1993년 12월 31일까지 특수자산을 위해 지출

된 이자는 연방정부와 신탁청이 각각 해당 액수의 절반을 담당한다. 상기 특수자산 지출 이자는 지불이행월의 말일까지 연방과 신탁청에 의해 상환된다.

(4) 독일연방공화국과 독일민주공화국 사이에 체결된 화폐·경제·사회 연방 구성에 관한 1990년 5월 18일자 조약의 제27조 3항에 의거하여, 연방과 조약 제1조에 명기된 주 및 신탁청은 1993년 12월 31일까지 누적된 특수자산 관련 총부채를 1994년 1월 1일자로 공식적으로 인수한다. 부채의 할당은 1990년 5월 18일에 체결된 조약에 의거하며 1990년 7월 25일 고시된 법 제34조에 따른 특별법에 의해 규정된다. 조약 제1조에 명기된 주의 부담액은 편입의 효력 발효 시까지 서베를린의 인구수를 제외한 각 주의 인구수에 따라 산정된다.

(5) 특수자산은 1993년 말에 소멸된다.

(6) 편입 시까지 독일민주공화국이 국가재정 형태로 부담해 온 제반 상환의무와 보증 및 채무담보는 편입의 효력 발효와 동시에 독일연방공화국에 인수된다. 조약 제1조 1항에 명시된 주와 베를린 주 가운데 지금까지 기본법의 적용을 받지 않았던 일부 지역은 독일연방공화국이 인수한 제반 상환액과 채무담보의 절반을 재인수한다. 결손액은 편입의 효력 발효 시까지의 서베를린의 인구수를 제외한 인구수를 고려하여 각 주에 할당된다.

(7) 베를린국립은행에 대한 독일민주공화국의 참여지분은 조약 제1조에 명기된 주에 양도될 수 있다. 베를린국립은행에 대한 독일민주공화국의 지분권한은 위 1문과 3문에 따른 양도 시까지 연방에 귀속된다. 조약 당사자들은 독점법상의 심사권을 침해하지 않는 범위 내에서, 베를린국립은행을 전부 혹은 부분적으로 독일연방공화국 내 공법상의 신용기관으로 또는 다른 법인체로 전환하는 가능성을 검토한다. 채권과 채무가 전부 파악되지 않을 경우, 베를린국립은행의 이 잔여자산은 청산될 수 있다.

베를린국립은행에 대한 독일민주공화국의 보증 책임은 연방이 인도한다. 이 규정은 1문 또는 3문에 따른 지분양도 이후에 발생되는 재무사항에는 적용되지 않는다. 5문은 베를린국립은행의 청산과정에서 발생되는 새로운 채무에도 적용된다. 연방이 보증의무에 따라 책임을 질 경우, 발생하는 부담은 연방정부 재정의 총부채에 통합하며, 편입의 효력 발효 시부터는 1항에 명시된 권리능력을 상실한 특수자산에 인수된다.

제24조 외국과 독일연방공화국에 대한 채무 및 채권의 청산

(1) 편입의 효력 발효 시까지 대외무역 및 외환 독점 분야에서 발생했거나 1990년 7월 1일까지 독일연방공화국 및 외국에 대한 독일민주공화국의 제반 국가업무 수행 과정에서 발생한 채권과 채무가 잔존할 경우에는 연방 재무부 장관의 지시와 감독하에 청산된다. 편입의 효력 발효 후 독일연방공화국 채무상환 협정에는 1문에 명기한 채권도 포함된다. 해당 채권은 그 가치가 평가될 수 있는 한 연방 재무부 장관에 의해 신탁 관리되거나 연방으로 양도된다.

(2) 제23조 제1항에 따른 특수자산은 필수적인 관리비용과 이자율 변동으로 인해 발생한 이자비용 및 청산 시 자체수단으로 해결되지 않은 손실을 포함한 기타 손실내용을 1993년 11월 30일까지 위탁청산기관으로부터 인수한다. 상기 지출, 비용 및 손실은 1993년 11월 30일 이후 연방과 신탁청이 절반씩 분담한다. 세부사항은 연방법에 따른다.

(3) 독일민주공화국 또는 산하 기관의 상호 경제원조 이사회 회원 자격으로 인해 발생한 채권과 채무는 독일연방공화국의 특수 규정의 대상이 될 수도 있다. 이 규정은 1990년 7월 30일 이후 발생했거나 발생할 채권과 채무에도 적용될 수 있다.

제25조 신탁자산

1990년 6월 17일 제정된 국유재산의 민영화 및 재구성에 관한 법률(관보 I 33번, 300쪽), 즉 신탁법은 편입의 효력 발효와 동시에 다음 기준에 따라 계속 유효하다.

(1) 신탁청은 신탁법 규정에 따라 기존 국영기업이 경쟁력을 가질 수 있도록 재조직화 및 민영화 역할을 수행한다. 신탁청은 연방의 직속된 공법상 기관이 된다. 신탁청에 대한 직무 및 법적 감독은 연방 재무부 장관에게 귀속된다. 재무부 장관은 직무 감독 시 연방 경제부 장관 및 관련 부처 장관들과 협의한다. 신탁청 자본의 출자에 연방은 간접적으로만 참여한다. 정관개정은 연방정부의 동의가 필요하다.

(2) 신탁청 이사회 임원은 16명에서 20명으로, 제1회 이사회 발족 시에는 23명으로 증원된다. 독일민주공화국 인민의회에서 선발되는 2인의 대표자 대신 이 조약 제1조에 명기된 주들이 신탁청 이사회 의석을 각각 1석씩 할당받는다. 신탁법 제4조 2항과는 달리, 신탁청 이사회 대표와 이사들은 연방정부로부터 임명된다.

(3) 조약 당사자는 국유자산을 예산담당 기관으로부터 독립적으로 운영하며, 오직 조약 제3조에 명기된 지역을 위한 조치에만 사용할 것을 합의한다. 동일한 사항이 1990년 5월 18일자 조약의 제26조 4항, 제27조 3항에 따른 신탁청의 수익금에도 적용된다. 농업의 구조조정을 위해 신탁청의 수익금은 특수한 경우 농산업종 기업의 부채상환에 사용될 수도 있다. 사전에 이들 기업의 보유자산은 채무변제에 사용되어야만 한다. 동 업체로부터 독립된 사업부분의 부채는 혜택대상에서 제외된다. 채무청산을 위한 지원은 해당 업체가 차후 경제적 가능성에 따라 지원금의 전액 또는 부분을 상환한다는 조건으로 행해질 수 있다.

(4) 1990년 5월 18일자 조약 제27조 1항에 따라 신탁청에 부여된 신용

대부 한도액은 170억 마르크에서 250억 마르크로 인상된다. 상기 채무는 원칙적으로 1995년 12월 31일까지 상환되어야 한다. 연방 재무부 장관은 상환기간 연장과 기본조건 변동 시 부채 상한선 초과를 허가할 수 있다.

(5) 신탁청은 연방 재무부 장관과의 합의하에 담보, 보증 및 기타 보장권을 양도받을 수 있다.

(6) 1990년 5월 18일자 조약 제10조 6항의 지침에 따라, 2:1 화폐교환 시 한도규정으로 인해 교환되지 못한 저축금에 대하여 차후 자산에 대한 지분증권 형식으로 전환할 수 있도록 규정할 수 있다.

(7) 1990년 6월 30일 이전에 설정된 부채에 대한 원금의 상환 및 이자의 지불은 독일연방공화국 마르크화의 초기 대차대조표가 제출될 때까지 중지될 수 있다. 이로 인해 발생하는 이자는 신탁청이 독일 신용은행이나 다른 은행에 지불할 수 있다.

제26조 특수자산 독일제국철도

(1) 1990년 5월 18일 조약 제26조 2항의 규정상 특수자산인 독일제국철도에 속하는 기타 독일민주공화국 소유의 자산 및 서베를린 내 독일민주공화국 재산에 대한 권리는 편입의 효력 발효와 동시에 독일제국철도의 특수자산으로서 독일연방공화국 자산으로 편입된다. 여기에는 1945년 5월 8일 이후 독일제국철도의 특수자산으로 획득되었거나 혹은 국영철도의 영업에 사용되거나 그 전임기관의 영업에 사용된 자산에 대한 권리도 해당된다. 이 경우, 자산에 대한 권리가 차후 독일제국철도의 동의하에 다른 목적에 쓰인 경우를 제외하고는 자산에 대한 권리가 어떤 법인을 위해 취득된 것인가는 고려되지 아니한다. 1991년 1월 31일까지 독일제국철도로부터 1990년 7월 11일(관보 I, 제44호, 718쪽) 자산권 청구 규정 제1조 4항에 의거하여 명시된 자산권은 독일민주공화국 국영철도의 동의

하에 다른 목적에 사용된 자산에 대해서는 적용되지 않는다.

(2) 자산에 대한 권리의 양도와 함께 관련된 모든 채무 및 채권 역시 특수자산으로 독일제국철도에 양도된다.

(3) 독일연방공화국 연방철도청 이사장과 독일제국철도청 이사장이 양 특수자산의 통합에 대한 책임을 진다. 이때 양자는 쌍방 철도의 기술적 및 조직적 통합을 그 목적으로 한다.

제27조 특수자산 독일체신청

(1) 특수자산인 독일체신청에 속하는 소유권과 기타 모든 자산에 대한 권리는 독일연방공화국의 자산이 된다. 이 자산은 연방체신청의 특수자산과 통합된다. 상기 재산권 외에 이와 관련된 채무와 채권은 특수자산인 독일연방체신청으로 양도된다. 통치권적 또는 정치적 목적을 위한 자산은 관련된 채무와 채권과 더불어 특수자산인 연방체신청의 일부분으로 귀속되지 않는다. 1945년 5월 8일 독일제국 체신청에 속했거나 혹은 1945년 5월 8일 이후 기존 독일제국 체신청의 자본에 의해 획득되었거나 또는 독일체신청의 영업에 사용된 재산권은 모두 차후 독일체신청의 동의하에 다른 목적에 쓰인 경우를 제외하고는 어떤 법인을 위해 취득되었는가를 고려하지 않고, 특수자산인 독일체신청에 귀속된다. 1990년 1월 31일까지 독일체신청에 의해 1990년 7월 11일의 자산권 청구 규정 제1조 4항을 적용받는 자산권은 독일체신청의 동의하에 다른 목적에 사용된 자산으로 인정되지 않는다.

(2) 독일연방공화국 체신부 장관은 독일연방체신청 산하 기업의 의견을 청문회를 통해 청취하여, 특수자산인 독일체신청의 특수자산을 3개 기업의 분할 특수자산으로 분할한다. 독일연방공화국 체신부 장관은 연방체신청 3개 기업의 의견을 청취하여 3년 이내로 과도기 기간을 설정하고,

어떤 자산이 통치권적 및 정치적 목적으로 사용될 것인가를 확정한다. 독일연방공화국 체신부 장관은 이 자산의 자산가치 평가액을 조정하지 않고 그대로 인수한다.

제28조 경제촉진

(1) 편입의 효력 발효와 더불어 조약 제3조에 언급된 지역은 유럽공동체의 관할사항을 고려하여 연방지역에서 시행되고 있는 경제촉진 조치를 위한 연방 규정을 적용받는다. 관련 기간 내에 특히 구조조정의 필요성이 고려되어야 한다. 이와 함께 중산층에 대한 각별한 고려하에 균형 있는 경제구조로의 가능한 조속한 발전이 이루어지도록 노력해야 한다.

(2) 관할 기관은 조약 제3조에 언급된 지역의 경제성장과 구조조정의 가속화를 위한 구체적인 조치 및 프로그램을 준비해야 하며, 이 프로그램은 다음의 영역을 포괄한다.

- 조약 제3조에 명시된 주에 유리하도록 특별 프로그램을 마련한 가운데 이루어지는 지역적 경제진흥 조치. 이때 이 지역에 유리한 정책적 호혜정책이 보장되어야 함
- 경제와 관련 높은 사회기반시설에 역점을 둔 지방자치단체의 경제환경 개선을 위한 조치
- 중산층의 육성을 위한 조치
- 산업의 자기 책임성에 의거하여 마련된 재구조화 개념에 기초한 현대화 및 구조조정 강화조치 재구조(예를 들어 기업청산 프로그램이나 RGW 수출생산)
- 개별사례 검토에 기초한 기업의 채무 면제

제29조 대외 경제관계

(1) 확장된 독일민주공화국의 기존 대외 경제관계, 특히 상호 경제원조 이사회 국가에 대한 기존 조약상의 의무는 보장된다. 대외 경제관계는 모든 관계국의 이익을 고려하여, 시장경제 원칙 및 유럽공동체의 관할 권한을 존중하여 계속 발전시키고 확장시켜갈 것이다. 통일독일 정부는 전문적 관할 권한의 범위 내에서 조직적으로 조정될 수 있도록 노력한다.

(2) 연방정부 및 전체 독일 정부는 유럽공동체의 담당기구들과 제1항에 준하여 과도기 기간 내 대외무역에서 어떤 예외규정이 필요한지 협의한다.

제VII장

노동, 사회정책, 가족, 여성, 의료 및 환경보호

제30조 노동과 사회정책

(1) 전 독일 입법기관은 다음의 임무를 갖는다.
① 근로계약법, 일요일과 공휴일을 포함한 공법상의 근로시간법 및 특히 여성노동의 보호를 가능한 한 빨리 일원화하여 새로 개정할 것.
② 공법상의 노동보호를 위해 유럽공동체법과 그에 해당되는 독일민주공화국의 노동보호법이 합치될 수 있도록 현재에 맞게 조정할 것.

(2) 조약 제3조에 명시된 지역에서의 노동자들은 만 57세에 첫 노령연금을 지급받을 때까지 3년간의 과도기 노령연금을 법적 연금보험으로부터 지급받을 수 있다. 과도기 노령연금액은 최종 실수령 평균 월급의 65%에 해당되는 금액이다. 연금신청 기간이 1991년 4월 1일까지만 유효한 노동자들의 과도기 노령연금액은 처음 312일 동안에 한하여 5% 인상된

금액으로 추가 지급한다. 연방노동청은 실업수당 관련 규정 및 고용촉진법 제105C조에 의거하여 과도기 노령연금을 지불한다. 연방노동청은 과도기 노령연금 신청자가 지금까지 일한 곳에서 업무능력이 현저히 뒤떨어진 것으로 판명되면 해당 연금신청을 거절할 수 있다. 과도기 노령연금 규정에 따라 신규신청의 경우 1991년 12월 31일까지, 여성 근로자들의 경우 만 55세 이후부터 최대한 5년 동안 과도기 노령연금을 지급받을 수 있다.

(3) 이 조약 제3조에 명기된 지역에서 1990년 5월 18일 체결한 조약과 관련하여 연금·사고·실업보험금 지급에 추가적으로 지급되는 사회보장지원금은 신규가입에 대해서는 1991년 12월 31일까지로 제한한다. 동 지원금은 최대한 1995년 6월 30일까지 지급된다.

(4) 사회보험 업무가 각 보험단체로 할당되면, 각 단체는 보험금을 지급하고 자금을 조달하며, 해당 업무를 개별적으로 수행한다. 각 사회보험단체에 대한 자산의 분배(차변 및 대변)는 법률로 최종적으로 확정한다.

(5) 사회법전 제6권(연금보험)과 제국보험 규정집 제3권(사고보험)의 적용과 관련된 세부내용은 연방법에 의해 규제된다. 연금보험법상 1992년 1월 1일부터 1995년 6월 30일 사이에 연금을 받기 시작하는 자에 대해서는 다음의 기준이 적용된다.

① 연금은 원칙적으로 최소한 1990년 6월 30일 현재 조약 제3조에 언급된 주에 유효했던 연금법에 따라 추가금제도나 특별 부양제도에 상관없이 지급됐던 액수만큼 지급되며,

② 1990년 6월 30일 현재 조약 제3조에 언급된 주들에서 효력을 유지하고 있는 연금법에 따라 연금 신청자격이 있으면 동 연금은 지급이 허가된다. 부연하자면, 이러한 경과 조치를 설정하는 이유는 제3조에 언급된 주의 임금과 봉급 및 연금 등을 독일 내 다른 주와 균등화

하기 위한 것이다.

(6) 직업병에 관한 규정을 더욱 발전시키기 위해서는 현재까지 조약 제3조에 명시된 지역에 적용되었던 규정을 어느 정도까지 고려할지를 검토해야 한다.

제31조 가족과 여성

(1) 남녀평등을 위한 법적 제도를 계속 발전시키는 것은 전 독일 입법기관의 역할이다.

(2) 법적 및 제도적으로 상이한 부모의 경제활동 여건을 고려하여, 일과 가정의 조화라는 관점에서 맞게 법제도를 정비하는 것이 전 독일 입법기관의 역할이다.

(3) 조약 제3조에 명시된 지역에서 탁아시설이 지속적으로 운영될 수 있도록 보장하기 위해서 연방정부는 1991년 6월 30일까지 과도기간에 시설운영비를 분담한다.

(4) 전 독일 입법기관은 늦어도 1992년 12월 31일까지 기존 두 독일 지역에서 시행된 내용보다 더 나은 삶에 대한 보장과 임산부가 감수해야 하는 곤란한 상황을 법적으로 조화롭게 해결하는 입법 의무를 가진다. 특히 무엇보다도 상담을 받을 수 있고 사회적 지원을 받을 수 있는 권리가 법적으로 보장되어야 한다. 이러한 목표를 달성하기 위하여, 조약 제3조에 언급된 주에서는 연방재정의 원조를 받아 다양한 기관이 운영되고 폭넓은 범위에 걸쳐 상담을 받을 수 있는 시설 네트워크를 즉시 설치해야 한다. 이러한 상담소는 역할에 맞게 적절한 인적 및 물적 자원을 갖춰 임산부에게 상담과 필수적인 자문을 해줄 수 있어야 하며, 출산 후까지도 이러한 역할이 수행되어야 한다. 상기 1문의 기간 내에 필요한 입법이 이루어지지 않는 경우, 조약 제3조에 언급된 지역의 기존 실정법을 계속 적용한다.

제32조 자유로운 사회적 힘

자율적인 사회사업 단체들과 자율적인 청소년 지원기구들은 시설과 봉사활동을 통해 기본법상의 사회국가 정신의 구현에 중요한 기여를 하고 있다. 조약 제3조에 명시된 지역에서 자율적 사회사업 단체와 자율적인 청소년 지원기구의 설립 및 확대는 기본법상 권한 범위 내에서 장려되고 지원된다.

제33조 보건의료

(1) 조약 제3조에 명시된 지역의 주민에 대한 보건의료 수준이 신속하고 지속적으로 개선될 수 있도록 하며, 연방의 기타 지역과 비슷한 여건을 조성하는 것이 입법기관의 임무이다.

(2) 조약 제3조에 명시된 지역에서 의료보험회의 의약품 지출에 있어 적자의 발생을 방지하기 위해서 전 독일 입법기관은 한시적인 규정을 제정하고, 조약 제3조에 명시된 지역과 현재의 연방지역의 보험가입자 소득차이에 상응하도록 의약품가격 규정에 의거하여 제조사의 공급가격 측면에서 가격을 인하할 수 있도록 한다.

제34조 환경보호

(1) 1990년 5월 18일 체결된 조약 제16조와 1990년 6월 29일 제정된 독일민주공화국 환경관계법(관보 제42호 649쪽)에 의거하여 결성된 독일환경연합에 입각하여, 예방·책임자부담·협력의 원칙을 존중하는 가운데 인간의 자연적인 삶의 토대를 보호하고 생태학적 생활여건을 최소한 독일연방공화국 수준으로 향상시키는 것이 입법기관의 임무이다.

(2) 조약 제3조에 명시된 지역 내에서 제1항의 목표들을 신속히 달성하기 위해 생태 정비 및 발전프로그램이 기본법의 권한 범위 내에서 수립되

어야 한다. 최우선적으로 주민의 건강을 위한 위험방지 조치가 마련되어야 한다.

제VIII장

문화, 교육, 학술, 스포츠

제35조 문화

(1) 분단의 시기 동안 독일의 양 국가가 상이한 발전을 해왔지만, 예술과 문화는 독일민족이 통일할 수 있는 지속적인 토대로 작용해왔다. 예술과 문화는 유럽통합으로 나아가는 독일의 국가 통일의 과정에서 독자적이고 중요한 역할을 수행했다. 세계적인 통일독일의 지위와 신망은 통일독일의 정치적 무게와 경제적 역량뿐만 아니라 문화국가로서의 의미에도 관계되어 있다. 대외적인 문화정책의 우선적 목적은 파트너적인 협력관계에 기초한 문화교류에 놓여 있다.

(2) 제3조에 언급된 지역의 문화적 자산은 훼손되어서는 안 된다.

(3) 재정을 포함한 문화적 과제의 수행은 보장되어야 하며, 문화 및 예술의 보호와 진흥은 기본법상의 권한배분에 따라 새로 편입된 주와 지방자치단체에 맡겨진다.

(4) 지금까지 중앙에서 운영해온 문화시설은 해당 시설이 위치한 주나 지방자치단체의 담당기관에 이양된다. 연방의 재정지원이 예외적인 경우, 특히 베를린 주에 대해서는 이루어질 수 있다.

(5) 제2차 세계대전 이후 여러 사건으로 인해 분산되어 소장된 프로이센 정부의 소장품들(특히 국립박물관, 국립도서관, 기밀국가문서고, 이베로-아프리

카 연구소, 국립음악연구소 등)은 베를린으로 옮겨져 다시 중앙에서 관리한다. 프로이센문화재단이 당분간 관리를 담당한다. 기존 국립프로이센박물관의 소장품과 관련 관리규정 제정을 위해서 총괄 담당기관이 베를린에 설치된다.

(6) 문화기금은 문화, 예술 및 예술인 진흥을 위해 과도기적으로 1994년 12월 31일까지, 이 조약 제3조에 명시된 지역의 경우 계속 유지된다. 연방의 지원을 통한 자금조달은 기본법에 의한 권한배분 범위 내에서만 가능하다. 후속 기관에 대해서는 이 조약 제1조 제1항에 언급된 주의 편입문제를 협상하는 과정에서 각 주의 문화재단과 별도로 협의한다.

(7) 독일 분단으로 인해 발생한 결과를 동질화하기 위해 연방은 과도기적으로 이 조약 제3조에 언급된 지역의 경우, 문화적 하부구조 진흥을 위한 개별적인 문화정책적 조치와 문화 관련 기관의 재정을 부분적으로 지원할 수 있다.

제36조 방송

(1) '독일민주공화국라디오방송'과 '독일TV방송국'은 이 조약 제1조 제1항에 언급된 주와 기존에 기본법 적용을 받지 않았던 동베를린에 의해서 운영되는 국가로부터 독립적인 공적 법인이 되며, 주의 업무로 규정된 역할을 1991년 12월 31일까지 계속 수행한다. 동 기관은 이 조약 제3조에 언급된 지역의 국민들에게 공영방송의 기본원칙에 준하여 라디오와 TV 방송 업무를 담당한다. 지금까지 독일체신청에 귀속되어 있던 스튜디오 기자재, 라디오 및 TV 방송의 제작과 관리를 위한 시설은 동 기관에 귀속된다. 제21조도 마찬가지로 효력을 갖는다.

(2) 해당 시설의 조직은 다음과 같다.

① 방송 대표자

② 방송자문위원회

(3) 방송 대표자가 독일민주공화국 총리의 추천에 의해 독일민주공화국 인민의회에서 선출된다. 인민의회를 통해 선출되지 못할 경우에는, 이 조약 제1조 제1항에 언급된 주의 주의회 의장과 베를린 시장의 회의에서 과반수 이상의 찬성으로 선출된다. 방송 대표자는 기관을 지휘하며 동시에 대표한다. 방송 대표자는 동 기관에 대해 업무수행에 있어서 법률적 및 비법률적인 책임을 지며 1991년을 위해 가용한도 내에서 예산안을 마련해야 한다.

(4) 방송자문위원회는 주요 사회단체의 대표자들 가운데 18명의 사회 저명인사를 선정하여 구성된다. 그중 3명의 위원은 조약 제1조 제1항에 언급된 주의 주의회와 베를린 주의회에 의해 선출된다. 방송자문위원회는 모든 프로그램에 대한 자문권을 가지며 주요 인사, 경영 그리고 재정의 결정에 공동영향권(Mitwirkungsrecht)을 갖는다. 방송자문위원회는 동 위원 수의 3분의 2 이상 찬성에 의해 자문위원을 면직시킬 수 있다. 동 위원회는 위원 수의 3분의 2 이상 찬성에 의해 새로운 방송대표자를 선출할 수 있다.

(5) 동 기관의 재정은 우선적으로 이 조약 제3조에 언급한 지역에 거주하는 시청자들로부터 수납된 시청료 수입으로 충당한다. 동 기관은 시청료의 수납기관이 된다. 그 외에 광고수입이나 기타 수입으로 지출을 충당한다.

(6) 제1항에 언급된 기간 내에 동 기관은 방송국의 연방적 성격에 따라 이 조약 제1조에 언급된 주들이 체결한 공동 국가조약에 의해 폐지되거나, 개별 또는 다수의 주로 구성된 공공기관에 이양된다. 1991년 12월 31일까지 위에서 언급된 공동협정이 체결되지 않을 경우 동 기관은 이 기한의 종료와 함께 폐지된다. 폐지 시 현존 차변자산과 대변자산은 이 조약 제1

조 및 제3조에 언급된 지역 내에서 1991년 6월 30일 현재 징수되는 시청료 비율에 따라 정해진다. 이 조약 제3조에 언급된 지역 내 방송의 존속을 위해 각 주가 수행해야 할 의무는 변함없이 유효하다.

(7) 국가조약의 효력발생과 함께 제6항에 의거하여 늦어도 1991년 12월 31일까지 제1항부터 제6항까지는 그 효력을 상실한다.

제37조 교육

(1) 독일민주공화국 내에서 취득하거나 또는 국가가 공인한 학교 교육, 직업 및 학위 이수 또는 자격증은 이 조약 제3조에 명시된 지역 내에서 계속 유효하다. 이 조약 제3조에 명시된 지역 또는 서베를린을 포함한 독일연방공화국 내의 주에서 시행된 시험이나 획득 자격증은 동등하게 취급되며, 동일한 가치에 대해서 동일한 자격을 부여한다. 동등한 가치의 인정은 인정신청에 대해 담당 관청의 확인으로 결정된다. 시험 또는 자격증의 동등 자격 인정에 관해서는 연방과 유럽공동체의 법적인 규정과 조약 내의 특별규정이 우선적으로 적용된다. 국가로부터 취득했거나 국가가 공인한 또는 수여받은 학위와 관련된 직업 명칭과 등급 및 호칭을 사용할 수 있는 권리는 여전히 유효하다.

(2) 교사자격시험에는 문화부 장관 회의에서 결정되어 일반적으로 인정되는 절차가 적용된다. 문화부 장관 회의를 통해 이에 상응하는 과도기적 규정을 제정한다.

(3) 직업교육체계 및 전문노동자 직업교육체계, 공인된 직업교육의 졸업시험과 직인시험의 성적증명서는 동등한 것으로 간주한다.

(4) 이 조약 제3조에 언급된 지역의 학제 개혁에 필요한 규정들은 이 조약 제1조에 언급된 주에 의해 결정된다. 학위 인정을 위해 필요한 규정은 문화부 장관 회의에서 합의한다. 앞의 두 경우에는 함부르크협정과

문화부 장관 회의에서의 관련 협정에 근거한다.

(5) 졸업 이전에 대학을 옮기는 학생들은 학위시험 규정의 일반규정(ABD) 제7조 기본원칙에 따라 또는 국가고시 승인 규정의 적법한 틀 내에서 유효한 규정에 따라 기 취득한 이수학점 및 성적을 인정받는다.

(6) 독일민주공화국의 엔지니어 및 전문학교 졸업증으로 인정받은 대학 진학 자격은 1990년 5월 10일 문화부 장관 회의에서의 결정과 그 부록 B에 따라 인정된다. 그 이후의 상급학교 및 대학교육으로의 진학을 위한 전문학교 및 고등학교 이수에 대한 인정과 관련된 기타 원칙과 절차는 문화부 장관 회의를 통해 마련한다.

제38조 학술 및 연구

(1) 통일독일에서 학문과 연구는 국가와 사회의 중요한 토대라고 할 수 있다. 이 조약 제3조에 언급된 지역에 뛰어난 연구기관을 유지하면서 학문과 연구를 개혁하기 위해서는 1991년 12월 31일에 종결될 예정인 공공기관에 대한 학술위원회 전문적인 보고서가 중요하며, 이 작업의 개별적인 결과보고는 보고서가 제출되기 이전부터 단계적으로 시행되어야 한다. 후속 규정은 이 보고서 작업이 완결될 수 있도록 해야 하며, 이 조약 제3조에 언급된 지역의 학문 및 연구가 독일연방공화국에 공통적인 연구체제로 전환될 수 있도록 보장해야 한다.

(2) 편입의 효력 발효와 동시에 독일민주공화국의 과학아카데미는 학회로서 연구소나 기타 기관과는 구분된다. 독일민주공화국의 과학아카데미 학회가 향후 어떤 형식으로 유지될 것인가의 문제는 주의 법으로 결정한다. 연구단체와 기타 기관은 1990년 12월 31일까지는 이 조약 제3조에 언급된 지역의 기관으로서 폐지되거나 전환되지 아니하는 한에 있어서는 계속 존속된다. 이를 위한 재원은 1991년에 연방과 이 조약 제1조에 언급

된 주로부터 제공된다.

(3) 독일민주공화국의 연구소와 과학아카데미 산하기관의 고용관계는 1991년 12월 31일까지 각 기관을 이양받는 주정부에 기간의 정함이 있는 고용관계로 유지된다. 본 조약 <부록 I>에 규정된 법률요건에 의거한 정상적 또는 비정상적인 해고 권한은 그대로 유지된다.

(4) 독일민주공화국의 건축아카데미와 독일민주공화국 농업아카데미 및 농림식품부 산하 기관에는 제1항부터 3항까지의 내용이 적용된다.

(5) 연방정부는 기본법 제91b조에 맞게 교육계획 및 학문적 조사의 장려 및 계획이 제3조에 언급된 지역까지 지역을 넘어 확장될 수 있도록 연방-주정부 협정을 조정 또는 새로 체결하는 협상을 주정부와 갖도록 한다.

(4) 연방정부는 독일연방공화국의 검증된 연구장려 방법과 프로그램이 가능한 신속하게 전체 연방지역에 적용되도록, 그리고 제3조에 명시된 지역 내의 학자들과 학문기관이 현행 연구진흥 조치를 적용받을 수 있도록 노력한다. 연구 및 개발 진흥 조치는 독일연방공화국 내에서 그 시행기간이 종료되었을지라도 제3조에 명시된 지역을 위하여 재개되어야 한다. 단, 과세와 관련된 조치는 제외된다.

(5) 편입의 효력 발효와 동시에 독일민주공화국의 연구자문위원회는 해체된다.

제39조 스포츠

(1) 이 조약 제3조에 언급된 지역 내에서 변화 중에 있는 스포츠의 구조는 자치체제로 전환한다. 공공기관들은 기본법에 의한 관할배분에 따라 스포츠를 정신적 및 물질적으로 육성한다.

(2) 이 조약 제3조에 언급된 지역 내에서 우수 경기종목은 발전가능성이

입증될 수 있을 때만 계속해서 육성된다. 이를 위해 제3조에 언급된 지역 내 공공기관의 재정규모는 기존 독일연방공화국의 기존 규정과 원칙의 적용을 받는다. 이러한 법적 틀 내에서 라이프치히 소재 신체문화및스포츠연구소(FKS), 국제올림픽위원회가 공인한 크라이샤(드레스덴 시 근교) 소재 도핑연구소, 동베를린 소재 체육용품연구및개발연구소는 각각 적정한 법률형식을 갖추어 적절한 규모로 통일독일의 기관으로 계속해서 운영되거나 기존 기관과 통합된다.

(3) 1992년 12월 31일까지 과도기에 연방은 장애인 스포츠를 지원한다.

제IX장

이행 및 최종규정

제40조 조약과 협정

(1) 1990년 5월 18일에 체결된 독일연방공화국과 독일민주공화국 사이의 화폐·경제·사회통합 조약이 담고 있는 의무조항은, 본 조약과 상이하다고 인정되지 아니하거나 또는 통일독일의 달성 과정 중에 협정의 대상이 소멸될 경우를 제외하고는 계속 유효하다.

(2) 독일연방공화국 혹은 연방에 속한 주와 독일민주공화국 사이에 체결된 기타 제반 조약과 협정에 명시된 권리 및 의무사항은 통일독일의 달성과정에서 그 권리 및 의무사항의 대상이 소멸되지 않는 한, 국가 내부의 담당 법률기관에 의해 인도되거나, 수정되거나 청산된다.

제41조 자산문제에 관한 규정

(1) 1990년 6월 15일 독일연방공화국과 독일민주공화국 정부가 자산문제에 관한 공개규정(<부록 III>)과 관련하여 공표한 공동성명서 내용이 이 조약의 근간이 된다.

(2) 해당 토지나 건물에 긴급하고 구체적인 투자목적이 요구되고, 특히 상업적 영업소의 설치에 기여하고, 이러한 투자결정의 이행이 국민경제적 차원에서 일자리를 창출하고 유지하는 데 필요하다고 판단될 때에는, 특별법 규정에 따라 토지나 건물에 대한 소유권은 반환되지 않는다. 이 경우 투자자는 투자내역 요지를 명시한 계획서를 제출해야 하며 계획의 실제 이행은 반드시 투자계획서에 기초해야 한다. 이 법률은 과거 소유자에 대한 보상 문제에 대해서도 규정해야 한다.

(3) 기타, 독일연방공화국은 제1항에 규정된 공동성명에 위배되는 그 어떠한 법률규정도 제정할 수 없다.

제42조 의원파견

(1) 독일민주공화국의 편입 전까지 독일민주공화국의 인민의회는 제11대 독일연방의회에 파견할 144인의 의원 및 충분한 예비후보를 선출한다. 독일민주공화국 의회에 소속된 정당과 단체는 구체적인 제안을 마련한다.

(2) 선출된 의원은 독일민주공화국인민의회 의장에게 수락선서를 함으로써 제11대 연방의 회의 의원자격을 취득하며, 이러한 자격은 편입의 효력 발효와 더불어 효력을 갖는다. 인민의회 의장은 선출결과를 수락선언문을 동봉하여 즉각 독일연방의회 의장에게 전달한다.

(3) 제11대 연방의회 의원의 피선거권 및 피선거권의 상실은 1975년 9월 1일자로 공포되고(연방관보, 제I부, 2325쪽), 1990년 8월 29일에 최종 개정된 연방선거법(연방관보, 제II부, 813쪽) 규정의 적용을 받는다. 한 의원

이 탈락될 경우, 이 의석은 최우선 예비후보에 의해 채워진다. 이 예비후보는 탈락된 후보의 선출시점에 동일한 정당 출신이어야 한다. 편입 완료 전까지의 예비후보자 선정은 독일민주공화국 인민의회 의장에 의해 일차적으로 결정된 다음 연방의회 의장에 의해 최종적으로 결정된다.

제43조 주정부 구성까지 연방 상원의회에 대한 임시규정

이 조약 제1조 제1항에 언급된 주의 구성에서 주의 총리 선출 시까지는 주의 전권대표가 연방 상원의회에 참석한다.

제44조 법률의 보전

독일민주공화국 혹은 제1조에 언급된 주에 유리한 방식으로 본 조약에 명시된 법률은 편입이 완료된 이후에도 이들 각 주에 대해 효력을 가진다.

제45조 조약의 효력 발효

(1) 이 조약은 첨부된 의정서와 세 개의 부록을 포함한 문건을 독일연방공화국과 독일민주공화국 정부가 상호통지를 하는 날로부터 효력이 발휘되며, 효력 발휘를 위해 필요한 국가 내부의 전제조건이 충족된 것으로 간주한다.

(2) 이 조약은 편입의 효력 발효 이후에도 연방법과 동등한 법으로 유지된다.

1990년 8월 31일 베를린에서 두 부의 독일어 원문으로 체결됨.

독일연방공화국을 대표하여   독일민주공화국을 대표하여

Dr. 볼프강 쇼이블레   Dr. 귄터 크라우제

지은이

이승협 | 대구대학교 사회학과 교수
독일 튀빙겐 대학교 사회학 박사
주요저서: 『현대사회의 구조와 변동』(공저)
연구관심: 사회정책, 산업조직, 노사관계

이종희 | 중앙선거방송토론위원회 방송토론팀장
독일 하이델베르크 대학교 사회학 박사
주요저서: Golbalization Theory and East Asia(공동발표)
연구관심: 노동사회학, 다문화사회연구, 정보사회학

전태국 | 강원대학교 사회학과 교수
독일 프랑크푸르트 대학교 사회학 박사
주요저서: 『국가사회주의의 몰락』, 『독일 통일과 동구 변혁』
연구관심: 마르크스와 베버의 사회이론, 한국통일, 지식사회학

얀 빌고스(Jan Wielgohs) | 독일 비아드리나 유럽 대학 교수
독일 훔볼트 대학교 사회학 박사
주요저서: Dissent and opposition in communist Eastern Europe, origins of civil society and democratic transition(공저)
연구관심: 통일연구, 정치사회학, 시민사회론

올리버 클로스(Oliver Kloss) | 독일 라이프치히 대학교 강사/전 평화외인권연대(직selN) 사무총장
독일 라이프치히 대학교 정치학 석사
연구관심: 정치이론, 민주주의, 시민운동

마르쿠스 폴만(Markus Pohlmann) | 독일 하이델베르크 대학교 사회학과 교수
독일 뉘네부르크 대학교 사회학 박사
주요저서: *Managementsoziologie. Perspektiven, Theorien, Forschungsd-
  esiderate*
연구관심: 조직사회학, 경영사회학, 동북아시아연구

미하엘 호프만(Michael Hoffmann) | 독일 예나 대학교 사회학과 교수
독일 라이프치히 대학교 문화예술학 박사
주요저서: *Soziale Milieus in Ostdeutschland*(공저)
연구관심: 통일연구, 문화사회학, 엘리트연구

옮긴이

김미경 | 광주대학교 사회복지학과 교수
독일 마부르크 대학교 사회학 박사
주요저서: 『여성과 일: 고학력 여성의 선택과 한계』
연구관심: 여성사회학, 사회학이론, 사회정책

김영호 | 배재대학교 미디어정보사회학과 교수
독일 트리어 대학교 사회학 박사
주요저서: 『현대사회의 구조와 변동』(공저)
연구관심: 근대성, 지식정보사회의 문화

차명제 | 동국대학교 생태환경연구소 교수
독일 뮌스터 대학교 사회학 박사
주요저서: 『NGO란 무엇인가?』
연구관심: 환경사회학, 시민사회, 사회운동

한울아카데미 1312

독일 통일과 동독 권력 엘리트
남북통일에의 함의

ⓒ 한독사회학회, 2011

지은이 | 이승협·이종희·전태국·얀 빌고스·올리버 클로스·마르쿠스 폴만·
미하엘 호프만
엮은이 | 한독사회학회
펴낸이 | 김종수
펴낸곳 | 도서출판 한울

편집책임 | 박록희
편집 | 박근홍

초판 1쇄 인쇄 | 2011년 3월 28일
초판 1쇄 발행 | 2011년 4월 25일

주소 | 413-756 파주시 교하읍 문발리 535-7 302(본사)
121-801 서울시 마포구 공덕동 105-90 서울빌딩 1층(서울 사무소)
전화 | 영업 02-326-0095, 편집 031-955-0606(본사), 02-336-6183(서울 사무소)
팩스 | 02-333-7543
홈페이지 | www.hanulbooks.co.kr
등록 | 1980년 3월 13일, 제406-2003-051호

Printed in Korea.
ISBN 978-89-460-5312-0　93340 (양장)
ISBN 978-89-460-4372-5　93340 (반양장)

* 책값은 겉표지에 있습니다.